U0612492

中华古籍保护计划

ZHONG HUA GU JI BAO HU JI HUA CHENG GUO

·成 果·

册府千華

四川省图书馆藏国家珍贵古籍暨四川省古籍保护十周年成果展图录

四川省图书馆　编

国家图书馆出版社

图书在版编目（CIP）数据

册府千华——四川省图书馆藏国家珍贵古籍暨四川省古籍保护十周年成果展图录 / 四川省图书馆编 . —北京 : 国家图书馆出版社 , 2021.12

ISNB 978-7-5013-6861-7

Ⅰ . ①册… Ⅱ . ①四… Ⅲ . ①公共图书馆 – 古籍 – 四川 – 图录 Ⅳ . ①Z838

中国版本图书馆CIP数据核字（2019）第217945号

书　　名　册府千华——四川省图书馆藏国家珍贵古籍暨四川省古籍保护十周年成果展图录

著　　者　四川省图书馆　编

责任编辑　王燕来　王佳妍

装帧设计　一瓢文化 · 邱特聪

出版发行　国家图书馆出版社（100034　北京市西城区文津街 7 号）

（原书目文献出版社　北京图书馆出版社）

010-66114536 63802249　nlcpress@nlc.cn（邮购）

网　　址　www.nlcpress.com →投稿中心

印　　装　北京雅图新世纪印刷科技有限公司

版次印次　2021 年 12 月第 1 版　2021 年 12 月第 1 次印刷

开　　本　710 × 1000　1 / 16

印　　张　15.25

书　　号　ISBN 978-7-5013-6861-7

定　　价　260.00 元

编纂委员会

臣也相與小坐候之至三刻一人啓門入為傳宣者請高壽與劉副使隨之以行下樓右轉至一小室君主當王曰被阿得利司旁侍入門鞠躬其君主亦鞠躬近前書馬格里相繼宣誦英文畢因將　國書捧授君主之授德爾比置之近窗小案端君主因言此次遠來必庶期永保和好朽勒爾用漢文宣述嵩高壽答曰是又明

大皇帝安好答曰　大皇帝安又言既收受

帝國書亦當有書回致　大皇帝答曰是仍鞠躬

甚簡而相與問勞致殷勤則便殷私見之儀也

序

何光伦

四川历史悠久，人文渊薮，典籍藏量丰富，目前全省古籍收藏单位138家，古籍藏量187万余册，其中四川省图书馆藏汉文古籍约53万册，善本古籍近6万余册。2007年9月，四川省古籍保护中心在四川省图书馆正式挂牌成立。成立至今，在四川省委省政府的高度重视下，在国家图书馆（国家古籍保护中心）的指导下，四川省图书馆（四川省古籍保护中心）以传承中华优秀传统文化为己任，重点实施古籍普查、古籍书库标准化建设、古籍展示、古籍修复、古籍开发等项目，逐步建成古籍分级保护体系。

今年恰值“中华古籍保护计划”实施第十年，也是四川省古籍保护中心成立的第十年。全省古籍保护工作者不惧困难、砥砺奋进，古籍保护工作成果丰硕。截至2017年11月，全省共计完成古籍普查数据约16万条，160万册；7家单位被列入“全国古籍重点保护单位”；237种古籍入选《国家珍贵古籍名录》；并与四川大学图书馆、成都杜甫草堂博物馆跨系统联动，挂牌成立“国家级古籍修复技艺传习中心四川古籍修复中心传习所”。十年的古籍保护历程，为四川省传统文化的传承与弘扬谱写了光辉的篇章。

习近平总书记在党的十九大报告中强调：“中国特色社会主义文化，源自于中华民族五千多年文明历史所孕育的中华优秀传统文化，熔铸于党领导人民在革命、建设、改革中创造的革命文化和社会主义先进文化，植根于中国特色社会主义伟大实践。”习近平总书记站在中华民族伟大复兴梦的战略高度，深刻阐述了中华优秀传统文化的重大意义。古籍作为数千年优秀传统文化的历史见证，至今仍滋养着中国特色社会主义文化的创新与发展。为深入贯彻党的十九大相关精神，弘扬中华优秀传统文化，培育与践行社会主义核心价值观，我们特辑录四川省图书馆藏珍善古籍，突显其一脉相承、具有当代价值的文化精神，以飨读者。

是书之辑，或为宋元旧本、明清精椠，或为名抄名校、珍贵手稿，可谓版刻荟萃，纸墨菁华。从《诗经》《四书》到诸子百家，从《史记》《汉书》到唐宋文学，撷取修身治国之精要，采经史百家之嘉言。以历代先贤的凿空之旅致敬“一带一路”，以蜀中文人的灵动飞扬呈现绚丽多姿的蜀地文化，以“李一氓先生捐赠藏书”追怀先贤护惜文献之德。

“睹乔木而思故家，考文献而爱旧邦”，珍善典籍，纷然胪列，荟中华古籍之精粹，望读者能涵泳其中，鉴览前古。我们亦将继续心怀敬畏，守护中华文脉之根，滋古润今。是以为序。

2017 年 12 月

（作者系四川省图书馆党委书记）

太平聖惠方一百卷目録一卷右王懷隱
等奉勅撰按懷隱傳宋州睢陽人初為道
士住京城建隆觀善醫診太宗尹京
以湯劑祇事太平興國初詔歸俗命為
藥奉御太宗在藩邸暇日多留意
藏名方千餘首皆嘗有驗者至是詔翰
醫官院各具家傳經驗方以獻又萬
首命懷隱與副使王祐鄭奇讀書後志作彥

前言

中华文化源远流长，积淀着中华民族最深层的精神追求，代表着中华民族独特的精神标识，为中华民族生生不息、发展壮大提供了丰厚滋养。卷帙浩繁的古代典籍文献则是中华文脉绵延数千载的历史见证，也是人类文明的瑰宝。

为宣传贯彻党的十九大精神，落实国务院办公厅《关于进一步加强古籍保护工作的意见》（国办发［2007］6号），实施“中华古籍保护计划”，深入挖掘中华优秀传统文化蕴含的思想观念、人文精神、道德规范，推动中华优秀传统文化创造性转化、创新性发展，进一步做好古籍保护工作，国家图书馆（国家古籍保护中心）、四川省文化厅主办，四川省图书馆（四川省古籍保护中心）承办本次“册府千华——四川省图书馆藏国家珍贵古籍暨四川省古籍保护十周年成果展”。书目筛选审定与文字编撰等具体工作由四川省图书馆古籍部杜桂英主任带领工作团队负责完成。希望通过一部部珍贵古籍，讲述一个个精彩故事，引导观众走进博大精深的传统文化宝库，享受精彩纷呈的精神盛宴。

四川省作为古籍资源大省，全省古籍收藏单位138家，古籍藏量187万余册。自2007年以来，在四川省委省政府、省文化厅的领导下，在国家古籍保护中心的指导下，四川省图书馆（四川省古籍保护中心）在古籍普查、古籍修复、人才培养、古籍整理研究、少数民族和宗教古籍保护等方面取得了一系列成果，为本省古籍保护工作的进一步推进奠定了坚实基础。

目录

第一单元

珍贵古籍　历史智慧

第二单元

开放包容　交流互鉴

第三单元

自古文人多入蜀

第四单元

天府芸编细细香

习近平总书记在党的十九大报告中指出：『中国特色社会主义文化，源自于中华民族五千多年文明历史所孕育的中华优秀传统文化，熔铸于党领导人民在革命、建设、改革中创造的革命文化和社会主义先进文化，植根于中国特色社会主义伟大实践。』

博大精深的中华优秀传统文化积淀着中华民族最深沉的精神追求，是我们民族生生不息、发展壮大的丰厚滋养。中国古代一直秉承『国有史，郡有志，家有谱』的传统。几千年文明留下了卷帙浩繁的文献典籍，蕴含着中华民族的历史记忆、思想智慧和知识体系，成为中华文化传承最重要的载体之一，是中华传统文化的重要组成部分，更是珍贵而又不可再生的文化资源。

第一单元

珍贵古籍 历史智慧

民亦劳止 汔可小康

中国共产党第十九次全国代表大会的主题是：不忘初心，牢记使命，高举中国特色社会主义伟大旗帜，决胜全面建成小康社会，夺取新时代中国特色社会主义伟大胜利，为实现中华民族伟大复兴的中国梦不懈奋斗。“小康”一词源出《诗经·大雅》“民亦劳止，汔可小康”，是中国百姓对安定、幸福生活的恒久守望。

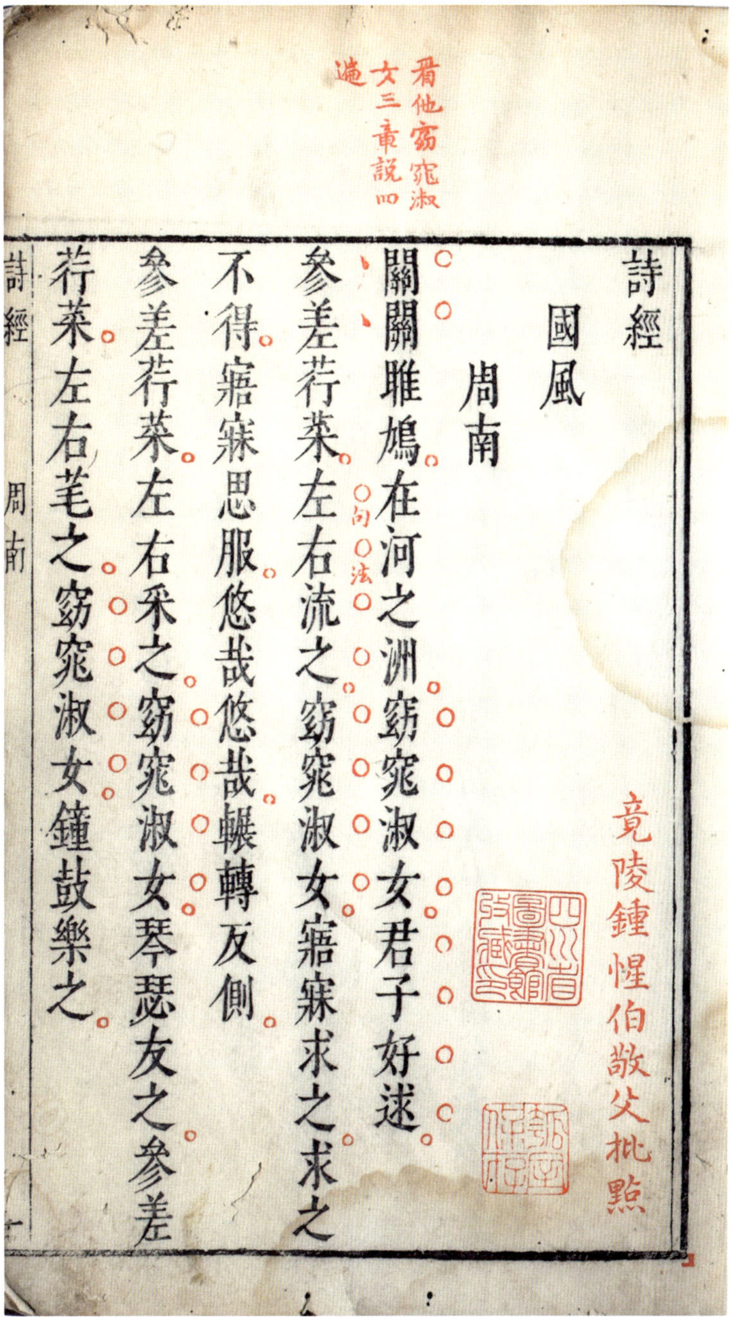

看他窈窕淑女三章說四遍

竟陵鍾惺伯敬父批點

詩經

國風

周南

關關雎鳩在河之洲窈窕淑女君子好逑

參差荇菜左右流之窈窕淑女寤寐求之

不得寤寐思服悠哉悠哉輾轉反側

參差荇菜左右采之窈窕淑女琴瑟友之參差

荇菜左右芼之窈窕淑女鍾鼓樂之

詩經 周南

诗经四卷

（明）钟惺评点　明凌杜若刻朱墨套印本

《诗经》是中国古代最早的一部诗歌总集，共305篇，分“风”“雅”“颂”三大类。内容反映了从西周早期到春秋中叶漫长历史时期一系列重大事件和社会生活情况。从荀子开始，人们就不断挖掘《诗经》中蕴藏着的思想，其中“靡不有初，鲜克有终”“战战兢兢，如临深渊，如履薄冰”等名言警句蕴含着修身、治国的智慧。

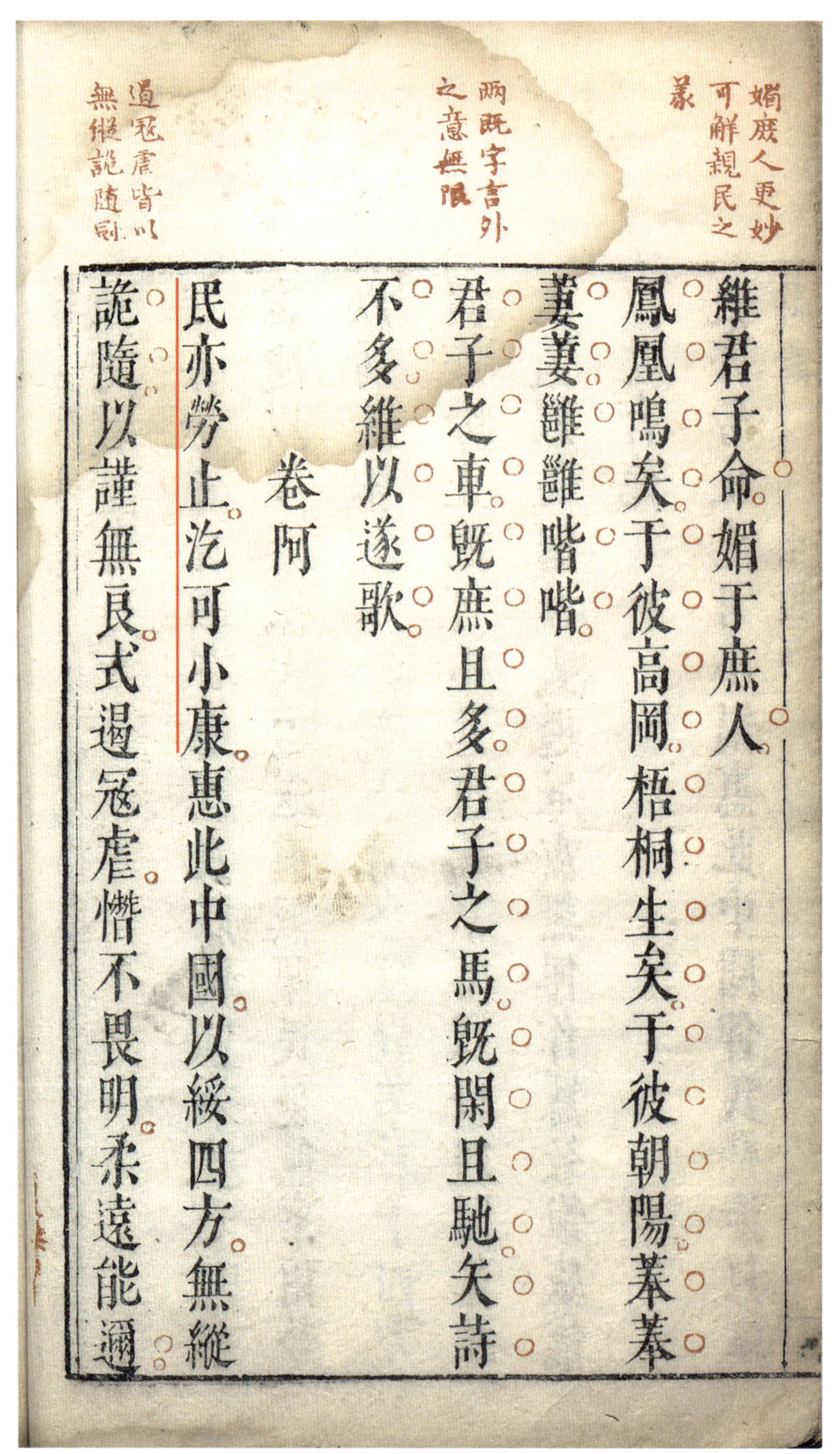

媚庶人更妙可解親民之義

兩既字言外之意無限

遏寇虐皆以無縱詭隨對

維君子命媚于庶人

鳳凰鳴矣于彼高岡梧桐生矣于彼朝陽菶菶萋萋雝雝喈喈

君子之車既庶且多君子之馬既閑且馳矢詩不多維以遂歌

卷阿

民亦勞止汔可小康惠此中國以綏四方無縱詭隨以謹無良式遏寇虐憯不畏明柔遠能邇

《诗经·大雅》:“民亦劳止,汔可小康。”

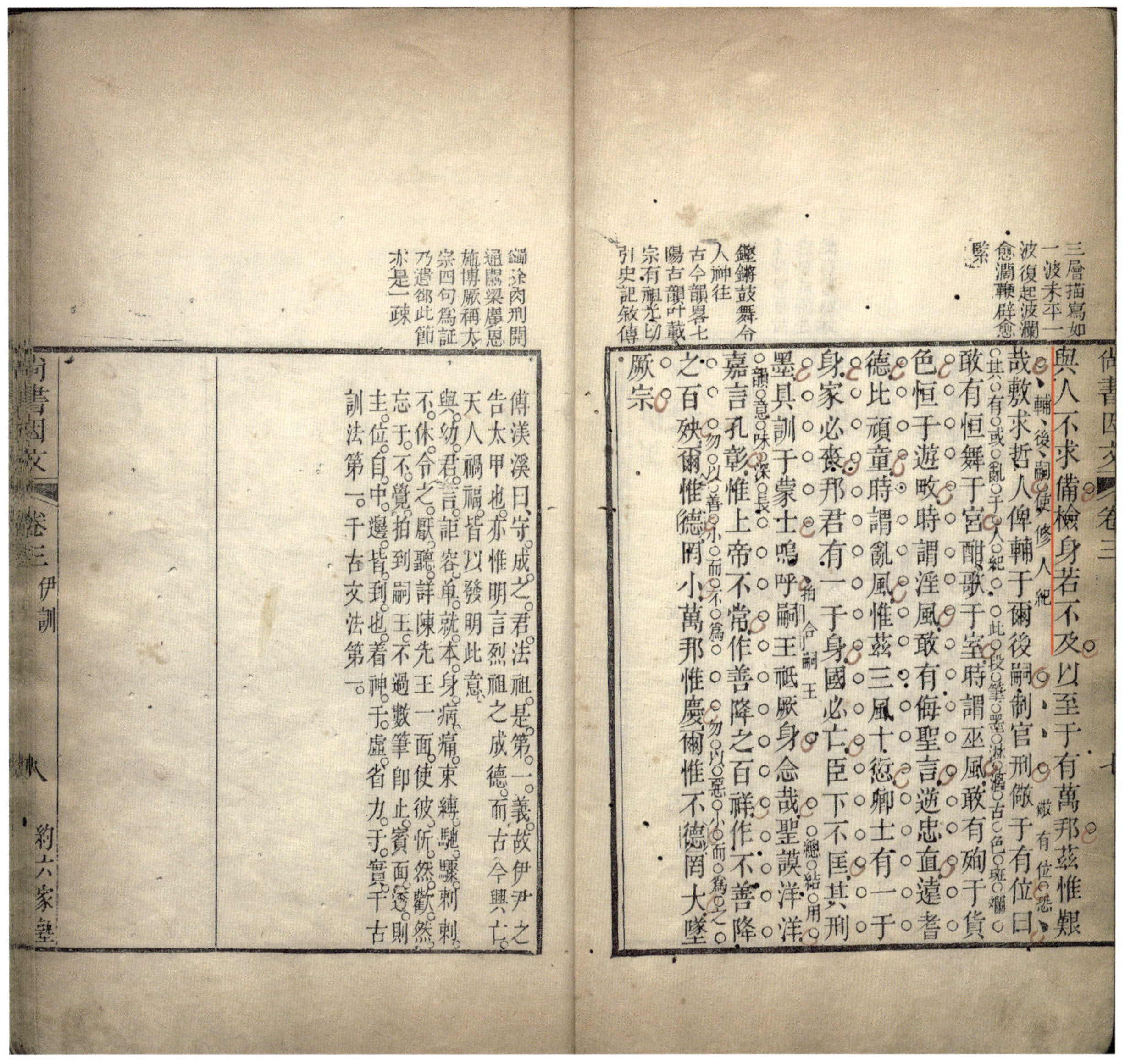

尚書因文　卷三　七

三層描寫如一波未平一波復起波瀾愈濶鞭辟愈緊

鏗鏘鼓舞令人神往　古今韻畧七陽古韻叶載宗有祖光切引史記敘傳

與人不求備檢身若不及以至于有萬邦茲惟艱哉敷求哲人俾輔于爾後嗣制官刑儆于有位曰敢有恒舞于宮酣歌于室時謂巫風敢有殉于貨色恒于遊畋時謂淫風敢有侮聖言逆忠直遠耆德比頑童時謂亂風惟茲三風十愆卿士有一于身家必喪邦君有一于身國必亡臣下不匡其刑墨具訓于蒙士嗚呼嗣王祗厥身念哉聖謨洋洋嘉言孔彰惟上帝不常作善降之百祥作不善降之百殃爾惟德罔小萬邦惟慶爾惟不德罔大墜厥宗

歸於肉刑開通闕渠廣恩施博厥稱太宗四句為証乃遺郤此節亦是一疎

傳漢溪曰守成之君法祖是第一義故伊尹之告太甲也亦惟明言烈祖之成德而古今興亡天人禍福皆以發明此意與幼君言詎容單就本身病痛束縛馳驟刺刺不休令之厭聽詳陳先王一面使彼欣然歡然忘于不覺拍到嗣王不過數筆即止賓面愈見主位自中邊皆到也着神于虛省力于實千古訓法第一千古文法第一

尚書因文　卷三　伊訓　八　約六家塾

《尚书因文·商书·伊训》:“与人不求备，检身若不及。”

尚书因文六卷首一卷末一卷

（清）武士选学　清乾隆长葛武氏约六家塾刻本

《尚书》是中国古代的一部历史文献汇编，又称《书》《书经》，主要编辑商、周两代统治者的讲话及其他重要文献。其中“与人不求备，检身若不及”，对别人不能求全责备，对自己要严格约束，这是中华民族的传统美德，自古便被视为个人良好道德修养的重要标志。

大道之行 天下为公

《礼记》中提出以“天下为公”的大同世界。在这个世界里，“使老有所终，壮有所用，幼有所长”。这一理想对后世影响极大，孙中山将“天下为公”“以进大同”作为自己的革命理念。

党的十九大报告指出：“大道之行，天下为公。站立在九百六十多万平方公里的广袤土地上，吸吮着五千多年中华民族漫长奋斗积累的文化养分，拥有十三亿多中国人民聚合的磅礴之力，我们走中国特色社会主义道路，具有无比广阔的时代舞台，具有无比深厚的历史底蕴，具有无比强大的前进定力。”

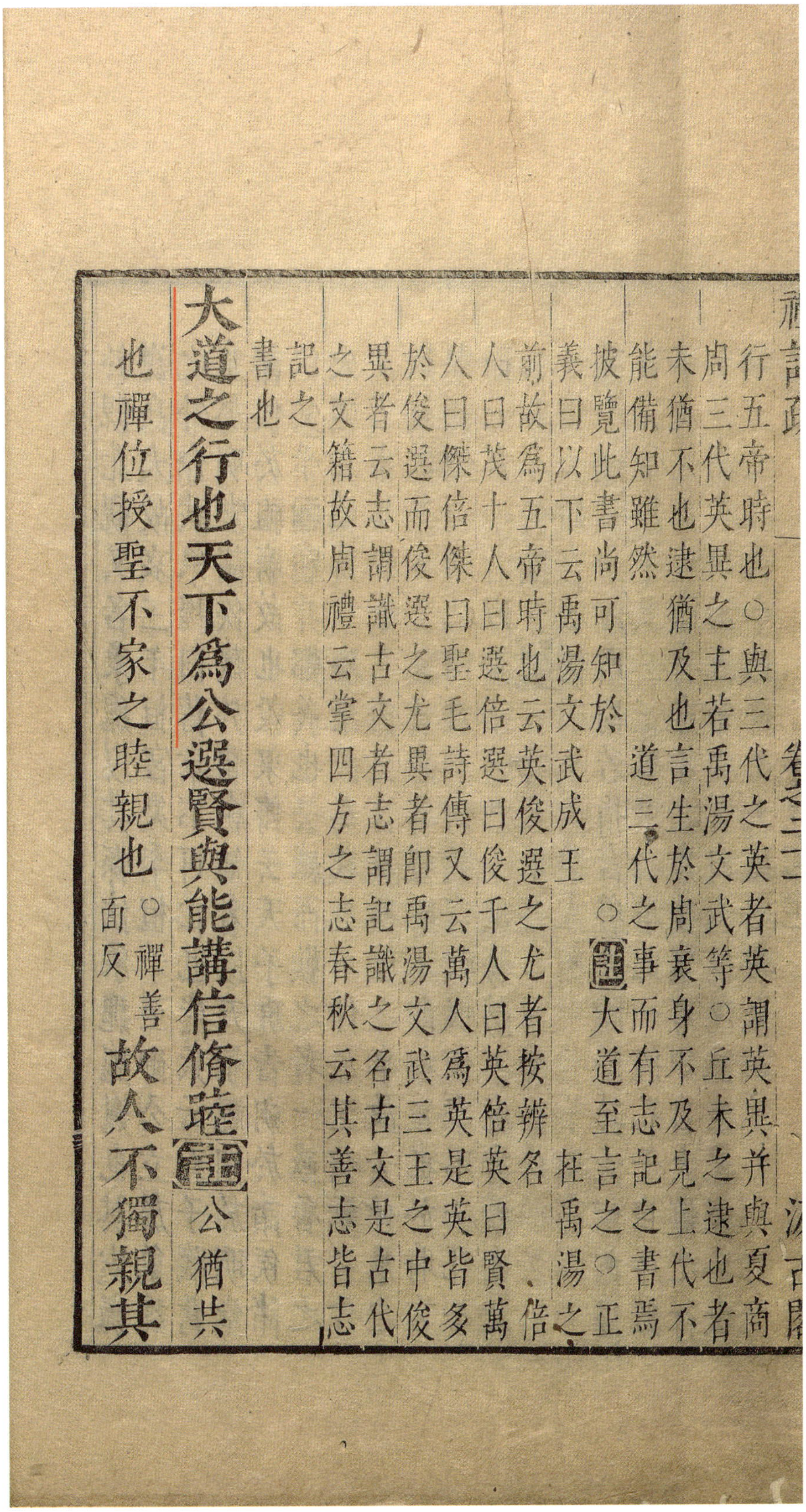

禮記疏　卷之二……　汲古閣

行五帝時也○與三代之英者英謂英異并與夏商
周三代英異之主若禹湯文武等○丘未之逮也者
未猶不也逮猶及也言生於周衰身不及見上代不
能備知雖然　道三代之事而有志記之書焉
披覽此書尚可知於　○注大道至言之○正
義曰以下云禹湯文武成王　在禹湯之
前故爲五帝時也云英俊選之尤者按辨名、倍
人曰茂十人曰選倍選曰俊千人曰英倍英曰賢萬
人曰傑倍傑曰聖毛詩傳又云萬人爲英是英皆多
於俊選而俊選之尤異者即禹湯文武三王之中俊
異者云志謂識古文者志謂記識之名古文是古代
之文籍故周禮云掌四方之志春秋云其善志皆志
記之
書也

大道之行也天下爲公選賢與能講信脩睦【注】公猶共
也禪位授聖不家之睦親也○禪善面反　故人不獨親其

《礼记注疏》："大道之行也，天下为公。"

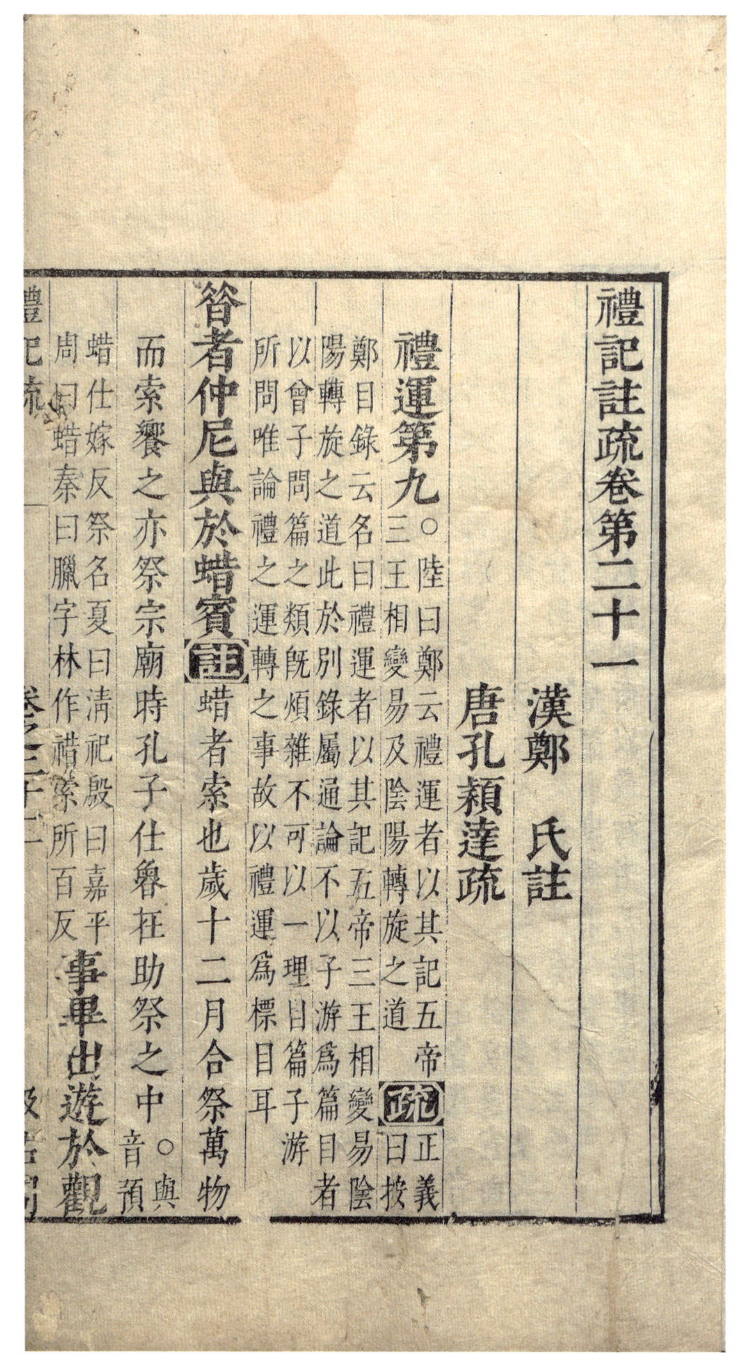

禮記註疏卷第二十一

漢鄭　氏註

唐孔穎達疏

禮運第九○陸曰鄭云禮運者以其記五帝三王相變易及陰陽轉旋之道疏正義曰按鄭目錄云名曰禮運者以其記五帝三王相變易陰陽轉旋之道此於別錄屬通論不以子游爲篇目者以曾子問篇之類既煩雜不可以一理目篇子游所問唯論禮之運轉之事故以禮運爲標目耳

昔者仲尼與於蜡賓註蜡者索也歲十二月合祭萬物而索饗之亦祭宗廟時孔子仕魯在助祭之中○與音預蜡仕嫁反祭名夏曰清祀殷曰嘉平周曰蜡秦曰臘字林作䄍索所百反事畢出遊於觀

禮記疏　卷二十一　汲古閣

礼记注疏六十三卷

（汉）郑玄注 （唐）孔颖达疏　明崇祯毛氏汲古阁刻十三经注疏本

《周礼》《仪礼》《礼记》合称“三礼”。其中《礼记》对后世影响最大，“四书”中的《中庸》《大学》都来源于《礼记》，大同、小康等儒家治国理想在《礼记》中也均有记载。

观乎人文化天下

《周易》虽属占书，但其中蕴含着深刻的理论思维和辩证观念，是中国哲学思想的源泉之一。“人文”“文化”两词就最早出现于《周易》。“观乎天文，以察时变；观乎人文，以化成天下。”书中“凡益之道，与时偕行”“穷则变，变则通”“天行健，君子以自强不息”“地势坤，君子以厚德载物”的思想影响深远，支撑着中华民族生生不息、薪火相传，今天依然是我们推进改革开放和社会主义现代化建设的强大精神力量。

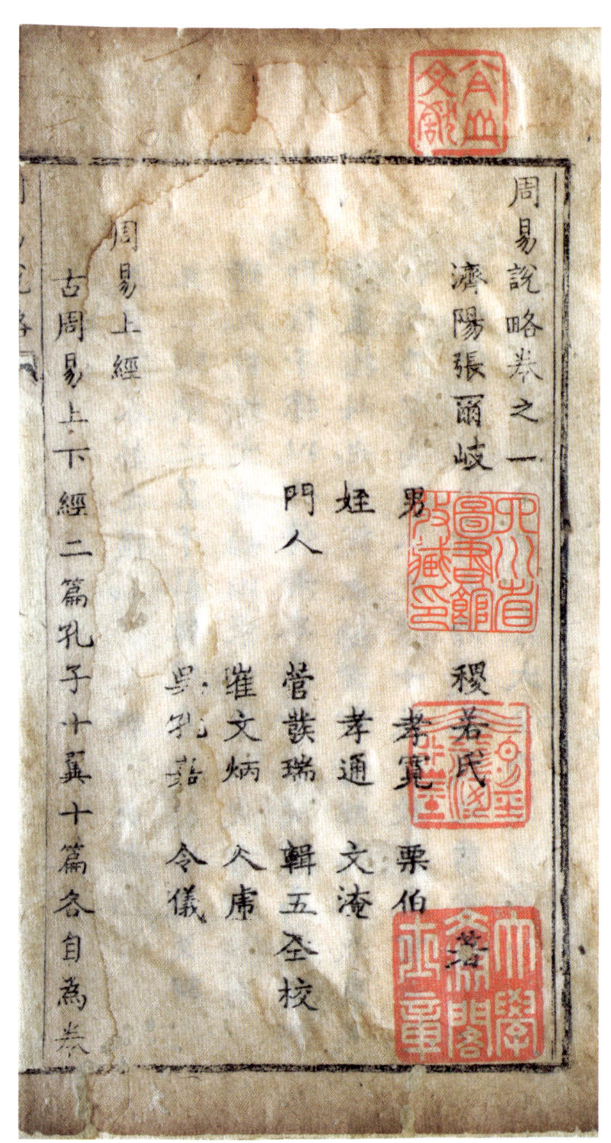
周易說略卷之一
濟陽張爾岐稷若氏
男　孝寬　栗伯
姪　孝通　文淹
門人　管[illegible]瑞　輯五　仝校
崔文炳　人虎
吳[illegible][illegible]　令儀
周易上經
古周易上下經二篇孔子十翼十篇各自為卷

周易说略八卷

（清）张尔岐撰　清康熙五十八年（1719）刻泰山徐志定真合斋磁版印本

《周易说略》以朱子《周易本义》为蓝本加以诠释，发明《本义》之旨。中国古代以磁土制版印书创制于清康熙五十七年（1718），《周易说略》为此法之首印者，刊印俱佳。

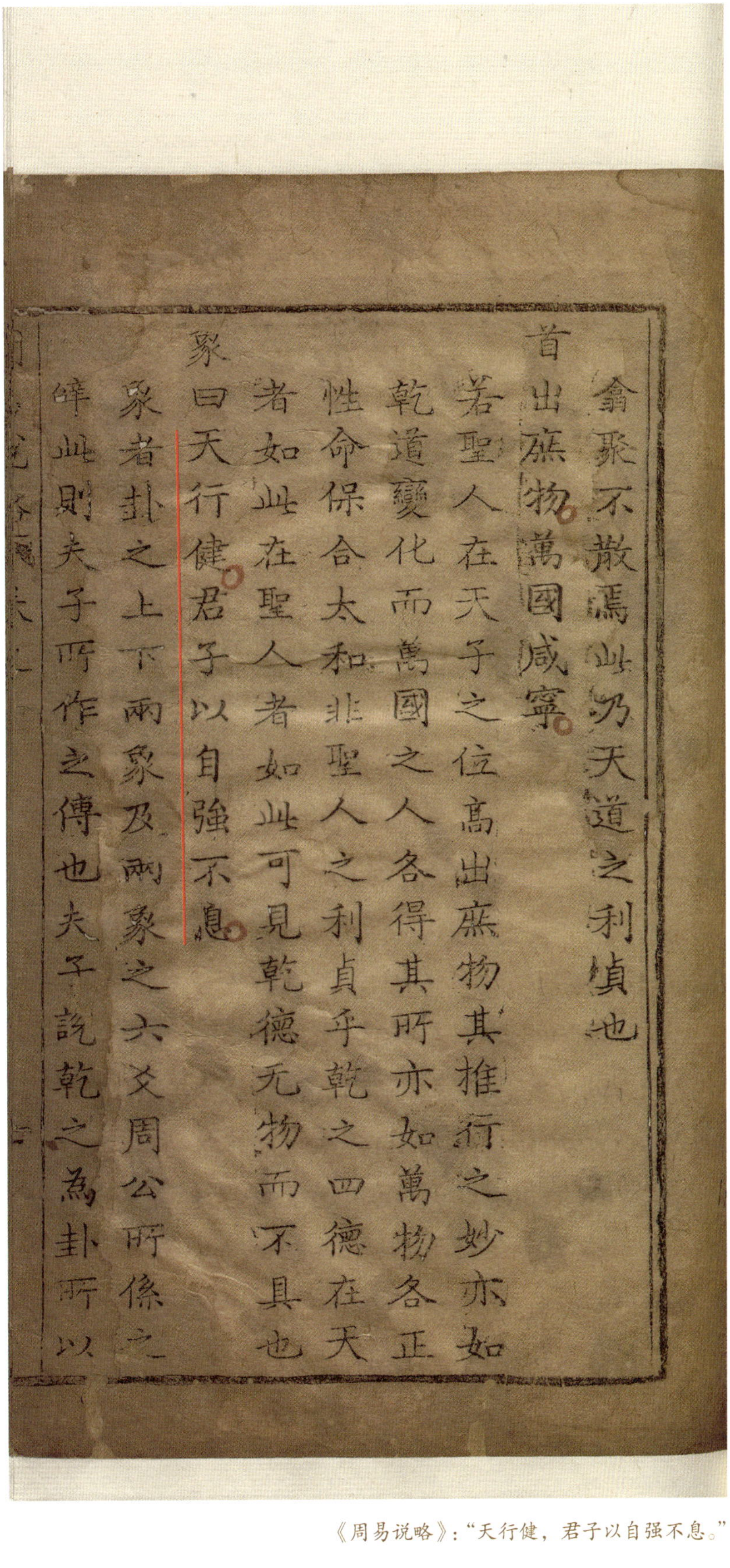

翕聚不散焉此乃天道之利貞也
首出庶物萬國咸寧
若聖人在天子之位高出庶物其推行之妙亦如乾道變化而萬國之人各得其所亦如萬物各正性命保合太和非聖人之利貞乎乾之四德在天者如此在聖人者如此可見乾德无物而不具也
象曰天行健君子以自強不息
象者卦之上下兩象及兩象之六爻周公所係之辭此則夫子所作之傳也夫子說乾之為卦所以

《周易说略》："天行健，君子以自强不息。"

《定斋易笺》："观乎天文，以察时变；观乎人文，以化成天下。"

定斋易笺八卷首一卷

（清）陈法撰　清乾隆三十年（1765）敬和堂刻本　（清）莫友芝跋

陈法（1692—1766），字世垂、圣泉，号定斋，贵州安平（今贵州平坝）人。康熙五十二年（1713）进士。他撰写的《易笺》因效仿郑康成之笺《毛诗》，故名"笺"。本书刊印极精，传世稀少。

莫友芝（1811—1871），字子偲，自号郘亭，贵州独山人。他是

雜卦取其義之相反要亦無甚深意聖人存之以見反對之為義耳其亦巛人所纂以便記誦與

安平陳定齋先生箋易論象數則駁來瞿塘錯綜其象顛倒陰陽剛柔之實之非其辨最晰論筮法再扐後掛為前一變掛一後二變不掛而掛一之策不入歸奇中三變皆以四八為奇偶不用九五借象雖異朱郭獨有發明於經義二條久為四庫提要所稱道光戊戌禮闈始得其書琉璃廠肆觀其全而繹其旨蓋病術數言易之支離破碎故專就人事立說以愚夫愚婦之知能見天地鬼神之奧以肖身寡過之學闡揚盡性至命之微更事獨理觸物會象不侈綜同之理使象為虛器不求穿鑿之象使理無據依欲學者於身心體驗之中得涵泳從容之味不徒句釋字

易箋　雜卦傳卷八　十六

之以為二强探力索而無當持平巛論粹然儒者言矣又頗敷暢程傳朱義而與傳義異者甚多自謂如康成之箋毛詩故名曰箋于研易家其在虛齋蒙引安溪觀彖閒乎其六十四卦經文於簡之中横分四截首彖辭次彖傳次爻辭次爻傳而大象文別為一條於後繫辭上下據史漢引改為大傳上下非鄭非王不今不古其於雜卦謂傳寫多誤不必協韻以韻正其數卦者未為得首乾坤三十卦而咸恒是其雜雜而仍不失文王首尾之序則首乾坤宜終坎離首咸恒宜終既未濟為一更正按其次顛倒揩亂非序非雜且通篇反對頤大過獨不相連蒙解其故又以困脫不字柔遇剛剛決柔君子道長小人道憂皆誤添入急增刪之改親寡旅為旅寡親皆信意武斷不可為訓其酷信宋人圖書不服王禕歸震川毛西河李穆堂之辨所申說嫌於浮游然固不以掩其大醇也黔中前輩說易知者清平孫文恭淮海易譚麻哈艾鳳嵒太史易注及是書而已易譚間有行本夫之艱易注未授梓唯是書有榕門刊本頗行於世維桑與梓必恭敬止是書之恭敬奉持益當何如也獨山後學莫友芝跋

《定斋易笺》莫友芝跋

贵州主要代表学者之一，在文学、文献学、版本目录学、金石学、方志编纂、书法篆刻等方面均取得了丰硕的成果，有《郘亭诗钞》《郘亭遗诗》《宋元旧本书经眼录》等著作传世。他在执教中所撰《韵学源流》，被视为音韵学史的重要参考资料。他与郑珍合编的《遵义府志》被梁启超誉为“天下第一府志”。他所著《郘亭知见传本目录》被认为是清代考订异本的目录学专著中成就最高的代表作。《清史稿》将莫友芝誉为“西南大儒”。

修齐治平

《大学》为初学者入德之门，提出“三纲领”（明明德、亲民、止于至善）和“八条目”（格物、致知、诚意、正心、修身、齐家、治国、平天下）。通过探究客观事物获得真知；强调端正本心、修养道德要优先于齐家、治国、平天下，也说明治国平天下和个人道德修养的一致性。

习近平总书记指出：“中国古代历来讲格物致知、诚意正心、修身齐家、治国平天下。从某种角度看，格物致知、诚意正心、修身是个人层面的要求，齐家是社会层面的要求，治国平天下是国家层面的要求。”我们党提出的社会主义核心价值观，把涉及国家、社会、公民的价值要求融为一体，既体现了社会主义本质要求，继承了中华优秀传统文化，也吸收了世界文明有益成果，体现了时代精神。

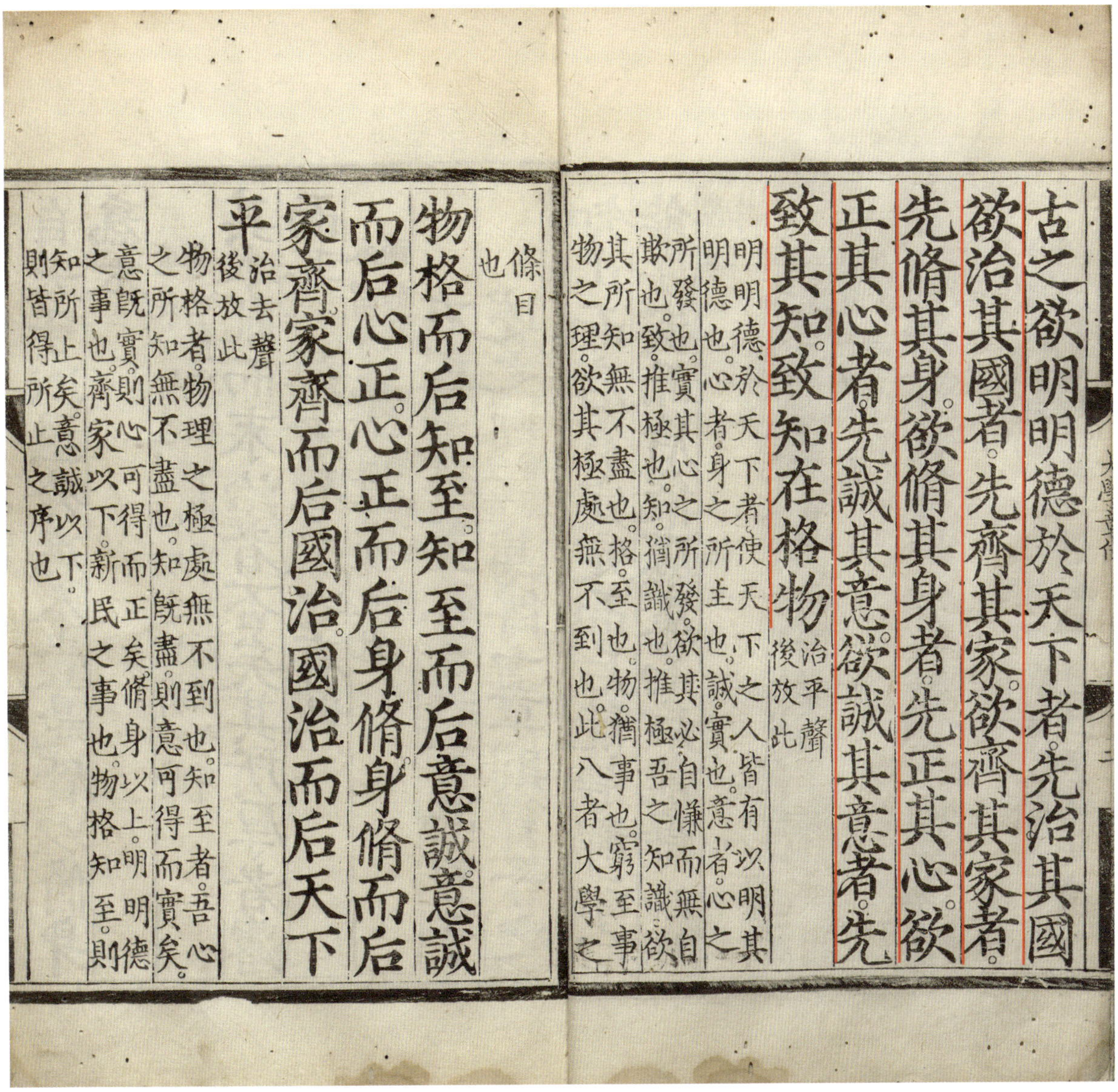

《四书集注·大学》："古之欲明明德于天下者，先治其国；欲治其国者，先齐其家……欲诚其意者，先致其知；致知在格物。"

四书集注三十卷

（宋）朱熹撰　明成化十六年（1480）吉府刻本

《大学》《中庸》《论语》《孟子》合称"四书"。《大学》本为《礼记》中的一篇，着重论述了个人道德修养与社会治乱的关系，以明明德、亲民、止于至善"三纲领"为修养目标。又提出实现"三纲领"的八个步骤，即格物、致知、诚意、正心、修身、齐家、治国、平天下。

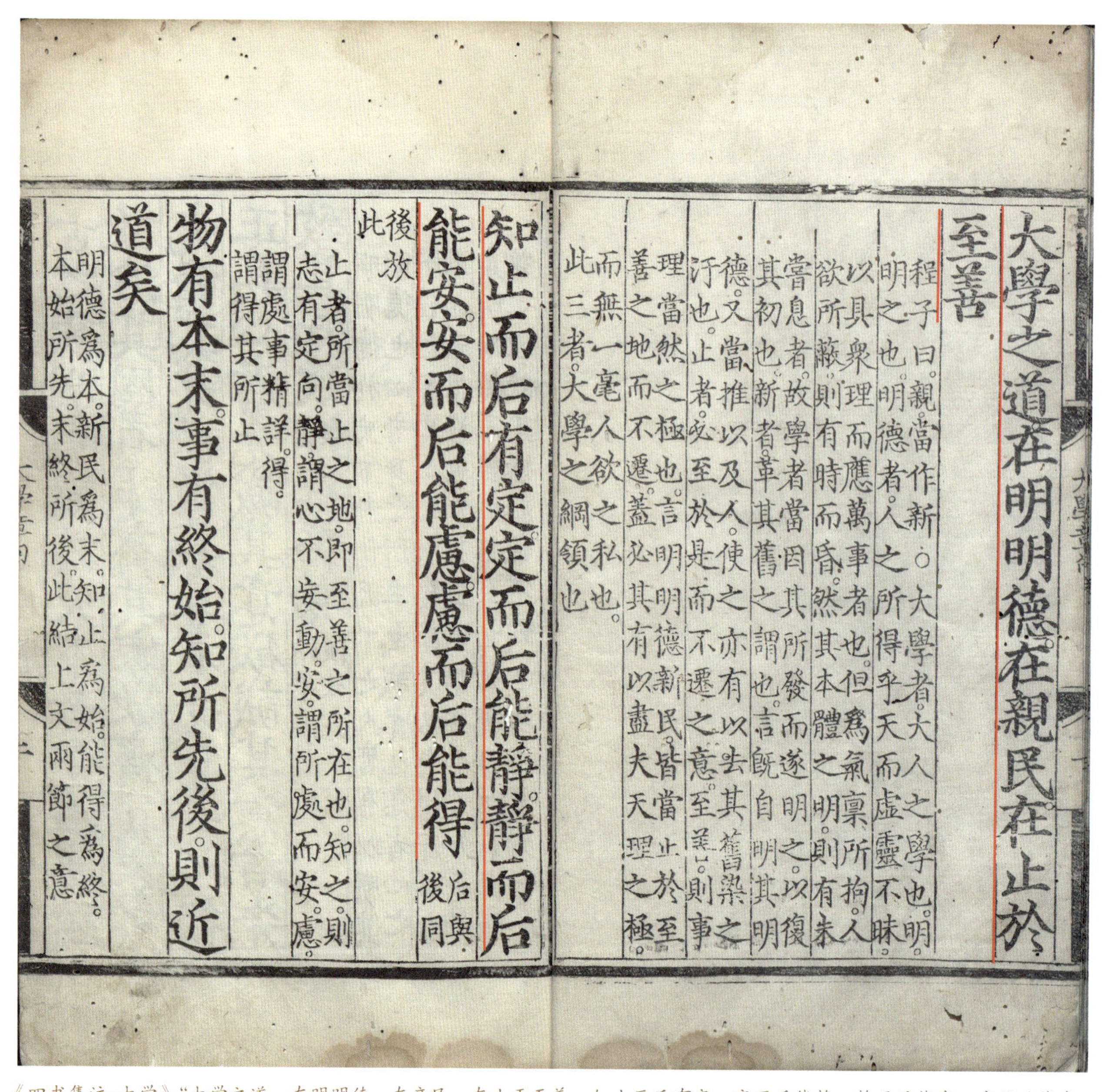
大學之道在明明德在親民在止於至善

程子曰親當作新○大學者大人之學也明明之也明德者人之所得乎天而虛靈不昧以具衆理而應萬事者也但爲氣稟所拘人欲所蔽則有時而昏然其本體之明則有未嘗息者故學者當因其所發而遂明之以復其初也新者革其舊之謂也言既自明其明德又當推以及人使之亦有以去其舊染之汙也止者必至於是而不遷之意至善則事理當然之極也言明明德新民皆當止於至善之地而不遷蓋必其有以盡夫天理之極而無一毫人欲之私也此三者大學之綱領也

知止而后有定定而后能靜靜而后能安安而后能慮慮而后能得

后與後同後放此

止者所當止之地即至善之所在也知之則志有定向靜謂心不妄動安謂所處而安慮謂處事精詳得謂得其所止

物有本末事有終始知所先後則近道矣

明德爲本新民爲末知止爲始能得爲終本始所先末終所後此結上文兩節之意

《四书集注·大学》:“大学之道，在明明德，在亲民，在止于至善。知止而后有定，定而后能静，静而后能安，安而后能虑，虑而后能得。”

其所不聞離去聲
道者日用事物當行之理皆性之德而具於心無物不有無時不然所以不可須臾離也若其可離則豈率性之謂哉是以君子之心常存敬畏雖不見聞亦不敢忽所以存天理之本然而不使離於須臾之頃也
莫見乎隱莫顯乎微故君子慎其獨也見音現
隱暗處也微細事也獨者人所不知而己所獨知之地也言幽暗之中細微之事跡雖未形而幾則已動人雖不知而己獨知之則是天下之事無有著見明顯而過於此者是以君子既常戒懼而於此尤加謹焉所以遏人欲於將萌而不使其潛滋暗長於隱微之中以至離道之遠也
喜怒哀樂之未發謂之中發而皆中節謂之和中也者天下之大本也和也者天下之達道也樂音洛中節之中去聲
喜怒哀樂情也其未發則性也無所偏倚故謂之中發皆中節情之正也無所乖戾故謂之和大本者天命之性天下之理皆由此出道之體也達道者循性之謂天下古今之所共由道之用也此言性情之德以明道不可離之意

《四书集注 · 中庸》:“莫见乎隐，莫显乎微，故君子慎其独也。”

《中庸》原为《礼记》中的一篇，相传由孔子的孙子子思所作。南宋朱熹为其章句，后世常以《中庸章句》行世。《中庸》论述了儒家人性修养要符合中和之道。北宋程颢、程颐《二程集》:“善读《中庸》者，只得此一卷书，终身用不尽也。”“《中庸》之书，学者之至也。”

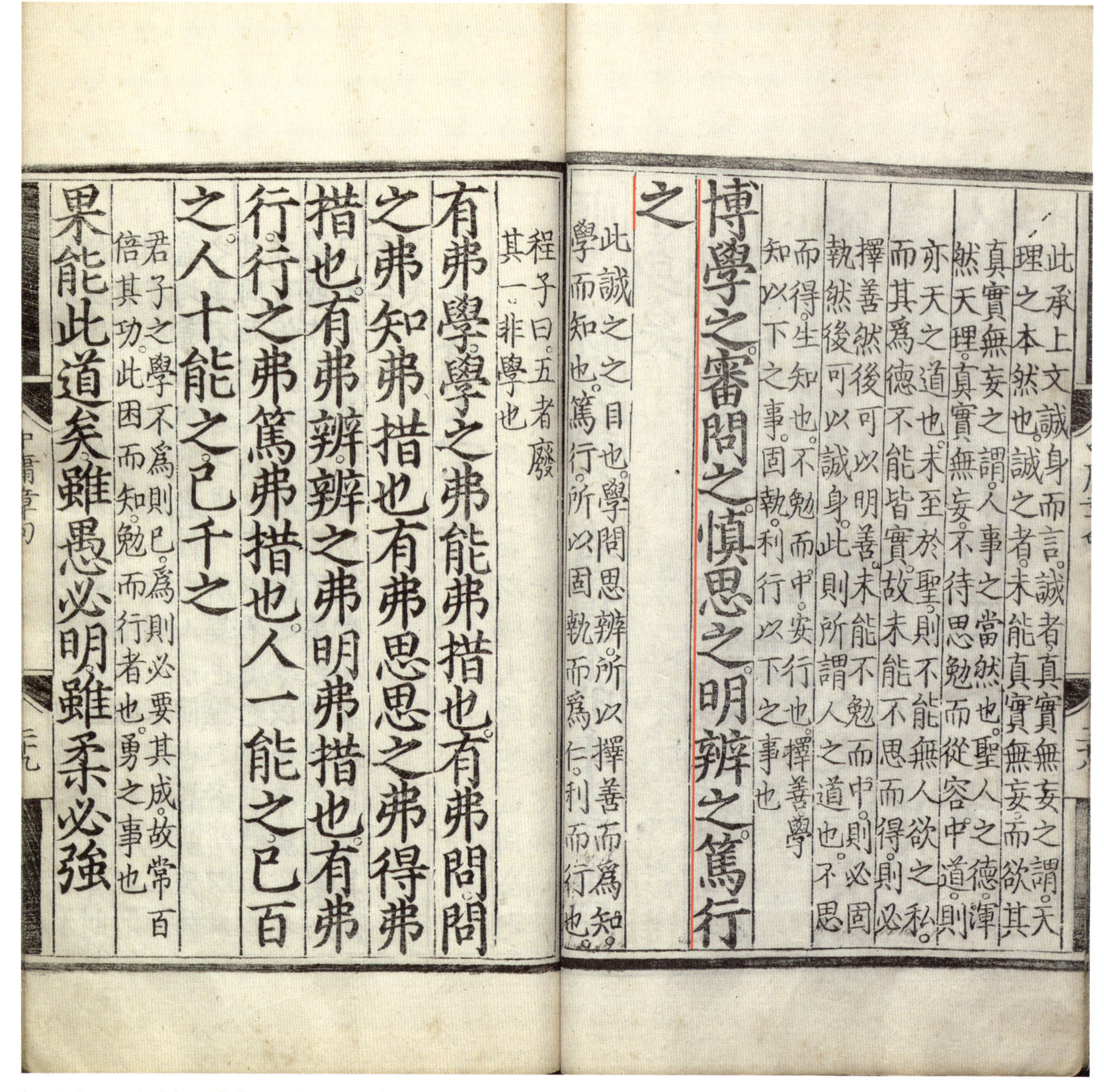
此承上文誠身而言誠者真實無妄之謂天理之本然也誠之者未能真實無妄而欲其真實無妄之謂人事之當然也聖人之德渾然天理真實無妄不待思勉而從容中道則亦天之道也未至於聖則不能無人欲之私而其爲德不能皆實故未能不思而得則必擇善然後可以明善未能不勉而中則必固執然後可以誠身此則所謂人之道也不思而得生知也不勉而中安行也擇善學知以下之事固執利行以下之事也

博學之審問之愼思之明辨之篤行之

此誠之之目也學問思辨所以擇善而爲知學而知也篤行所以固執而爲仁利而行也

程子曰五者廢其一非學也

有弗學學之弗能弗措也有弗問問之弗知弗措也有弗思思之弗得弗措也有弗辨辨之弗明弗措也有弗行行之弗篤弗措也人一能之己百之人十能之己千之

君子之學不爲則已爲則必要其成故常百倍其功此困而知勉而行者也勇之事也

果能此道矣雖愚必明雖柔必強

《四书集注·中庸》："博学之，审问之，慎思之，明辨之，笃行之。"

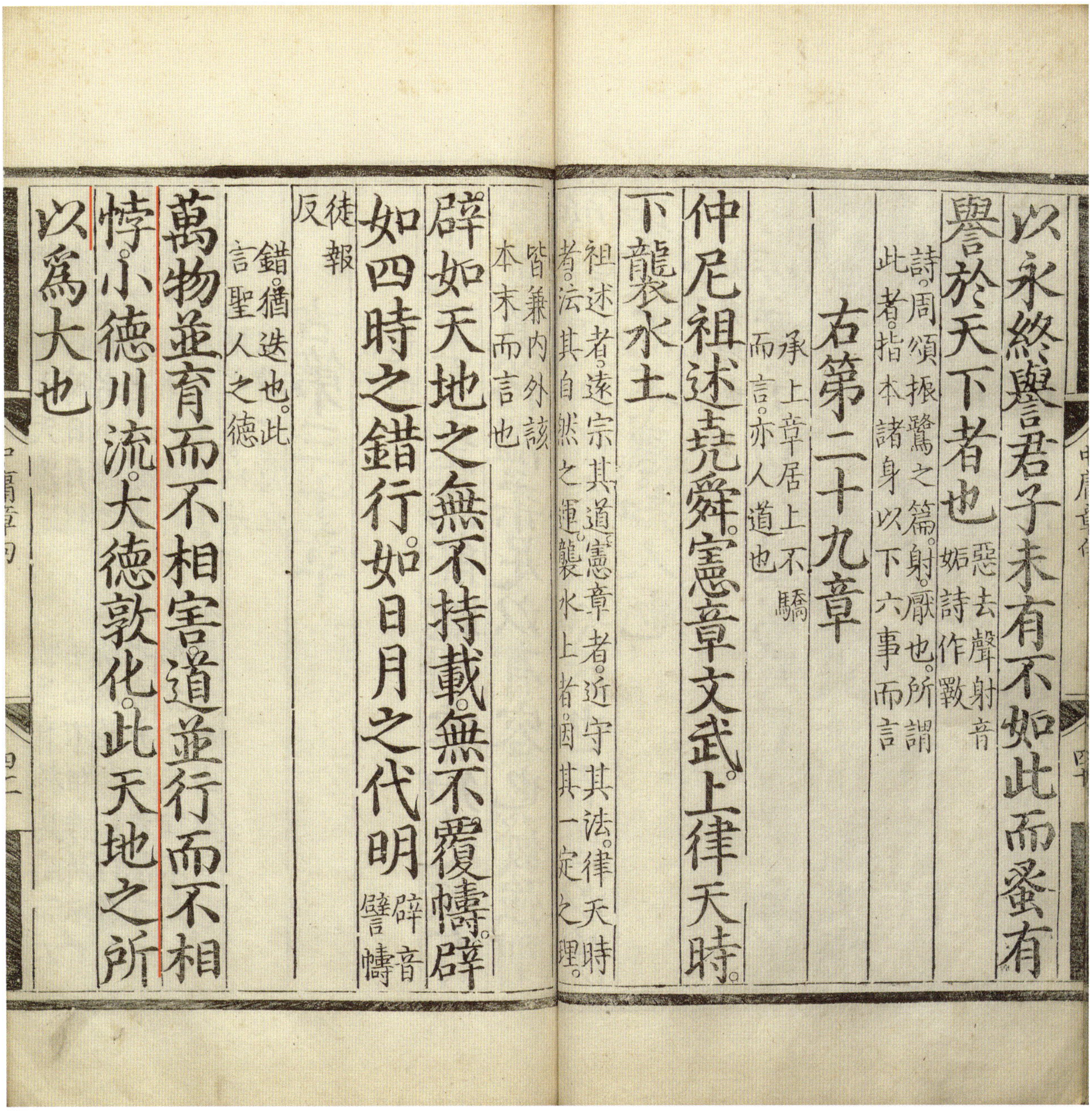

以永終譽君子未有不如此而蚤有譽於天下者也惡去聲射音妬詩作斁詩周頌振鷺之篇射厭也所謂此者指本諸身以下六事而言

右第二十九章

承上章居上不驕而言亦人道也

仲尼祖述堯舜憲章文武上律天時下襲水土祖述者遠宗其道憲章者近守其法律天時者法其自然之運襲水土者因其一定之理皆兼內外該本末而言也

辟如天地之無不持載無不覆幬辟如四時之錯行如日月之代明辟音譬幬徒報反錯猶迭也此言聖人之德

萬物並育而不相害道並行而不相悖小德川流大德敦化此天地之所以爲大也

《四书集注·中庸》："万物并育而不相害，道并行而不相悖。"

己所不欲 勿施于人

《论语》是孔子思想、重要学说的集合，其核心是“仁”。“夫仁者，己欲立而立人，己欲达而达人”，仁的本义是爱人，视人如己，推己及人，“己所不欲，勿施于人”。数千年来，由个人修身的“仁”，推及治国平天下的“仁政”，这种精神早已渗透到中华民族的血液中，使中华文化崇尚亲和友善，具有强大的包容性，在与其他文化交流中，和平共处，交流互鉴，不断融合发展。《论语》含有大量修身、治国的理念，其中的“三人行，必有我师焉”“君子和而不同，小人同而不和”“为政以德”等等，千百年来被不断传诵和实践。

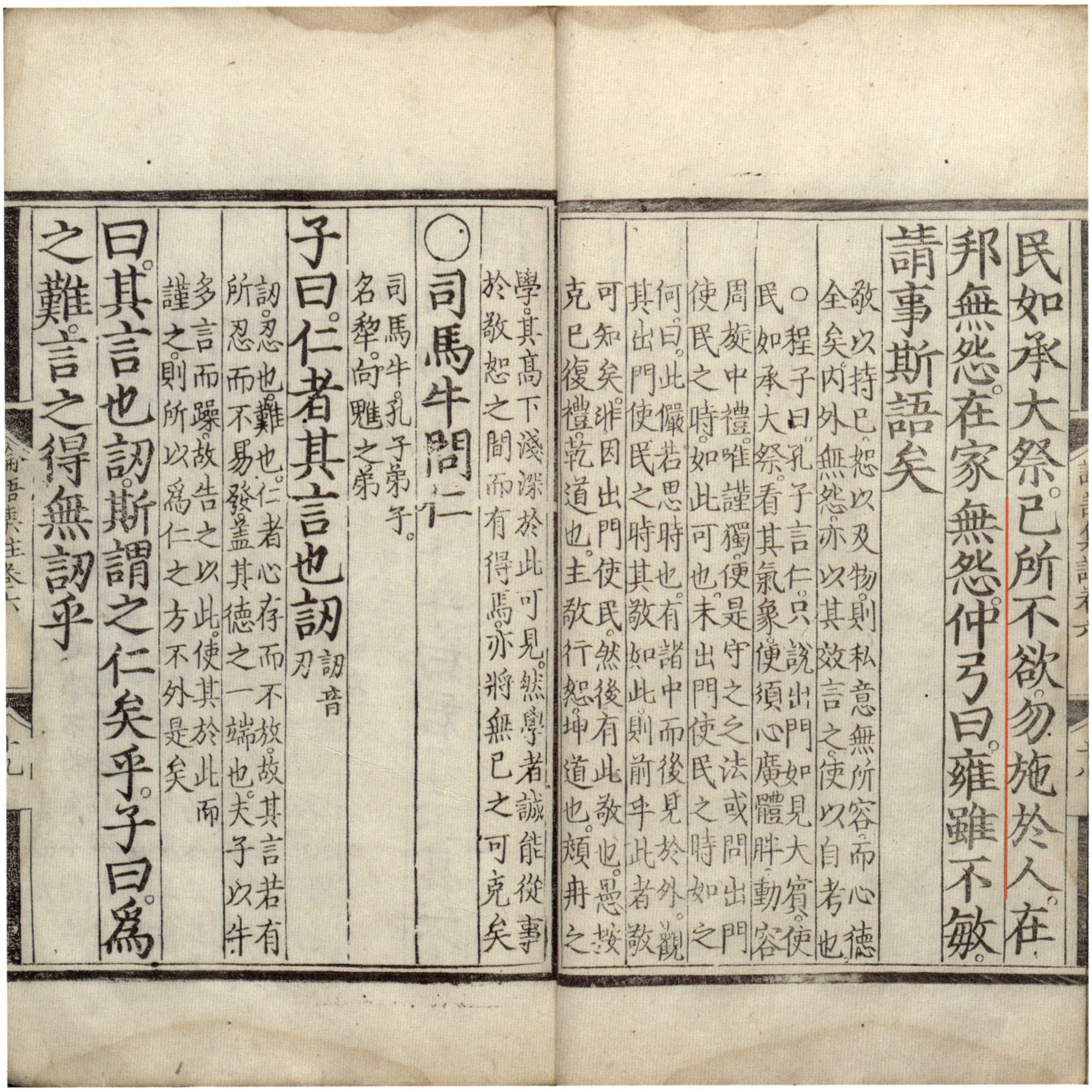

《四书集注·论语·颜渊》："己所不欲，勿施于人。"

四书集注三十卷

（宋）朱熹撰　明成化十六年（1480）吉府刻本

《论语》是孔子的后人和弟子记录孔子言行的著作，是儒家核心经典。成书于战国初期，内容相当广泛，多涉及修身、教育、为政治国理念等问题，较为集中地反映了孔子“仁”的思想，是研究孔子思想的基本文献。

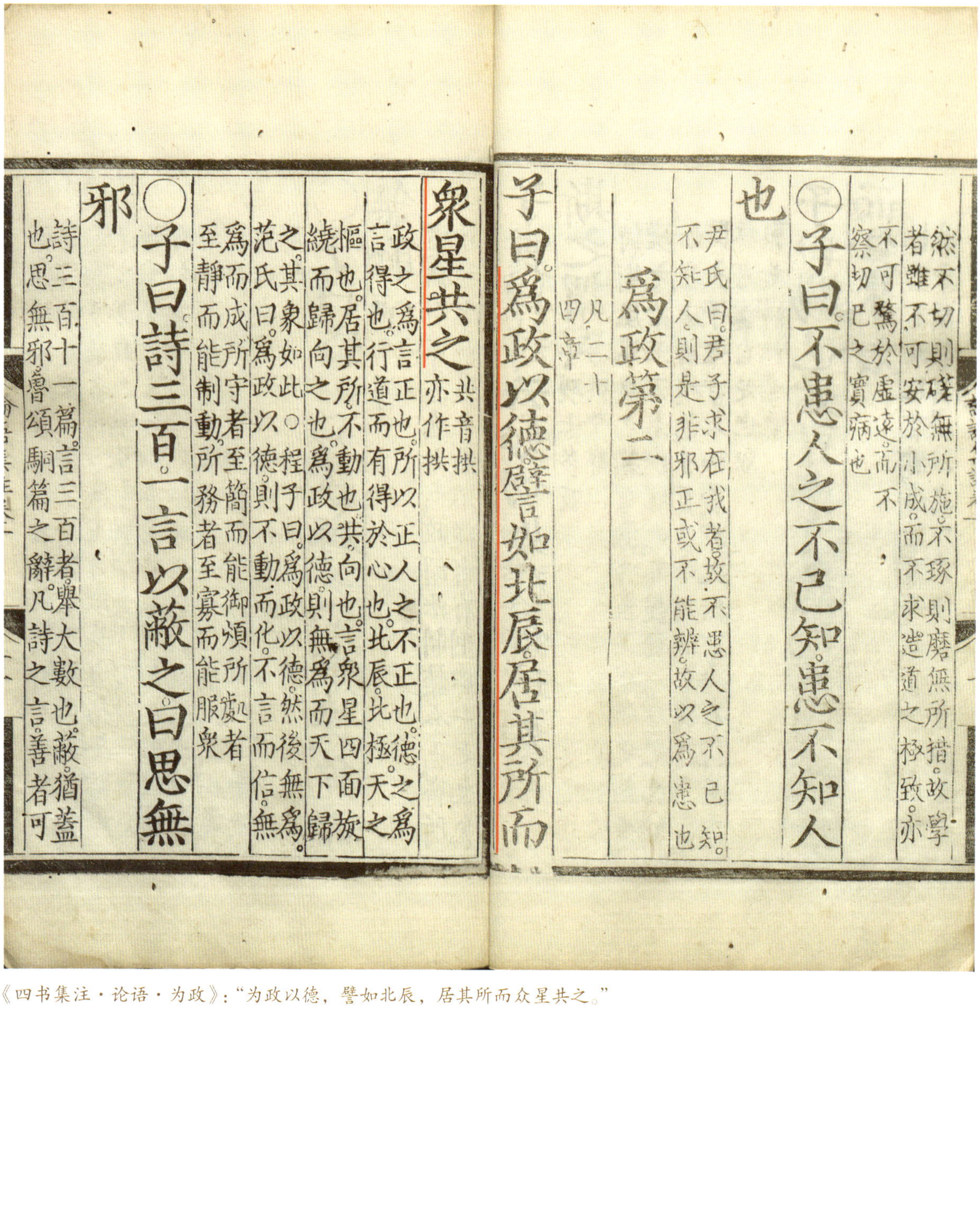

然不切則磋無所施不琢則磨無所措故學
者雖不可安於小成而不求造道之極致亦
不可騖於虛遠而不察切己之實病也
○子曰不患人之不己知患不知人
也
尹氏曰君子求在我者故不患人之不己知
不知人則是非邪正或不能辨故以為患也
為政第二
凡二十
四章
子曰為政以德譬如北辰居其所而
眾星共之 共音拱亦作拱
政之為言正也所以正人之不正也德之為
言得也行道而有得於心也北辰北極天之
樞也居其所不動也共向也言眾星四面旋
繞而歸向之也為政以德則無為而天下歸
之其象如此○程子曰為政以德然後無為
范氏曰為政以德則不動而化不言而信無
為而成所守者至簡而能御煩所處者
至靜而能制動所務者至寡而能服眾
○子曰詩三百一言以蔽之曰思無
邪
詩三百十一篇言三百者舉大數也蔽猶蓋
也思無邪魯頌駉篇之辭凡詩之言善者可

《四书集注·论语·为政》："为政以德，譬如北辰，居其所而众星共之。"

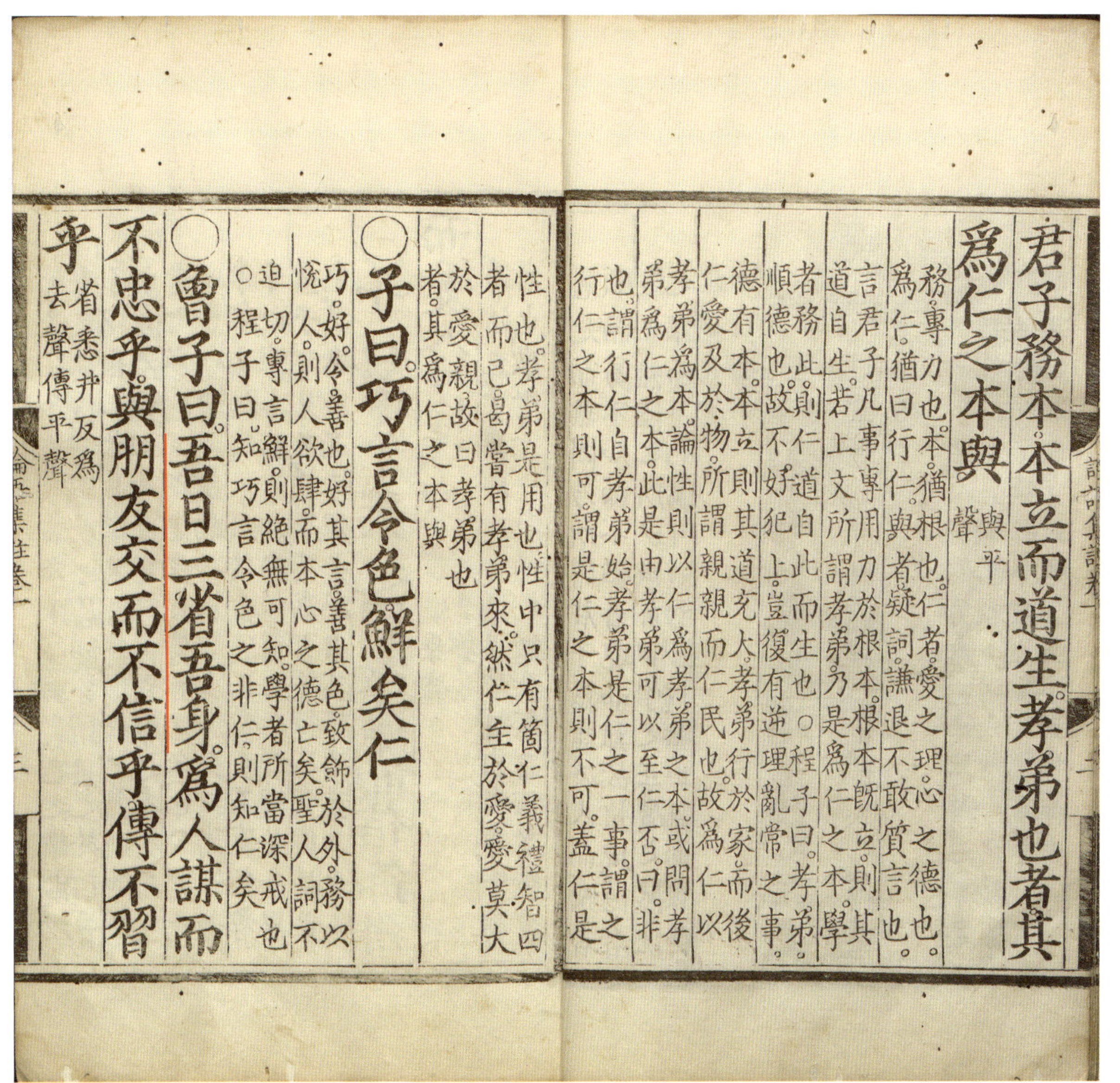

君子務本本立而道生孝弟也者其
爲仁之本與 與平聲
務專力也本猶根也仁者愛之理心之德也
爲仁猶曰行仁與者疑詞謙退不敢質言也
言君子凡事專用力於根本根本旣立則其
道自生若上文所謂孝弟乃是爲仁之本學
者務此則仁道自此而生也○程子曰孝弟
順德也故不好犯上豈復有逆理亂常之事
德有本本立則其道充大孝弟行於家而後
仁愛及於物所謂親親而仁民也故爲仁以
孝弟爲本論性則以仁爲孝弟之本或問孝
弟爲仁之本此是由孝弟可以至仁否曰非
也謂行仁自孝弟始孝弟是仁之一事謂之
行仁之本則可謂是仁之本則不可蓋仁是
性也孝弟是用也性中只有箇仁義禮智四
者而已曷嘗有孝弟來然仁主於愛愛莫大
於愛親故曰孝弟也
者其爲仁之本與
○子曰巧言令色鮮矣仁
巧好令善也好其言善其色致飾於外務以
悅人則人欲肆而本心之德亡矣聖人辭不
迫切專言鮮則絕無可知學者所當深戒也
○程子曰知巧言令色之非仁則知仁矣
○曾子曰吾日三省吾身爲人謀而
不忠乎與朋友交而不信乎傳不習
乎 省悉井反爲去聲傳平聲

《四书集注·论语·学而》："吾日三省吾身。"

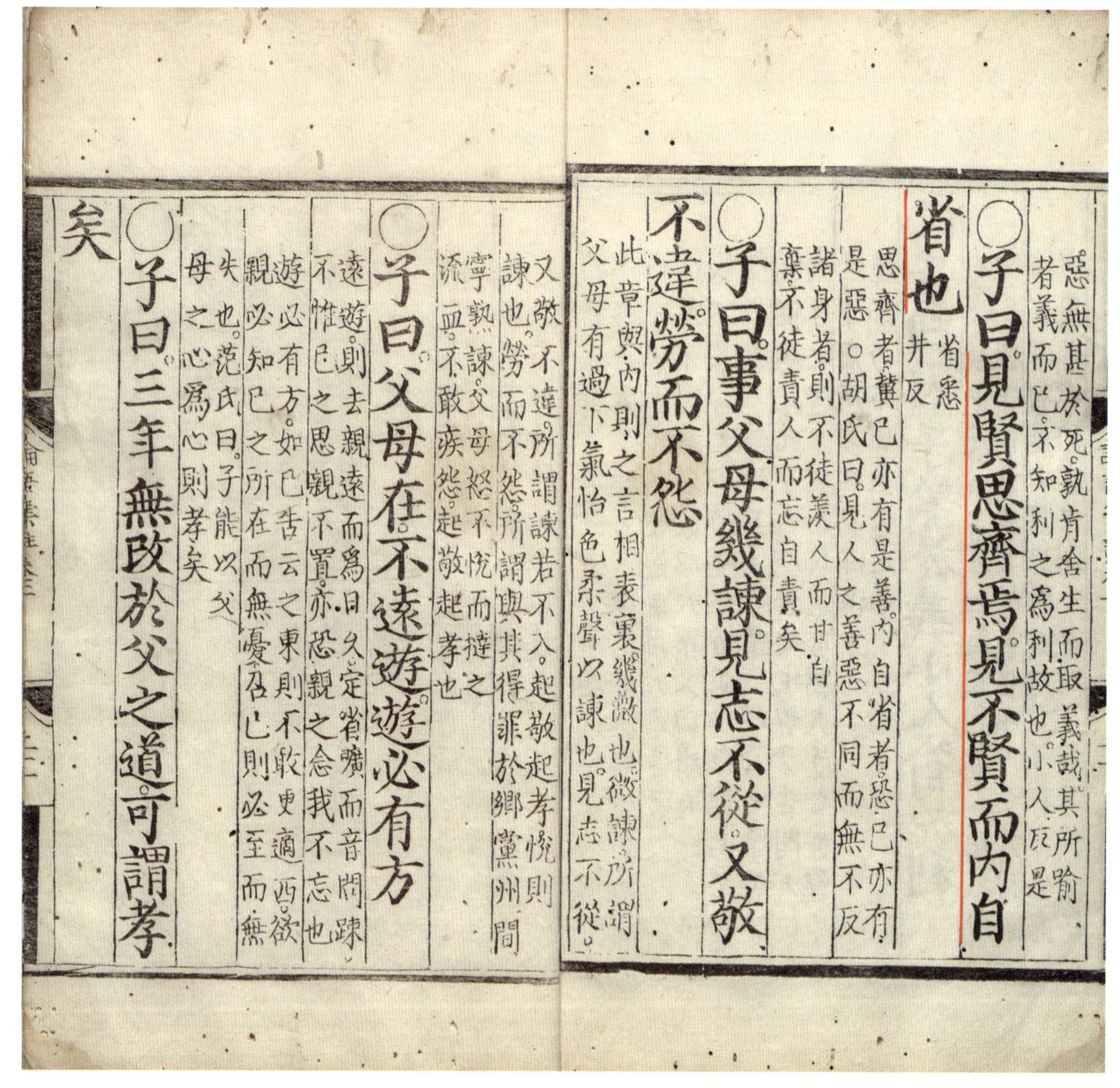
惡無甚於死。孰肯舍生而取義哉。其所喻
者義而已。不知利之爲利故也。小人反是
○子曰。見賢思齊焉。見不賢而內自
省也。省悉井反
思齊者冀己亦有是善。內自省者恐己亦有
是惡。○胡氏曰。見人之善惡不同而無不反
諸身者。則不徒羨人而甘自
棄。不徒責人而忘自責矣
○子曰。事父母幾諫。見志不從。又敬
不違。勞而不怨
此章與內則之言相表裏。幾。微也。微諫。所謂
父母有過。下氣怡色。柔聲以諫也。見志不從。
又敬不違。所謂諫若不入。起敬起孝。悅則
諫也。勞而不怨。所謂與其得罪於鄉黨州閭。
寧孰諫。父母怒不悅而撻之
流血。不敢疾怨。起敬起孝也
○子曰。父母在。不遠遊。遊必有方
遠遊。則去親遠而爲日久。定省曠而音問疏。
不惟己之思親不置。亦恐親之念我不忘也。
遊必有方。如已告云之東。則不敢更適西。欲
親必知己之所在而無憂。召己則必至而無
失也。范氏曰。子能以父
母之心爲心。則孝矣
○子曰。三年無改於父之道。可謂孝
矣

《四书集注·论语·里仁》："见贤思齐焉，见不贤而内自省也。"

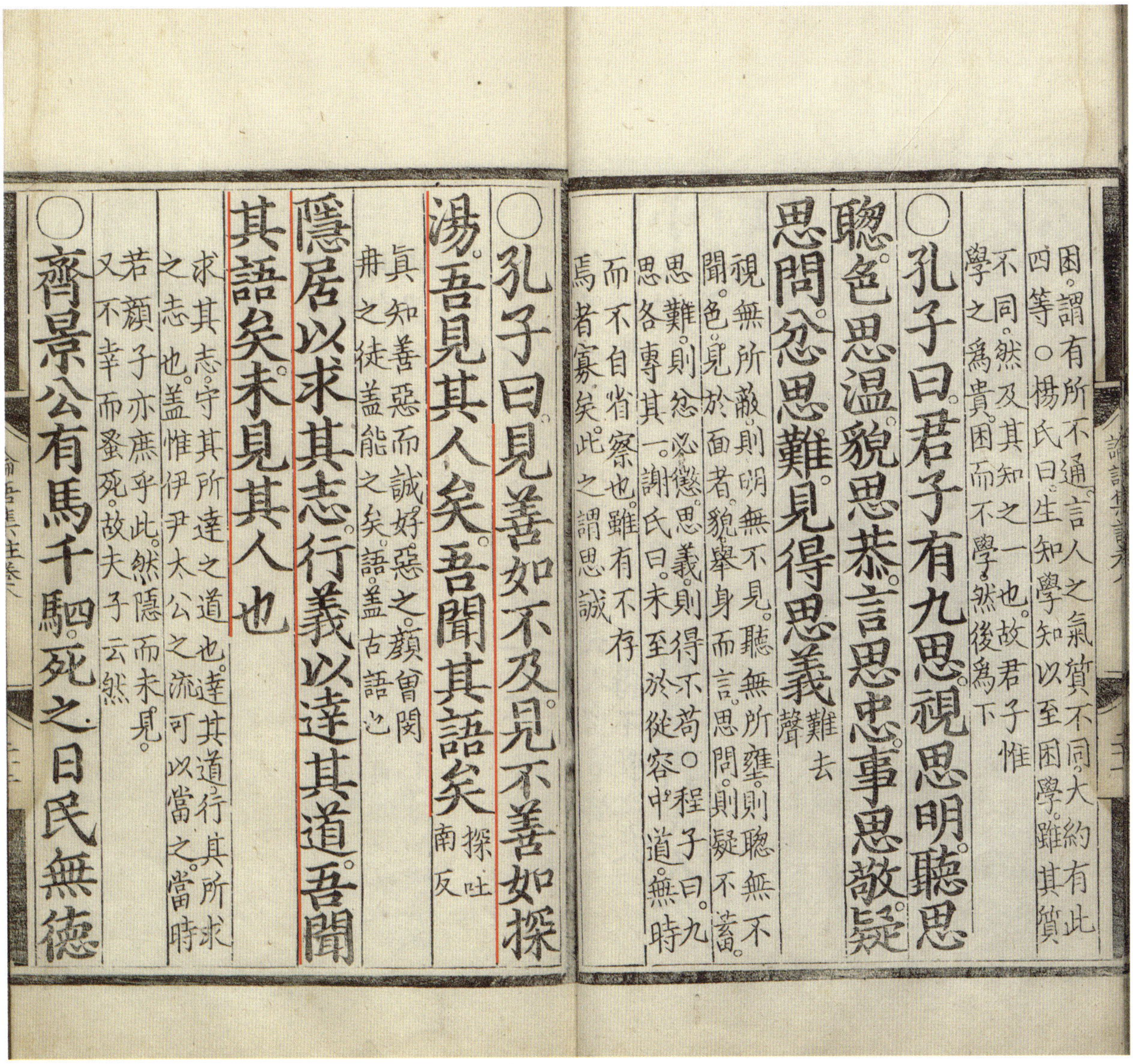

困。謂有所不通。言人之氣質不同。大約有此
四等。○楊氏曰。生知學知以至困學。雖其質
不同。然及其知之一也。故君子惟
學之爲貴。困而不學。然後爲下

○孔子曰。君子有九思。視思明。聽思
聰。色思溫。貌思恭。言思忠。事思敬。疑
思問。忿思難。見得思義。難去聲

視無所蔽。則明無不見。聽無所壅。則聰無不
聞。色。見於面者。貌。舉身而言。思問。則疑不蓄。
思難。則忿必懲。思義。則得不苟。○程子曰。九
思各專其一。謝氏曰。未至於從容中道。無時
而不自省察也。雖有不存
焉者寡矣。此之謂思誠

○孔子曰。見善如不及。見不善如探
湯。吾見其人矣。吾聞其語矣。探吐南反

眞知善惡而誠好惡之。顏曾閔
冉之徒蓋能之矣。語蓋古語也

隱居以求其志。行義以達其道。吾聞
其語矣。未見其人也

求其志。守其所達之道也。達其道。行其所求
之志也。蓋惟伊尹太公之流可以當之。當時
若顏子亦庶乎此。然隱而未見。
又不幸而蚤死。故夫子云然

○齊景公有馬千駟。死之日。民無德

《四书集注·论语·季氏》："见善如不及，见不善如探汤。吾见其人矣，吾闻其语矣。隐居以求其志，行义以达其道。吾闻其语矣，未见其人也。"

道不得行矣。楊氏曰。何其不自重也。枉己其能直人乎。古之人寧道之不行。而不輕其去就。是以孔孟雖在春秋戰國之時。而進必以正。以至終不得行而死也。使不卹其去就而可以行道。孔孟當先爲之矣。孔孟豈不欲道之行哉

○景春曰。公孫衍。張儀豈不誠大丈夫哉。一怒而諸侯懼。安居而天下熄

景春。人姓名。公孫衍張儀皆魏人。怒則說諸侯使相攻伐故諸侯懼也

孟子曰。是焉得爲大丈夫乎。子未學禮乎。丈夫之冠也。父命之。女子之嫁也。母命之。往送之門。戒之曰。往之女家。必敬必戒。無違夫子。以順爲正者。妾婦之道也

焉於虔反冠去聲女家之女音汝

加冠於首曰冠。女家。夫家也。婦人內夫家。以嫁爲歸也。夫子。夫也。女子從人。以順爲正道也。蓋言二子阿諛苟容。竊取權勢。乃妾婦順從之道耳。非丈夫之事也

居天下之廣居。立天下之正位。行天下之大道。得志與民由之。不得志獨行其道。富貴不能淫。貧賤不能移。威

《四书集注·孟子·滕文公下》:“富贵不能淫，贫贱不能移，威武不能屈。此之谓大丈夫。”

战国时期，纵横家盛行，被认为是大丈夫。孟子提出了自己对大丈夫的标准，即“富贵不能淫，贫贱不能移，威武不能屈”。这一见解在后世鞭策了无数仁人志士，成为他们坚持正义的精神支柱。

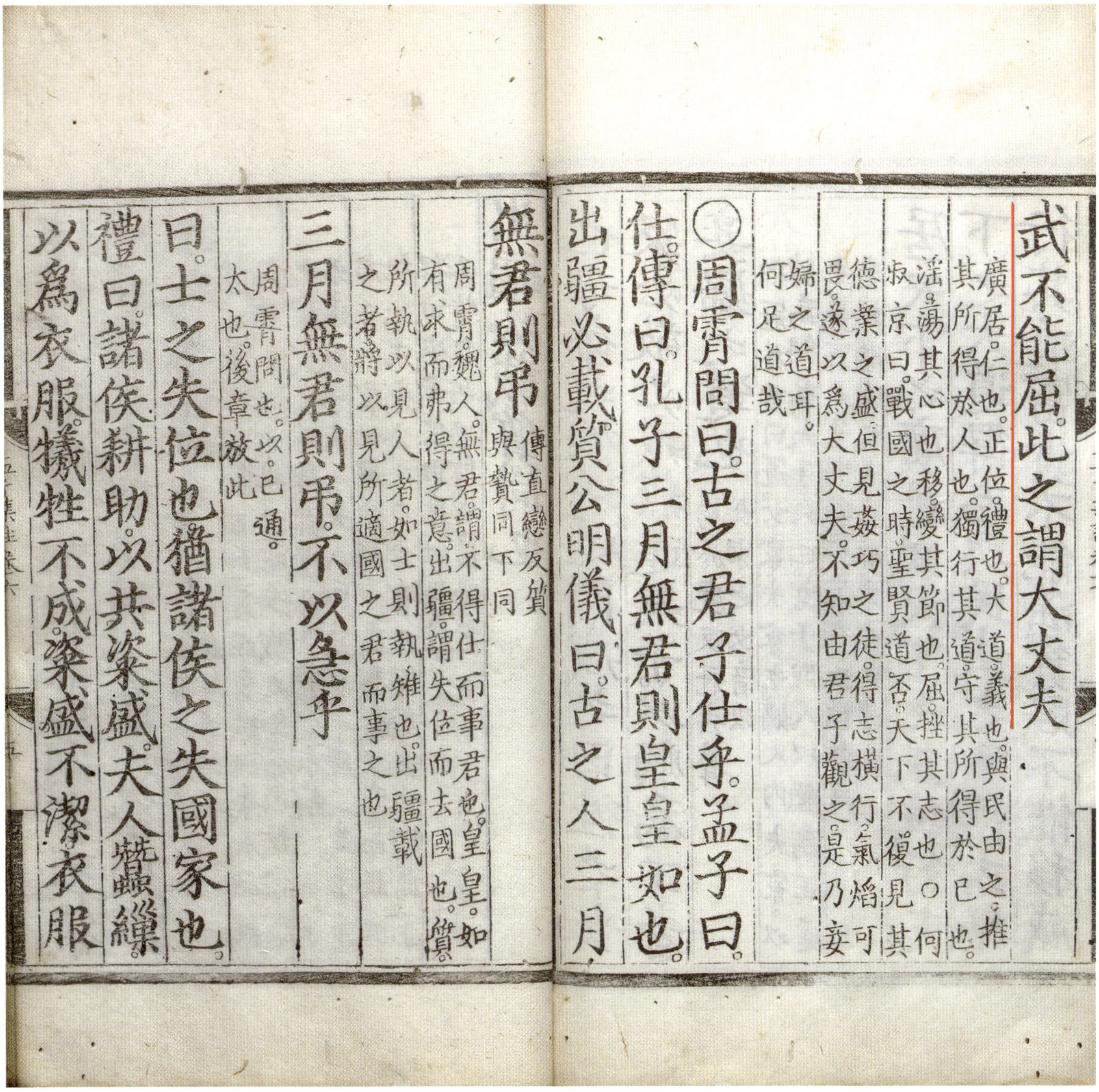

武不能屈。此之謂大丈夫

廣居。仁也。正位。禮也。大道。義也。與民由之。推其所得於人也。獨行其道。守其所得於己也。淫。蕩其心也。移。變其節也。屈。挫其志也。○何叔京曰。戰國之時。聖賢道否。天下不復見其德業之盛。但見姦巧之徒。得志橫行。氣焰可畏。遂以為大丈夫。不知由君子觀之。是乃妾婦之道耳。何足道哉

○周霄問曰。古之君子仕乎。孟子曰。仕。傳曰。孔子三月無君則皇皇如也。出疆必載質。公明儀曰。古之人三月無君則弔

傳直戀反質與贄同下同

周霄。魏人。無君。謂不得仕而事君也。皇皇。如有求而弗得之意。出疆。謂失位而去國也。質。所執以見人者。如士則執雉也。出疆載之者。將以見所適國之君而事之也

三月無君則弔。不以急乎

周霄問也。以。已通。太也。後章放此

曰。士之失位也。猶諸侯之失國家也。禮曰。諸侯耕助。以共粢盛。夫人蠶繅。以為衣服。犧牲不成。粢盛不潔。衣服

《四书集注·孟子·滕文公下》

第一单元

珍贵古籍 历史智慧

《圣迹图·至圣先师赞》

圣迹图不分卷

（明）孔胤植 （明）吕兆祥辑注 明崇祯刻本 李一氓跋

传世的《圣迹图》以明正统九年（1444）张楷序《圣迹图》为最早，后世多有绘刊。本书采用左图右文的刊印形式，以孔子年谱中的相关文字为其作注，记述孔子一生的重要事迹。

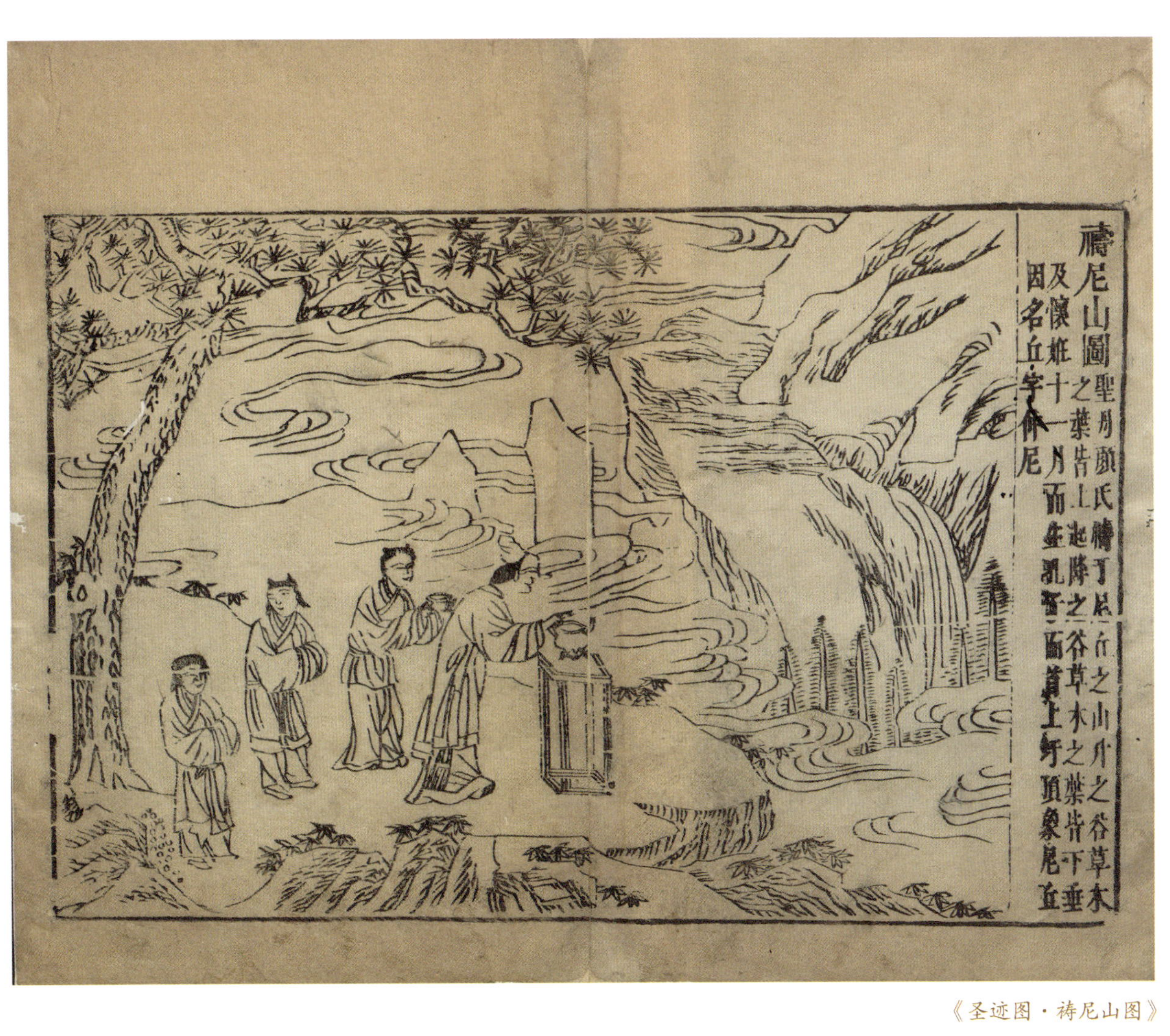
禱尼山圖
聖母顏氏禱于尼丘之山升之谷草木
之葉皆上起降之谷草木之葉皆下垂
及懷娠十一月而生孔聖面首上圩頂象尼丘
因名丘字仲尼

《圣迹图·祷尼山图》

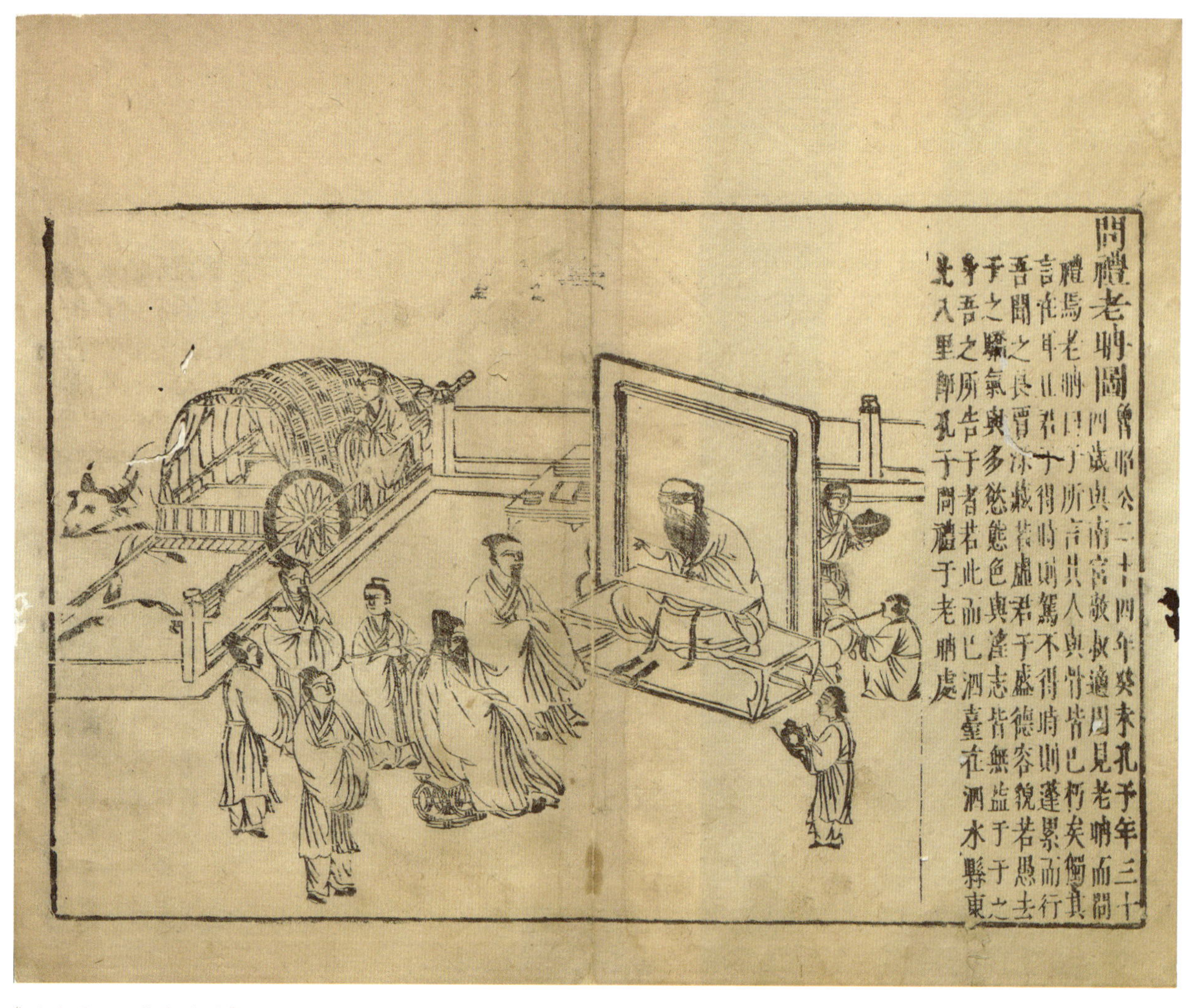

問禮老聃圖 魯昭公二十四年癸未孔子年三十
四歲與南宮敬叔適周見老聃而問
禮焉老聃曰子所言其人與骨皆已朽矣獨其
言在耳且君子得時則駕不得時則蓬累而行
吾聞之良賈深藏若虛君子盛德容貌若愚去
子之驕氣與多欲態色與淫志皆無益于子之
身吾之所告子者若此而已泗臺在泗水縣東
北八里鄉孔子問禮于老聃處

《圣迹图·问礼老聃图》

連環圖畫由來已久宣揚佛道即有寺廟壁畫如敦煌如永樂宮因果報應一一足以愚弄「信民弟子」甚明之然儒家從和尚道士學來居然偽造和神化孔老夫子一生曰聖蹟圖意在教人作吃冷豬肉想最後一幅正是漢高帝祀太牢圖可概見矣此冊明崇禎刊本然綫條粗硬筆劃簡率殆是翻刻補序時從北京圖書館借得西諦藏本刻畫工緻實然勝於此蓋原鐫也明刊有多種西諦書目即著錄六種此為其一如孔丘者亦謂之為炫赫一時矣茲重裝後因識 李一氓 一九六五年夏日於東城寓廬

《圣迹图》 李一氓跋

和而不同

《论语·子路》:“君子和而不同,小人同而不和。”在中国传统文化中,“和而不同”既是一种世界观,也是一种治国理政、为人处世的价值观。它深刻影响着人们的思维方式,是中华民族的重要文化基因。

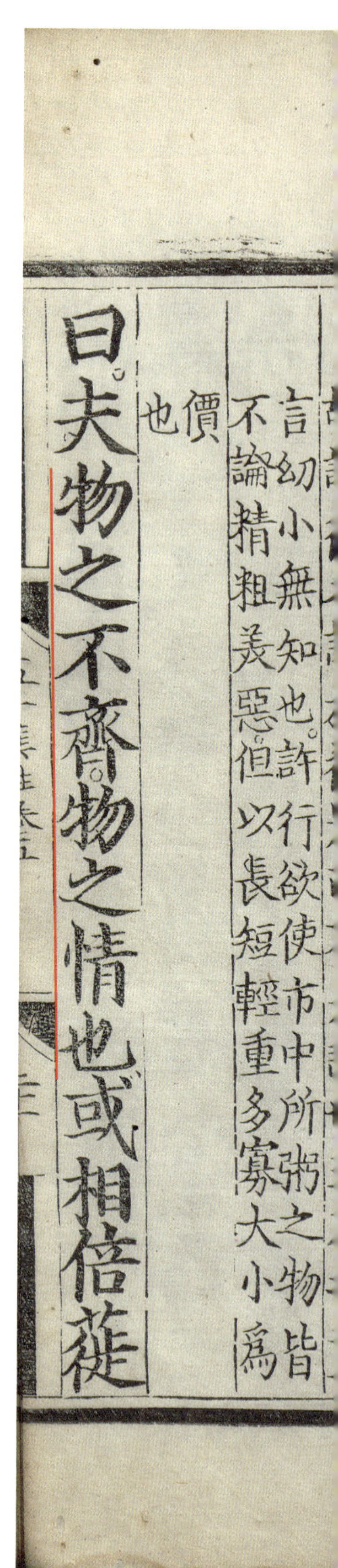

言幼小無知也許行欲使市中所粥之物皆不論精粗美惡但以長短輕重多寡大小爲價也

曰夫物之不齊物之情也或相倍蓰

四书集注三十卷

(宋)朱熹撰　明成化十六年(1480)吉府刻本

习近平总书记在谈及国与国之间、不同文明之间的关系时,多次引用《孟子·滕文公上》“物之不齐,物之情也”的观点。他指出,丰富多彩的人类文明都有自己存在的价值,本国本民族要珍惜和维护自己的思想文化,也要承认和尊重别国别民族的思想文化。

吾聞出於幽谷遷于喬木者未聞下喬木而入於幽谷者

小雅伐木之詩云伐木丁丁鳥鳴嚶嚶出自幽谷遷于喬木

魯頌曰戎狄是膺荆舒是懲周公方且膺之子是之學亦爲不善變矣

魯頌閟宮之篇也膺擊也荆楚本號也舒國名近楚者也懲艾也按今此詩爲僖公之頌而孟子以周公言之亦斷章取義也

從許子之道則市賈不貳國中無僞

雖使五尺之童適市莫之或欺布帛長短同則賈相若麻縷絲絮輕重同則賈相若五穀多寡同則賈相若屨大小同則賈相若

賈音價下同

《四书集注·孟子·滕文公上》："物之不齐，物之情也。"

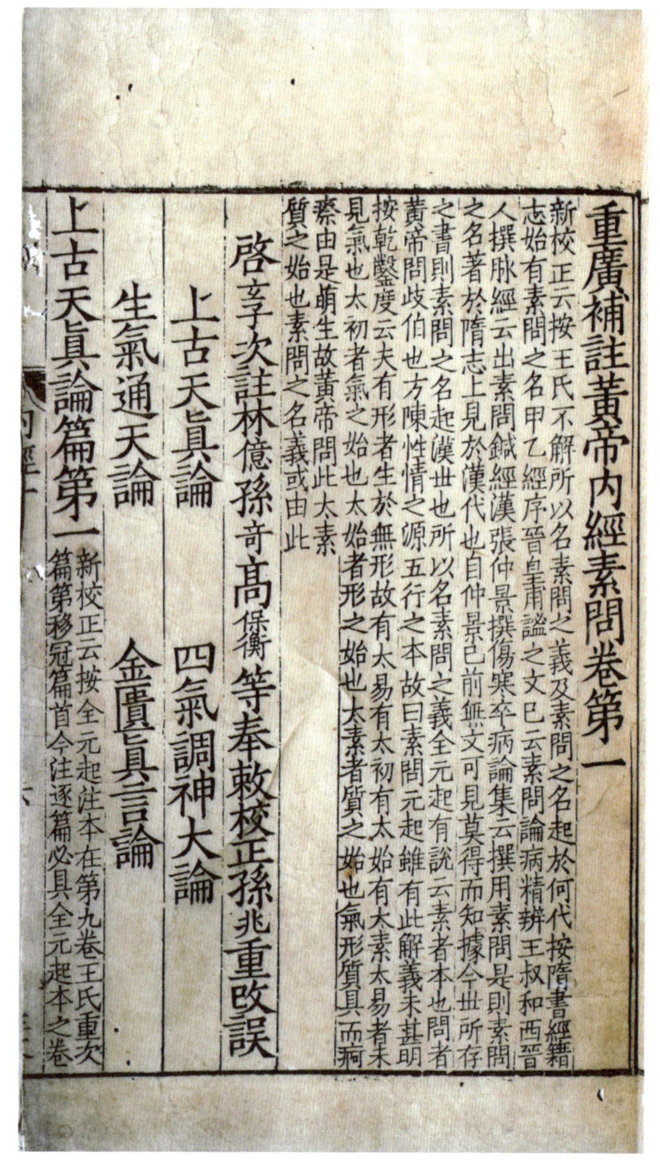

重廣補註黃帝内經素問卷第一

新校正云按王氏不解所以名素問之義及素問之名起於何代按隋書經籍志始有素問之名甲乙經序晉皇甫謐之文已云素問論病精辨王叔和西晉人撰脉經云出素問鍼經漢張仲景撰傷寒卒病論集云撰用素問是則素問之名著於隋志上見於漢代也自仲景已前無文可見莫得而知據今世所存之書則素問之名起漢世也所以名素問之義全元起有說云素者本也問者黃帝問岐伯也方陳性情之源五行之本故曰素問元起雖有此解義未甚明按乾鑿度云夫有形者生於無形故有太易有太初有太始有太素太易者未見氣也太初者氣之始也太始者形之始也太素者質之始也氣形質具而痾瘵由是萌生故黃帝問此太素質之始也素問之名義或由此

啓玄子次註林億孫奇高保衡等奉敕校正孫兆重改誤

上古天真論　四氣調神大論

生氣通天論　金匱真言論

上古天真論篇第一　新校正云按全元起注本在第九卷王氏重次篇第移冠篇首今注逐篇必具全元起本之卷

重广补注黄帝内经素问二十四卷

（唐）王冰注 （宋）林亿等校正 （宋）孙兆改误 明嘉靖二十九年（1550）顾从德影宋刻本 唐济楠跋

“智者求同，愚者求异”化用自《黄帝内经素问·阴阳应象大论》的“智者察同，愚者察异”，这句话虽然谈的是养生之道，却言简意赅地道出古人探寻事物规律的思维方式。“求同存异”一直是中国在处理与其他国家不同看法、不同意见时的态度。周恩来总理1955年在万隆会议上提出这一为各国普遍接受的外交原则。习近平总书记引用这句话阐明在处理国际关系时应本着相互尊重、平等相待、求同存异、合作共赢的态度去加强对话和沟通，寻求利益最大公约数，共享机遇，共迎挑战。

冬（陰勝故能夏寒甚故不能冬）此陰陽更勝之變病之形能也帝曰調此二者柰何（調謂順天癸性而治身之血氣精氣也）岐伯曰能知七損八益則二者可調不知用此則早衰之節也（用謂房色也女子以七七爲天癸之終丈夫以八八爲天癸之極然知八可益知七可損則各隨氣分脩養天眞終其天年以度百歲上古天眞論曰女子二七天癸至月事以時下丈夫二八天癸至精氣溢寫然陰七可損則海滿而血自下陽八宜益交會而泄精由此則七損八益理可知矣）年四十而陰氣自半也起居衰矣（內耗故陰減中乾故氣力始衰靈樞經曰人年四十腠理始踈榮華稍落髮斑白由此之節言之亦起居衰之次也）年五十體重耳目不聰明矣（衰之漸也）年六十陰痿氣大衰九竅不利下虛上實涕泣俱出矣（衰之甚矣）故曰知之則強不知則老（知謂知七損八益全形保性之道也）故同出而名異耳（同謂同於好欲異謂異其老壯之名）智者察同愚者察異（智者察同欲之閒而能性道愚者見形容別異方乃効之自性則道益有餘放効則治生不足故下文曰）愚者不足智者有餘（先行故有餘後學故不足）有餘則耳目聰明身體輕強老者復壯壯者益治（夫保性全形蓋由知道之所致也故曰道者不可斯須離可離非道此之謂也）是以聖人爲無爲之事樂恬憺之能從欲快志於虛无之守故壽命无窮與天地終此聖人之治身也（聖人不爲无益以害有益不爲害性而順性故壽命長遠與天地終庚桑楚曰聖人之於聲色滋味也利於性則取之害於性則損之此全性之道也書曰不作无益害有益也）天不足西北故西北方陰也而人右耳目不如左明也（在上故法天）地不滿東南故東南方陽也而人左手足不如右強也（在下故法地）帝曰何以然岐伯曰東方陽也陽者其精并於上并於上則上明而下虛故使耳目聰明而手足不便也西方陰也陰者其精并於下并於下則

《重广补注黄帝内经素问·阴阳应象大论》："智者察同，愚者察异。"

抱朴子內篇卷之十五

雜應

或曰敢問斷人可以長生乎凡有幾法何者最善與抱朴子荅曰斷人正可息肴粮之費不能獨令人長生也問諸曾斷穀積久者云差少病痛勝於食穀時其服术及餌黃精又禹餘粮九日再服三日令人多氣力堪負擔遠行身輕不極其服諸石藥一服守中十年五年者及吞氣服符飲神水輩但為不飢耳體力不任勞也道雖書言欲得長生腸中當清欲得不死腸中無滓又云食草者善走而

抱朴子内篇二十卷外篇五十卷

（晋）葛洪撰　明抄本　陆僎跋

“志合者，不以山海为远”，出自东晋葛洪《抱朴子外篇·博喻》，下句为“道乖者，不以咫尺为近”，阐述了人际交往中心理距离与物理距离的关系。习近平总书记在对外讲话文章中多次引用这句话，期待同各方一道，构筑伙伴关系、实现共同发展宏伟目标，虽然远隔重洋、千山万水，但友谊的纽带将我们紧紧相连。

論用凌儕之器是使聾者指五色也與妬勝已者而謀舉疾悪之賢是以狐議治袠也

抱朴子曰驡駿危苦於嶮峻之端不樂咈守之後吉光飢渴於冰霜之野不顧犧牲之飽孤竹不以絕粒易鹿臺之富子廉不以困匱貿銅山之豐

抱朴子曰志合者不以山海為遠道乖者不以咫尺為近故有跋涉而游集亦或密邇而不接

抱朴子曰華衮粲爛非隻色之功嵩岱之峻非一簣之積故九子任而康凝之績熙四七授而佐命之勳著

抱朴子曰翠虬無翅而天飛螣蛇無足而電鶩鼈無耳而善聞蚓無口而揚聲故皐繇喑而與辯者同功晉野聾而與離朱齊明

抱朴子曰官達者才未必當其位譽美者實未必副其名故鋸齒不能咀嚼箕舌不能別味壺耳不能理音屩鼻不能識氣釜目不能攄望舒之景牀足不能有尋常之逝

抱朴子曰路人不能挽勁命中而識養由之射顏子不能控轡振策而知東野之敗故有不能下棊而經目識勝負不能徽絃而過耳

《抱朴子外篇·博喻》："志合者，不以山海为远。"

古微堂内集三卷外集七卷

（清）魏源撰　清光绪四年（1878）淮南书局刻本

《默觚》是中国近代思想家魏源的哲学著作。魏源从历史自身的“自变性”去探求历史发展的驱动力，认为历史变化发展的标准是“便民”。他用生动的比喻加以说明：“履不必同，期于适足；治不必同，期于利民。”习近平总书记多次在讲话中引用了魏源的这句话，强调独特的文化传统、独特的历史命运、独特的国情，注定了中国必然走适合自己特点的发展道路。

三代以上之心則必俗不知三代以下之情勢則必迂
讀父書者不可與言兵守陳案者不可與言律好剿襲
者不可與言文善琴奕者不視譜善相馬者不按圖善
治民者不泥法無他親歷諸身而已讀黃農之書用以
殺人謂之庸醫讀周孔之書用以誤天下得不謂之庸
儒乎靡獨無益一時也又使天下之人不信聖人之道

古微堂內集　卷三

《古微堂内集·默觚》：“履不必同，期于适足；治不必同，期于利民。”

役差役變而傭役雖聖王復作必不舍科舉而復選舉舍傭役而爲差役也邱甲變而府兵府兵變而彍騎而營伍雖聖王復作必不舍營伍而復爲屯田爲府兵也天下事人情所不便者變可復人情所羣便者變則不可復江河百源一趨于海反江河之水而復歸之山得乎履不必同期于適足治不必同期于利民是以忠質文異尚子丑寅異建五帝不襲禮三王不沿樂況郡縣之世而談封建阡陌之世而談井田笞杖之世而談肉刑哉禮時爲大順次之體次之宜次之周頌勺篇美成王能酌先祖之道以養天下也詩曰物其有矣維其時矣

莊生喜言上古上古之風必不可復徒使吾人糠粃禮法而禍世教宋儒專言三代三代井田封建選舉必不可復徒使功利之徒以迂疏病儒術吾之爲[illegible]也[illegible]

鉴于往事 资于治道

习近平总书记指出:“历史是最好的老师。在漫长的历史进程中,中华民族创造了独树一帜的灿烂文化,积累了丰富的治国理政经验,其中既包括升平之世社会发展进步的成功经验,也有衰乱之世社会动荡的深刻教训。”“治理国家和社会,今天遇到的很多事情都可以在历史上找到影子,历史上发生过的很多事情也都可以作为今天的镜鉴。”

最早的“镜子论”来源于《史记·殷本纪》:“人视水见形,视民知治不”,“以民情为镜”可以知道国家治理状况。此后,以人为镜的观念被历代开明统治者所接受。

《资治通鉴》于北宋元丰七年(1084)成书,神宗以其“鉴于往事,有资于治道”,故有本名。全书上起战国,下迄五代,被誉为“鉴前世之兴衰,考当今之得失”的经典史书。龚自珍曾说:“欲灭人之国,必先去其史。”历史的文化认同作用不容小觑,“前事不忘,后事之师”。以史为镜,可以明得失、知荣辱、观成败、鉴兴替。

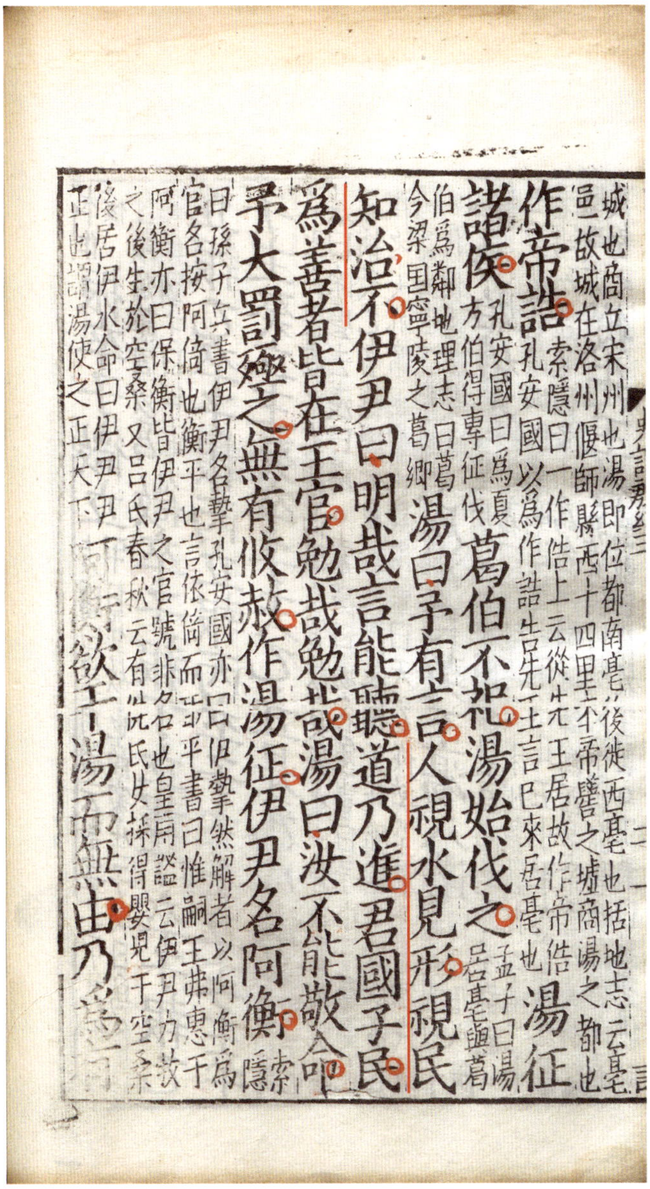

城也商丘宋州也湯即位都南亳後徙西亳也括地志云亳
邑故城在洛州偃師縣西十四里本帝嚳之墟商湯之都也
作帝誥 索隱曰一作俈上云從先王居故作帝俈 湯征
諸侯 孔安國曰爲夏方伯得專征伐 葛伯不祀湯始伐之 孟子曰湯居亳與葛
伯爲鄰地理志曰葛今梁國寧陵之葛鄉 湯曰予有言人視水見形視民
知治不 伊尹曰明哉言能聽道乃進君國子民
爲善者皆在王官勉哉勉哉湯曰汝不能敬命
予大罰殛之無有攸赦作湯征 伊尹名阿衡 索隱
曰孫子兵書伊尹名摯孔安國亦曰伊摯然解者以阿衡爲
官名按阿倚也衡平也言依倚而取平書曰惟嗣王弗惠于
阿衡亦曰保衡皆伊尹之官號非名也皇甫謐云伊尹力牧
之後生於空桑又呂氏春秋云有侁氏女採得嬰兒于空桑
後居伊水命曰伊尹尹
正也謂湯使之正天下 阿衡欲干湯而無由乃爲

《史记·殷本纪》："人视水见形，视民知治不。"

史记一百三十卷

（汉）司马迁撰 （南朝宋）裴骃集解 （唐）司马贞索隐 （唐）张守节正义 明嘉靖四年至六年（1525—1527）王延喆刻本

《史记》既是中国纪传体史籍之创始者，亦是此类史籍之最佳和最著名者。其所载上自远古黄帝下迄当世之西汉武帝的三千余年历史，体制完备，史料翔实，文字生动，极具史学价值和文学价值。被誉为"史家之绝唱，无韵之离骚"。

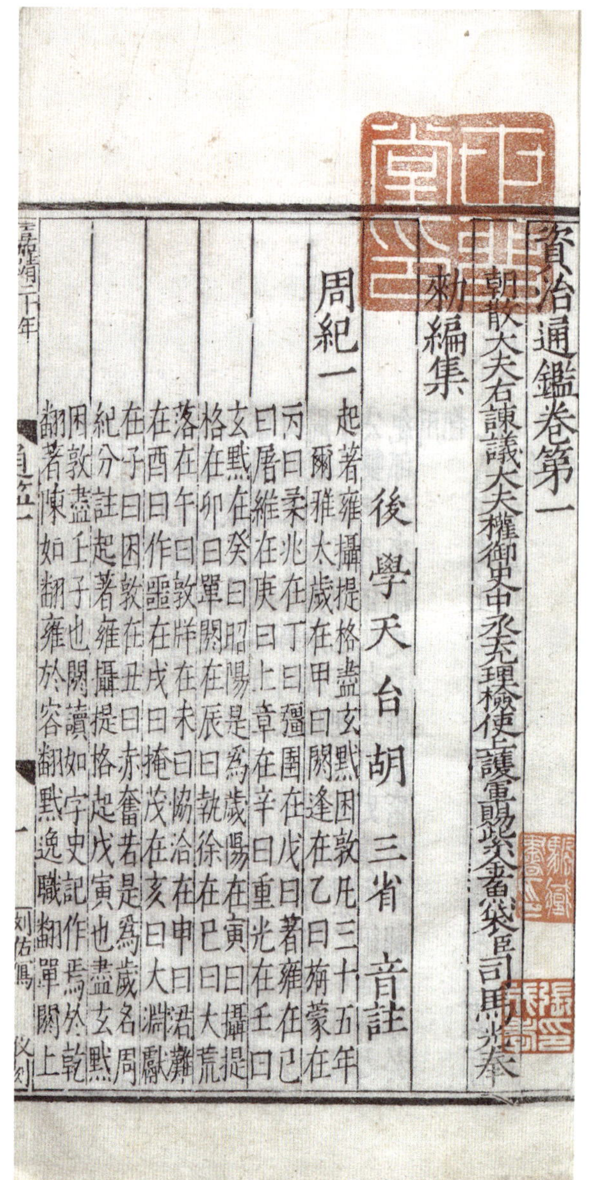
資治通鑑卷第一
朝散大夫右諫議大夫權御史中丞充理檢使上護軍賜紫金魚袋臣司馬光奉
敕編集
後學天台胡三省音註
周紀一
起著雍攝提格盡玄黓困敦凡三十五年
爾雅太歲在甲曰閼逢在乙曰旃蒙在丙曰柔兆在丁曰彊圉在戊曰著雍在己曰屠維在庚曰上章在辛曰重光在壬曰玄黓在癸曰昭陽是爲歲陽在寅曰攝提格在卯曰單閼在辰曰執徐在巳曰大荒落在午曰敦牂在未曰協洽在申曰涒灘在酉曰作噩在戌曰掩茂在亥曰大淵獻在子曰困敦在丑曰赤奮若是爲歲名周紀分註起著雍攝提格起戊寅也盡玄黓困敦盡壬子也閼讀如字史記作焉於乾翻著陳如翻雍於容翻黓逸職翻單上閼

嘉靖二十年
通鑑一
一

资治通鉴二百九十四卷

（宋）司马光撰 （元）胡三省音注 **通鉴释文辩误十二卷** （元）胡三省撰 元刻明弘治正德嘉靖递修本

《资治通鉴》于北宋元丰七年（1084）成书，神宗以其“鉴于往事，有资于治道”，故有本名。全书上起战国，下迄五代，被誉为“鉴前世之兴衰，考当今之得失”的经典史书，是中国传统史学代表性著作之一。

義類作傳百卷逸矣今四十一家書存者復無幾乙
部書以遷固等書爲正史編年類次之蓋紀傳表志
之書行編年之書特以備乙庫之藏耳宋朝 英宗
皇帝命司馬光論次歷代君臣事迹爲編年一書
神宗皇帝以鑑于往事有資於治道賜名曰資治通
鑑且爲序其造端立意之由温公之意專取關國家
盛衰繫生民休戚善可爲法惡可爲戒者以爲是書
治平熙寧間公與諸人議國事相是非之日也蕭曹
畫一之辯不足以勝變法者之口分司西京不豫國
論專以書局爲事其忠憤感槩不能自已於言者則

《资治通鉴》："鉴于往事，有资于治道。"

修学好古 实事求是

“实事求是”一词，最早出自《汉书·河间献王传》“修学好古，实事求是”，其意为做学问要注重事实根据，才能得出正确结论。曾国藩作为湖湘学派的代表，发扬经世致用的传统，创造性地将“实事求是”由考据学命题转变为哲学认识论命题，这对毛泽东主席产生了深刻的影响。毛主席在抗战期间多次引用这个成语，并从马克思主义辩证唯物论及认识论的哲学高度赋予“实事求是”新的哲学内涵。“实事求是”成为毛泽东思想的精髓和中国共产党的思想路线，树立了批判地继承中国古代哲学思想、实现马克思主义哲学中国化的光辉典范。

1943年，毛泽东为中共中央党校手书“实事求是”四个大字，作为党校的校训。

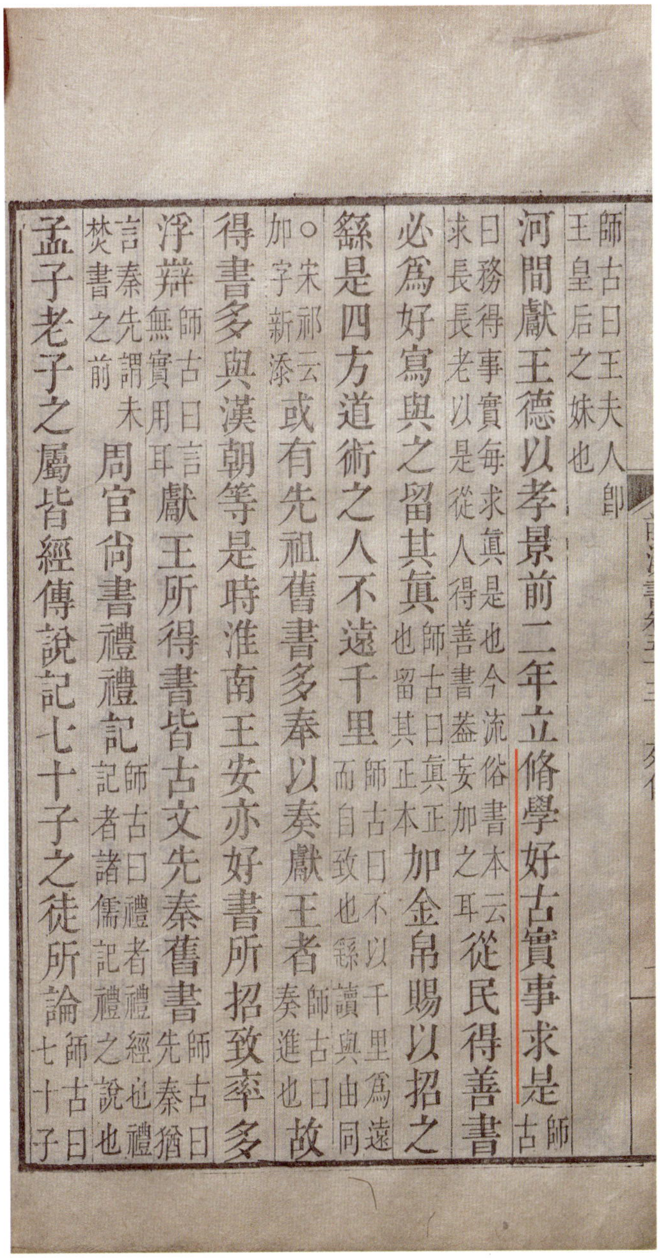

河間獻王德以孝景前二年立脩學好古實事求是師古曰務得事實每求眞是也今流俗書本云求長長老以是從人得善書葢妄加之耳從民得善書必爲好寫與之留其眞師古曰眞正也留其正本加金帛賜以招之繇是四方道術之人不遠千里師古曰不以千里爲遠而自致也繇讀與由同○宋祁云或有先祖舊書多奉以奏獻王者加字新添師古曰奏進也故得書多與漢朝等是時淮南王安亦好書所招致率多浮辯師古曰言無實用耳獻王所得書皆古文先秦舊書師古曰先秦猶言秦先謂未焚書之前周官尚書禮禮記師古曰禮者禮經也禮記者諸儒記禮之說也孟子老子之屬皆經傳說記七十子之徒所論師古曰七十子

《汉书·河间献王传》:"修学好古,实事求是。"

汉书一百卷

(汉)班固撰　清乾隆四年(1739)武英殿刻本

本书是我国第一部纪传体断代史书。班固去世后,汉和帝命其妹班昭和马续补撰。书中保存的西汉史料十分丰富,展现了始于高祖、终于王莽的兴衰历史变迁。

古代廉政文化

我国古代廉政文化具有深刻的思想内涵和广博的历史底蕴。《周礼》就曾明确提出考察官吏的“六廉”标准：廉善、廉能、廉敬、廉正、廉法、廉辨。

历史长河中，清官循吏浩若繁星，杨震、诸葛亮、魏征、包拯、范仲淹、海瑞等孜孜求治，廉洁奉公，在天地间留下浩然正气，成为万世楷模。然而历史上的贪官亦不绝如缕，伯嚭、蔡京、阿合马、严嵩、和珅之辈，“汲汲于名者，犹汲汲于利也”，聚敛财货不择手段，留给历史的只有万世骂名。

党的十九大报告提出：夺取反腐败斗争压倒性胜利。廉则兴，贪则衰。治乱循环的历史现象一再证明，腐败蔓延，国家就有危亡之虞；廉政肃贪，国家才能长治久安。正如习近平总书记指出的，考察我国历史上反腐倡廉的成败得失，可以给人以深刻启迪，有利于我们运用历史智慧推进反腐倡廉建设。

四知先生

东汉名臣杨震，在任东莱太守时，其门生王密以十金相赠，说：“天黑，无人知晓。”杨震义正辞严道：“天知，神知，我知，子知。何谓无知？”

后来杨震转任涿郡太守，他的家人仍然布衣粗食，生活俭朴。一些朋友劝他为子孙后代置办产业，杨震说：“使后世称为清白吏子孙，以此遗之，不亦厚乎？”杨氏这一清廉俭朴家风对后世影响极大，至今杨氏家族所修家谱大多仍以“四知堂”为号。

後漢書卷八十四

宋 宣城太守范曄撰

唐 章懷太子賢注

楊震列傳第四十四

楊震傳 子秉 孫賜 曾孫彪 玄孫脩

楊震字伯起弘農華陰人也八世祖喜高祖時有功封赤泉侯史記曰喜追殺項羽以功封 高祖敞昭帝時爲丞相封安平侯父寶續齊諧記曰寶年九歲時至華陰山北見一黃雀爲鴟梟所搏墜於樹下爲螻蟻所困寶取之以歸置巾箱中唯食黃花百餘日毛羽成乃飛去其夜有黃衣童子向寶再拜曰我西王母使者君仁愛救拯實感成濟以白環四枚與寶令君子孫潔白位登三事當如此環矣 習歐陽尚書哀平之

乾隆四年校刊

後漢書卷八十四 列傳 一

后汉书一百二十卷

（南朝宋）范晔撰　清乾隆四年（1739）武英殿刻本

本书是一部纪传体东汉史书。范晔以《东观汉记》为主要依据，参考众家之长，删繁补缺，自订体例，撰为此书。唐代以本书与《史记》《汉书》并称“三史”，其他各家纪传体东汉史书遂渐湮没。《后汉书》语言简要精辟，如“穷当益坚，老当益壮”“廉约小心，克己奉公”等。

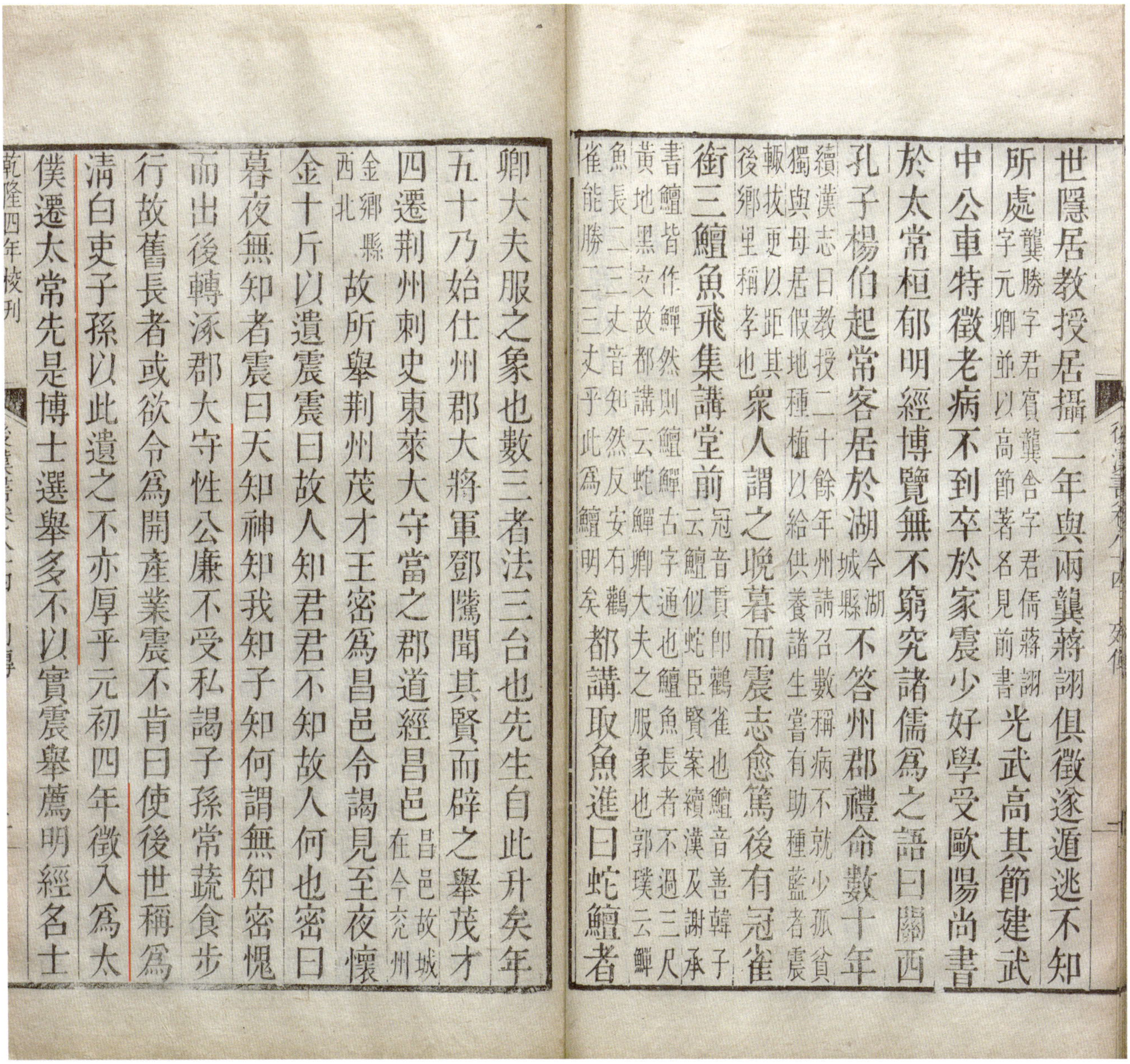

世隱居教授居攝二年與兩龔蔣詡俱徵遂遁逃不知
所處（龔勝字君賓龔舍字君倩蔣詡字元卿並以高節著名見前書）光武高其節建武
中公車特徵老病不到卒於家震少好學受歐陽尚書
於太常桓郁明經博覽無不窮究諸儒爲之語曰關西
孔子楊伯起常客居於湖（今湖城縣）不答州郡禮命數十年
（續漢志曰教授二十餘年州請召數稱病不就少孤貧獨與母居假地種植以給供養諸生嘗有助種藍者震輒拔更以距其後鄉里稱孝也）衆人謂之晩暮而震志愈篤後有冠雀
銜三鱣魚飛集講堂前（冠音貫即鸛雀也鱣音善韓子云鱣似蛇臣賢案續漢及謝承書鱣皆作鱓然則鱣鱓古字通也鱣魚長者不過三尺黃地黑文故都講云蛇鱓卿大夫之服象也郭璞云鱓魚長二三丈音知然反安有鸛雀能勝二三丈乎此爲鱣明矣）都講取魚進曰蛇鱣者

卿大夫服之象也數三者法三台也先生自此升矣年
五十乃始仕州郡大將軍鄧騭聞其賢而辟之舉茂才
四遷荊州刺史東萊大守當之郡道經昌邑（昌邑故城在今兗州金鄉縣西北）故所舉荊州茂才王密爲昌邑令謁見至夜懷
金十斤以遺震震曰故人知君君不知故人何也密曰
暮夜無知者震曰天知神知我知子知何謂無知密愧
而出後轉涿郡大守性公廉不受私謁子孫常蔬食步
行故舊長者或欲令爲開產業震不肯曰使後世稱爲
清白吏子孫以此遺之不亦厚乎元初四年徵入爲太
僕遷太常先是博士選舉多不以實震舉薦明經名士

《后汉书·列传·杨震传》:“天知，神知，我知，子知。何谓无知？”“使后世称为清白吏子孙，以此遗之，不亦厚乎？”

《新唐书·列传·褚遂良》："奢靡之始，危亡之渐。"

新唐书二百二十五卷

（宋）欧阳修　（宋）宋祁撰　明国子监刻本

"奢靡之始，危亡之渐"是唐代政治家、书法家褚遂良对太宗的谏言，指出奢靡之风的危害从家庭到国家，从历史到现实不断重演具有规律性，正所谓"有国者未尝不以恭俭也，失国者未尝不以骄奢也"。只有保证干部清正、政府清廉、政治清明，才能跳出历史周期率，确保党和国家长治久安。

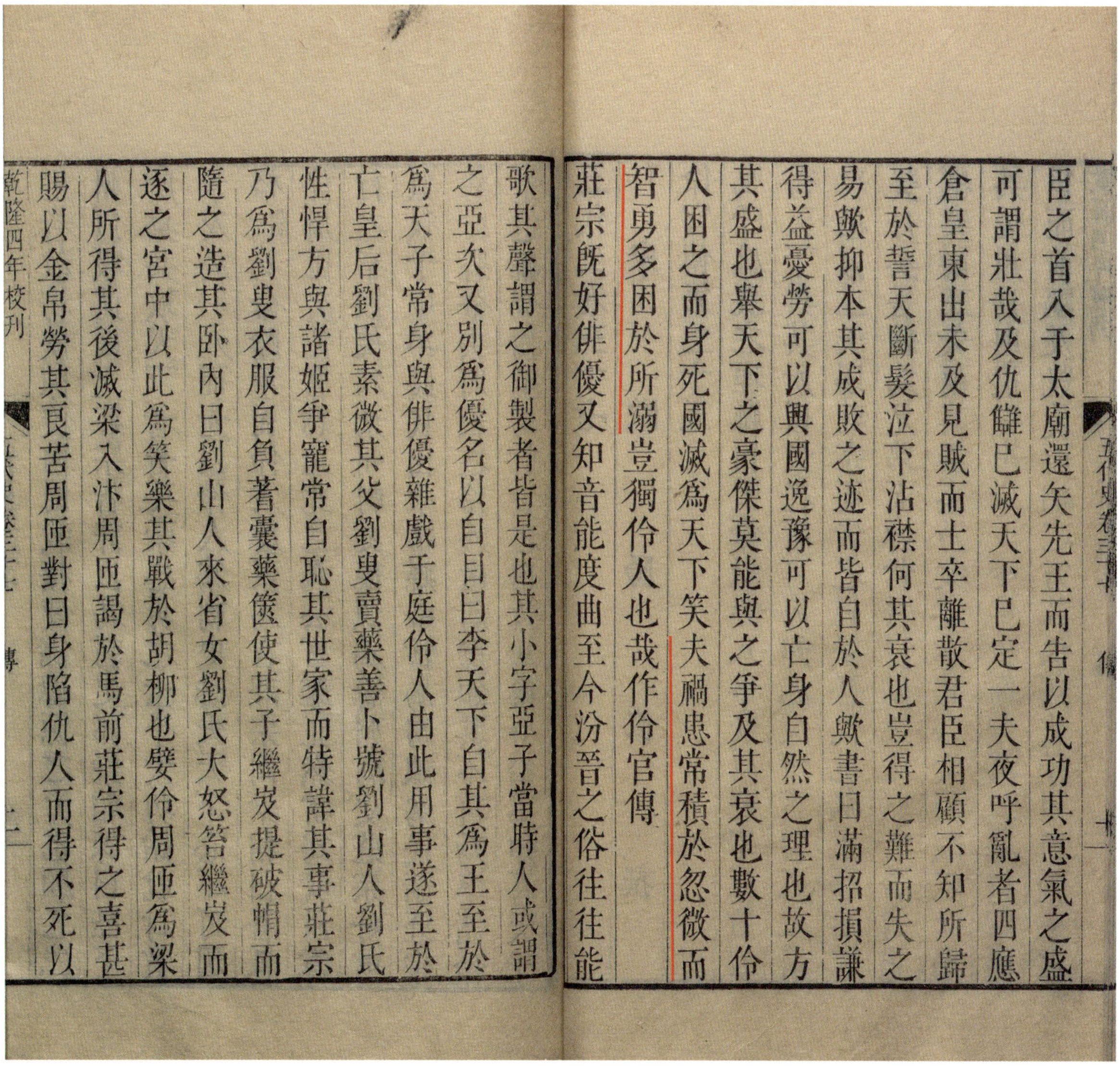

臣之首入于太廟還矢先王而告以成功其意氣之盛
可謂壯哉及仇讎已滅天下已定一夫夜呼亂者四應
倉皇東出未及見賊而士卒離散君臣相顧不知所歸
至於誓天斷髮泣下沾襟何其衰也豈得之難而失之
易歟抑本其成敗之迹而皆自於人歟書曰滿招損謙
得益憂勞可以興國逸豫可以亡身自然之理也故方
其盛也舉天下之豪傑莫能與之爭及其衰也數十伶
人困之而身死國滅爲天下笑夫禍患常積於忽微而
智勇多困於所溺豈獨伶人也哉作伶官傳
莊宗既好俳優又知音能度曲至今汾晉之俗往往能
歌其聲謂之御製者皆是也其小字亞子當時人或謂
之亞次又別爲優名以自目曰李天下自其爲王至於
爲天子常身與俳優雜戲于庭伶人由此用事遂至於
亡皇后劉氏素微其父劉叟賣藥善卜號劉山人劉氏
性悍方與諸姬爭寵常自恥其世家而特諱其事莊宗
乃爲劉叟衣服自負蓍囊藥篋使其子繼岌提破帽而
隨之造其卧內曰劉山人來省女劉氏大怒笞繼岌而
逐之宮中以此爲笑樂其戰於胡柳也嬖伶周匝爲梁
人所得其後滅梁入汴周匝謁於馬前莊宗得之喜甚
賜以金帛勞其良苦周匝對曰身陷仇人而得不死以
乾隆四年校刊

《新五代史·伶官传》："夫祸患常积于忽微，而智勇多困于所溺。"

新五代史七十五卷

（宋）欧阳修撰　（宋）徐无党注　清乾隆四年（1739）武英殿刻本

伶官是古代宫廷中授有官职的伶人。欧阳修为后唐庄宗李存勖宠幸的伶官景进、史彦琼、郭门高等人作《伶官传》，在序言中讲述了庄宗励精图治得天下，宠信伶人失天下，指出祸患常常是由于小的失误累积而成。在作风问题上，习近平总书记指出"大问题要抓，小问题也要抓"，就是要在小事入手，让纪律成为不可逾越的"红线"。

公文纸印本

利用废弃公牍纸张的背面刷印而成的书籍，习称公文纸印本。叶德辉《书林清话》述及“宋元明印书用公牍纸背及各项旧纸”，曾列举《洪氏集验方》（用宋官册纸）、《花间集》（用宋册子纸）、《集古文韵》（用宋书状纸）、《幽兰居士东京梦华录》（用明初国子监册籍纸）等书。公文纸印本多利用废弃的府衙文件等纸张，包括册籍、公牍、书状、启札等。公文纸上的文字，不仅具有重要的史料价值，还是版本鉴定的重要依据。由于公文纸印本存世稀少，故备受珍视。

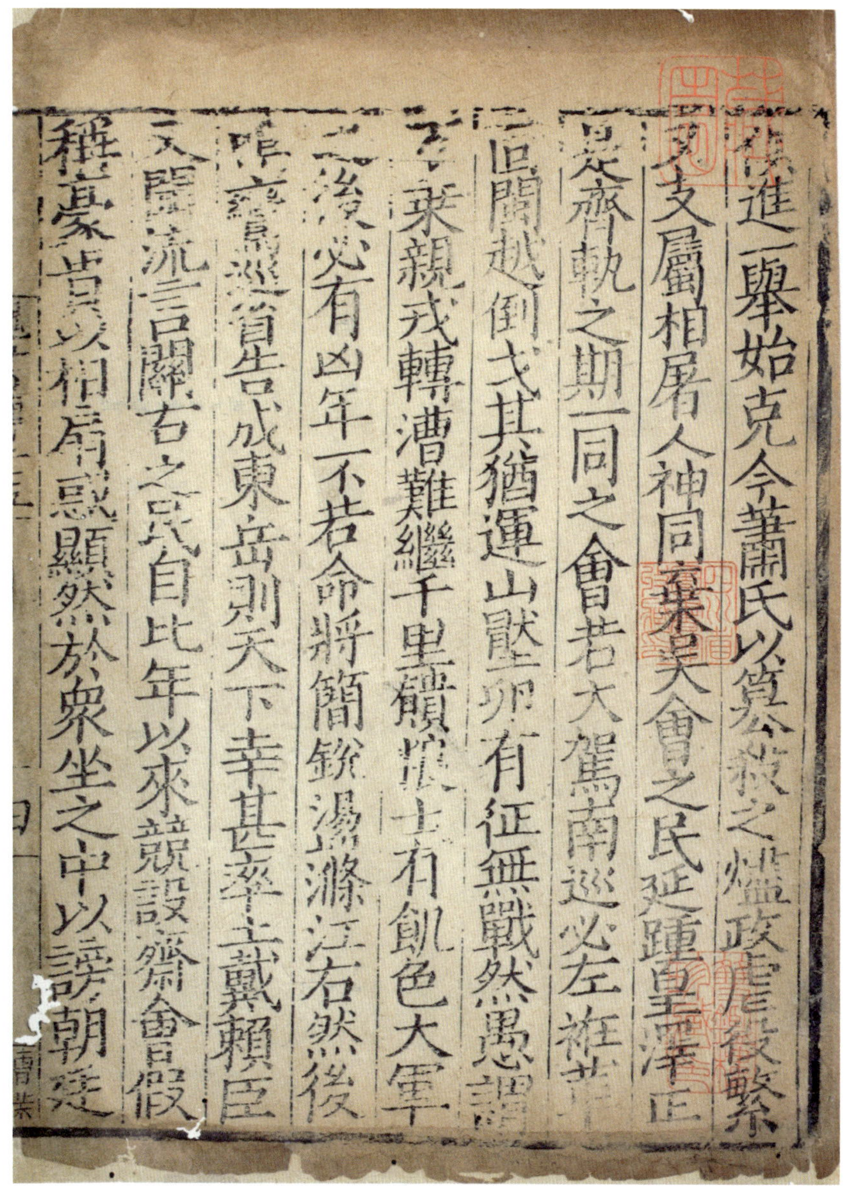

進一舉始克今蕭氏以篡殺之燼政虐役繁
與支屬相屠人神同棄吴會之民延踵皇澤正
是齊軌之期一同之會若大駕南巡必左袵革
面閩越倒戈其猶運山壓卵有征無戰然愚謂
乘親戎轉漕難繼千里饋糧士有飢色大軍
之後必有凶年不若命將簡銳蕩滌江右然後
鳴鑾巡省告成東岳則天下幸甚率土戴賴臣
又聞流言關右之民自比年以來競設齋會假
稱豪貴以相扇惑顯然於衆坐之中以謗朝廷

魏书一百十四卷

（北齐）魏收撰　宋刻宋元递修公文纸印本

《魏书》成于北齐天保五年（554），书中列传首用家系立传的做法，许多人物列传中有大量子孙、宗族附传。

本馆所藏为宋刻宋元递修公文纸印本，是现存《魏书》较早的版本。公文纸印本是古人利用废弃的公文或书牍纸的背面进行印刷的书籍。纸背的文字既是珍贵的原始档案史料，又可以作为后人判断雕印地点和年代的重要依据。以文书档案等公文雕印的古籍存世稀少，极为珍贵。

以百姓心为心

“以百姓心为心”出自道家的重要经典《老子道德经》。该书相传为周朝史官老子所书，提倡“道法自然”。“政之所兴在顺民心；政之所废在逆民心。”习近平总书记一再强调，要切身体会民心所向、民瘼所在、民生疾苦。党的十九大报告203次提到“人民”，前后贯穿“为中国人民谋幸福”，并向人民作出承诺要“永远把人民对美好生活的向往作为奋斗目标”，可见中国共产党始终不变的是心系人民。古人言“祸莫大于不知足，咎莫大于欲得。故知足之足，常足矣”“乐民之乐者，民亦乐其乐；忧民之忧者，民亦忧其忧”等内容，对今天的施政者仍具有重要的警示意义。

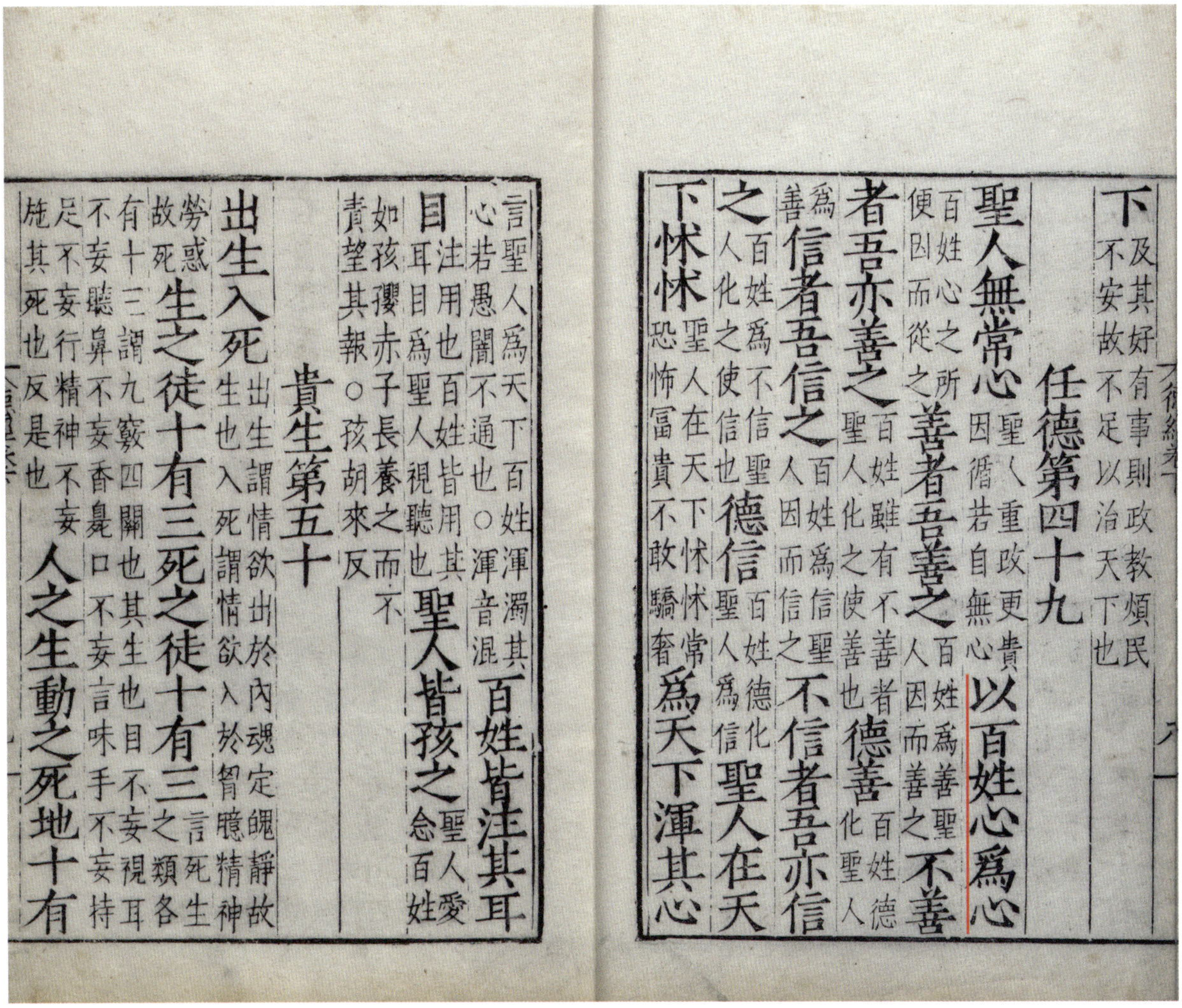
下及其好有事則政教煩民不安故不足以治天下也
任德第四十九
聖人無常心聖人重改更貴因循若自無心以百姓心爲心百姓心之所便因而從之善者吾善之百姓爲善聖人因而善之不善者吾亦善之百姓雖有不善者聖人化之使善也德善百姓德化聖人爲善信者吾信之百姓爲信聖人因而信之不信者吾亦信之百姓爲不信聖人化之使信也德信百姓德化聖人爲信聖人在天下怵怵聖人在天下怵怵常恐怖富貴不敢驕奢爲天下渾其心

言聖人爲天下百姓渾濁其心若愚闇不通也○渾音混百姓皆注其耳目注用也百姓皆用其耳目爲聖人視聽也聖人皆孩之聖人愛念百姓如孩孾赤子長養之而不責望其報○孩胡來反
貴生第五十
出生入死出生謂情欲出於內魂定魄靜故生也入死謂情欲入於胷臆精神勞惑故死生之徒十有三死之徒十有三言死生之類各有十三謂九竅四關也其生也目不妄視耳不妄聽鼻不妄香臭口不妄言味手不妄持足不妄行精神不妄作其死也反是也人之生動之死地十有

《老子道德经·任德》："以百姓心为心。"

老子道德经二卷

题（汉）河上公章句　明刻本

本书是道家的重要经典，书中提倡“以百姓心为心”的政治智慧和“天下难事，必作于易；天下大事，必作于细”的务实精神。

不辱其身知止不殆知可止則財利不累身聲色不亂於耳目則身不危殆也可以長久人能知止足則福祿在己治身者神不勞治國者民不擾故可長久

洪德第四十五

大成若缺謂道德大成之君若缺者滅名藏譽如毀缺不備也○缺音鈌其用不弊其用心如是則無弊盡時大盈若沖謂道德大盈滿之君也如沖者貴不敢驕也富不敢奢也其用不窮其用心如是則無窮盡時也大直若屈大直謂脩道法度正直如一也如屈者不與俗人爭如可屈折大巧若拙大巧謂多才術也如拙者亦不敢見其能大辯若訥大辯者智無疑

如訥者口無辭躁勝寒勝極也春夏陽氣躁疾於上萬物盛大極則寒寒則零落死亡也言人不當剛躁也○躁音竈靜勝熱秋冬萬物靜於黃泉之下極則熱熱者生之源清靜爲天下正能清靜則爲天下長持正則無終已時也

儉欲第四十六

天下有道謂人主有道也却走馬以糞糞者糞田也兵甲不用却走馬治農田治身者却陽精以糞其身○糞弗問反天下無道謂人主無道也戎馬生於郊戰伐不止戎馬生於郊境之上久不還也罪莫大於可欲好淫色也禍莫大於不知足富貴不能自禁止也咎莫

大於欲得欲得人物村且貪也○咎音臼故知足之足守真根也常足無欲心也

鑒遠第四十七

不出戶知天下聖人不出戶以知天下者以己身知人身以己家知人家所以見天下也不窺牖見天道天道與人道同天人相通精氣相貫人君清淨天氣自正人君多欲天氣煩濁吉凶利害皆由於己○牖音酉其出彌遠其知彌少謂去其家觀人家去其身觀人身所觀益遠所用益少也是以聖人不行而知聖人不上天不入淵能知天地以心知之不見而

《老子道德经·俭欲》："祸莫大于不知足，咎莫大于欲得。"

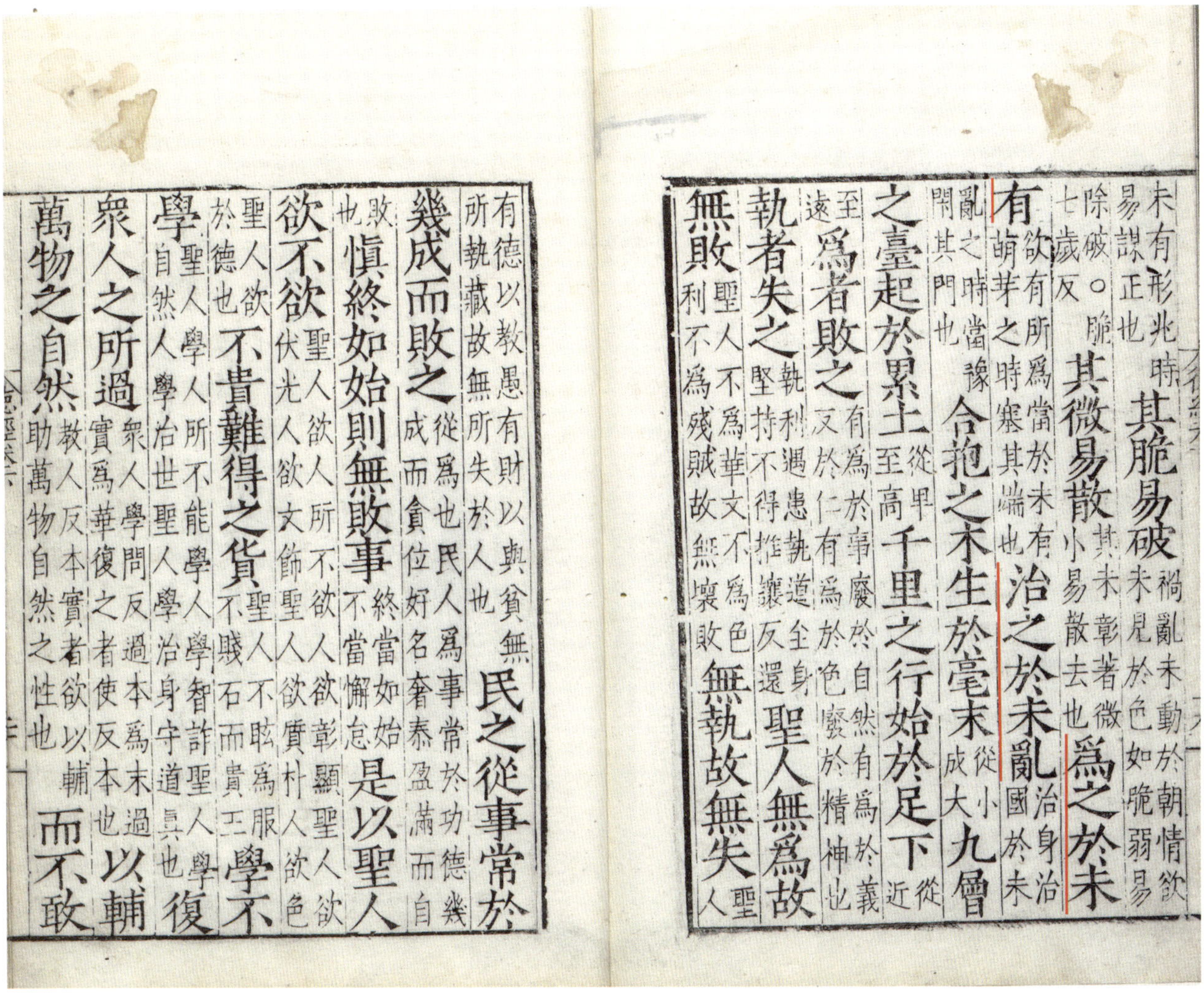

未有形兆時易謀正也其脆易破禍亂未動於朝情欲未見於色如脆弱易除破〇脆七歲反其微易散其未彰著微小易散去也為之於未有欲有所為當於未有萌芽之時塞其端也治之於未亂治身治國於未亂之時當豫閉其門也合抱之木生於毫末從小成大九層之臺起於累土從卑至高千里之行始於足下從近至遠為者敗之有為於事廢於自然有為於義反於仁有為於色廢於精神也執者失之執利遇患執道全身堅持不得推讓反還聖人無為故無敗聖人不為華文不為色利不為殘賊故無壞敗無執故無失聖人

有德以教愚有財以與貧無所執藏故無所失於人也民之從事常於幾成而敗之從為也民人為事常於功德幾成而貪位好名奢泰盈滿而自敗也慎終如始則無敗事終當如始不當懈怠是以聖人欲不欲聖人欲人所不欲人欲彰顯聖人欲伏光人欲文飾聖人欲質朴人欲色聖人欲於德也不貴難得之貨聖人不眩為服不賤石而貴玉學不學聖人學人所不能學人學智詐聖人學自然人學治世聖人學治身守道真也復眾人之所過眾人學問反過本為末過實為華復之者使反本也以輔萬物之自然教人反本實者欲以輔助萬物自然之性也而不敢

《老子道德经·守微》："为之于未有，治之于未乱。"

古之所以貴此道者何不日以求得古之所以貴此
道者不日日遠行求索近得之於身有罪以免耶有罪謂遭亂世闇君妄行
刑誅修道則可以解死免於罪耶故爲天下貴道德洞遠無不覆濟全身
治國恬然無爲故可爲天下貴也

恩始第六十三

爲無爲因成修故無所造作事無事豫有備除煩省事也味無味
深思遠慮味道意也大小多少陳其戒令也欲大反小欲多反少自然之道也
報怨以德修道行善絕禍於未生也圖難於其易欲圖難事先於
易者未及成也○易去聲爲大於其細欲爲大事必作於小禍亂從小來也
天下難事必作於易天下大事必作於細是
以聖人終不爲大故能成其大天下共歸之也夫輕
諾必寡信不重言也多易必多難不慎患也○難去聲是以
聖人猶難之聖人動作舉事猶進退重難之欲塞其源故終無難
聖人終身無患難之事猶避害深也

守微第六十四

其安易持治身治國安靜者易守持也其未兆易謀情欲禍患

《老子道德经·恩始》："天下难事，必作于易；天下大事，必作于细。"

也　使有什伯（使民各有部曲什伯貴賤不相犯也）人之器而不用（器謂農人之器而不用不徵召奪人良時也）使民重死（君能爲民興利除害各得其所則民重死而貪生也）而不遠徙（政令不煩則安其業故不遠遷徙離其常處）雖有舟轝無所乘之（清淨無爲不作煩華不好出入遊娛也）雖有甲兵無所陳之（無怨惡於天下）使民復結繩而用之（去文反質信無欺也）甘其食（甘其蔬食不漁食百姓也）美其服（美其惡衣不貴五色）安其居（安其茅茨不好文飾之屋）樂其俗（樂其質朴之俗不轉移也○樂音洛）鄰國相望雞狗之聲相聞

（相去近也）民至老死不相往來（其無情欲）

顯質第八十一

信言不美（信者如其實不美者朴且質也）美言不信（滋美之言者孳孳華詞不信者飾僞多空虛也）善者不辯（善者以道修身不綵文也）辯者不善（辯者謂巧言也不善者舌致患也山有玉掘其山水有珠濁其淵辯口多言亡其身）知者不博（知者謂知道之士不博者守一元也）博者不知（博者多見聞不知音失要眞也）聖人不積（聖人積德不積財有德以教愚有財以與貧也）既以爲人己愈有（既以爲人施設德化己愈有德）既以與人己愈多（既以財賄布施與人而財益多如日月之光無有盡時也）天之道利而不害（天生萬物愛育之令長大無所傷害也）聖人之道爲而不爭（聖人法天所施爲化成事就不與下爭功名故能全其聖功也）

老子德經卷終

《老子道德经·显质》："既以为人，己愈有；既以与人，己愈多。"

上無量則民乃妄文巧不禁則民乃淫不璋兩原則刑乃繁不明鬼神則陋民不悟不祗山川則威令不聞不敬宗廟則民乃上校不恭祖舊則孝悌不備四維不張國乃滅亡

四維

國有四維一維絕則傾二維絕則危三維絕則覆四維絕則滅傾可正也危可安也覆可起也滅不可復錯也何謂四維一曰禮二曰義三曰廉四曰恥禮不踰節義不自進廉不蔽惡恥不從枉故不踰節則上位安不自進則民無巧詐不蔽惡則行自全不從枉則邪事不生

四順

政之所興在順民心政之所廢在逆民心民惡憂勞我佚樂之民惡貧賤我富貴之民惡危墜我存安之民惡滅絕我生育之能佚樂之則民爲之憂勞能富貴之則民爲之貧賤能安存之則民爲之危墜能生育之則民爲之滅絕故刑罰不足以畏其意殺戮不足以服其心故刑罰繁而意不恐則

管子卷一　二

《管子·牧民·四顺》："政之所兴，在顺民心；政之所废，在逆民心。"

管子二十四卷

（明）赵用贤 （明）朱长春等评点　明万历四十八年（1620）凌汝亨刻朱墨套印本

《管子》传说是春秋时期管仲的著作，实为战国时期各学派的言论汇编，内容庞杂，包括法家、儒家、道家、阴阳家、名家、兵家和农家的观点。本书礼法并重，主张法治的同时也提倡用道德教化来进行统治。《汉书·艺文志》认为《管子》是道家书。《四库全书》则将《管子》列入子部法家类。

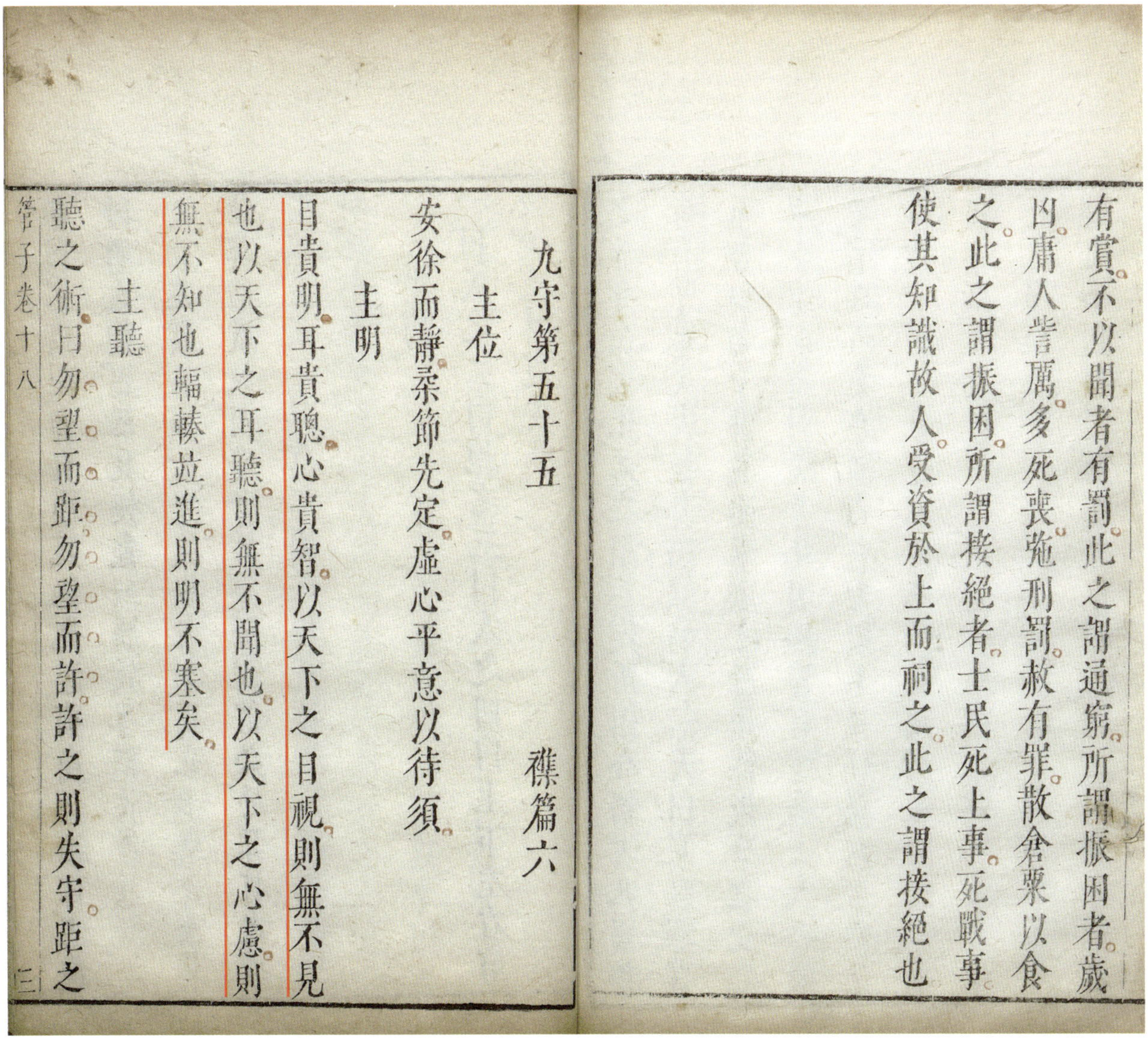

有賞不以聞者有罰此之謂通窮所謂振困者歲凶庸人訾厲多死喪弛刑罰赦有罪散倉粟以食之此之謂振困所謂接絶者士民死上事死戰事使其知識故人受資於上而祠之此之謂接絶也

九守第五十五　　襍篇六

主位

安徐而靜柔節先定虛心平意以待須

主明

目貴明耳貴聰心貴智以天下之目視則無不見也以天下之耳聽則無不聞也以天下之心慮則無不知也輻輳並進則明不塞矣

主聽

聽之術曰勿望而距勿望而許許之則失守距之

管子卷十八　三

《管子·九守·主明》："目贵明，耳贵聪，心贵智。以天下之目视，则无不见也；以天下之耳听，则无不闻也；以天下之心虑，则无不知也。辐辏并进，则明不塞矣。"

與民同樂者亦非也

下不安分。上不恤民。皆非理也

樂民之樂者。民亦樂其樂。憂民之憂者。民亦憂其憂。樂以天下。憂以天下。然而不王者。未之有也

樂民之樂而民樂其樂。則樂以天下矣憂民之憂而民憂其憂。則憂以天下矣

昔者齊景公問於晏子曰。吾欲觀於轉附朝儛。遵海而南。放于琅邪。吾何

《四书集注·孟子·梁惠王下》："乐民之乐者，民亦乐其乐；忧民之忧者，民亦忧其忧。"

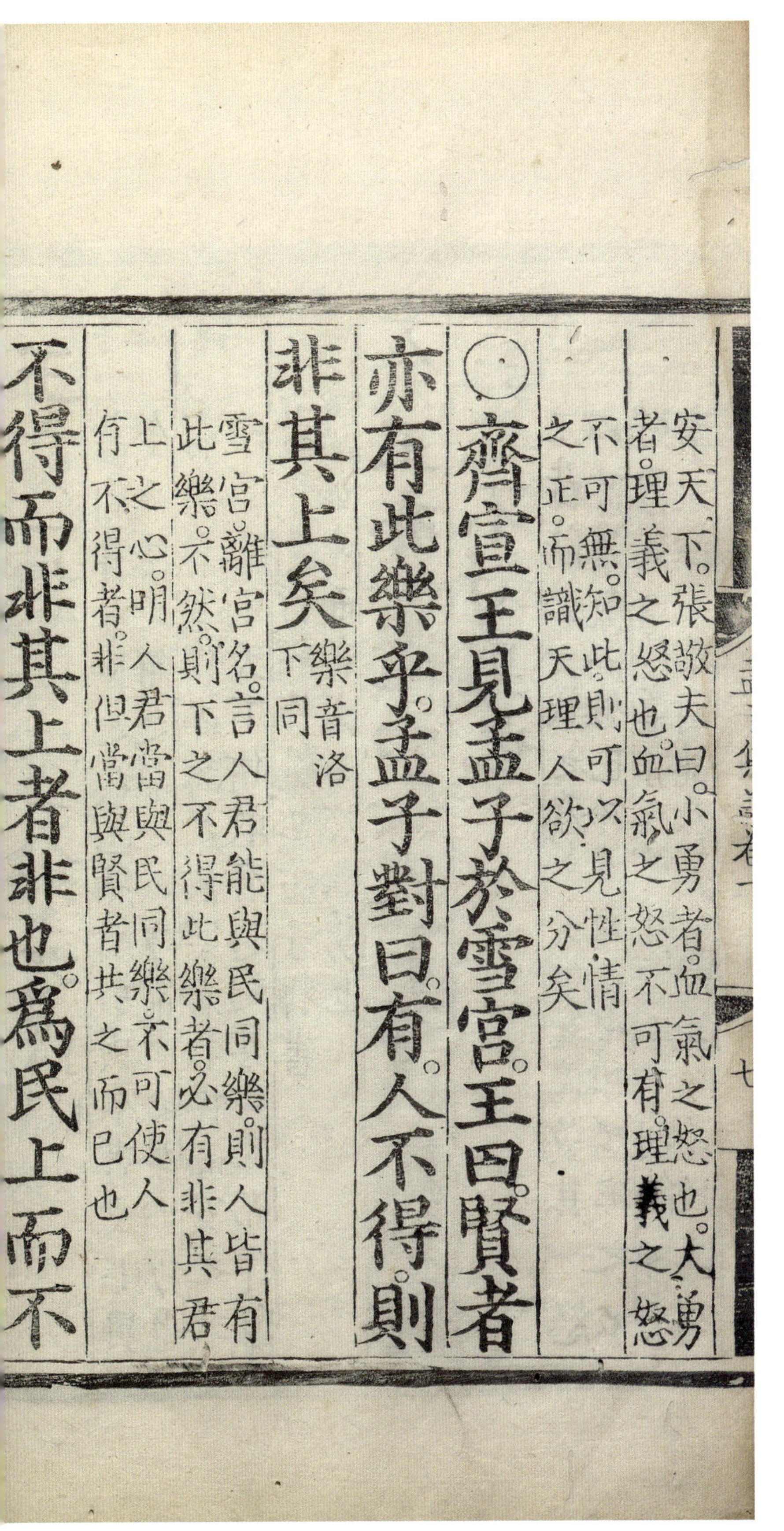

四书集注二十六卷

（宋）朱熹撰　明成化十六年（1480）吉府刻本

“乐民之乐者，民亦乐其乐；忧民之忧者，民亦忧其忧”是孟子民本思想的重要观点，也是孟子仁政思想的重要组成部分。他认为要保证邦固国宁，要以民为本、与民同乐。

为天地立心 为生民立道

北宋理学家张载继承和发扬了孔子的教育思想，认为一个人求知为学，为人做官，都必须“立其志”“正其志”。他也特别强调“学贵有用”“经世致用”，教育的最终目的是注重道济天下，利济众生，“为天地立心，为生民立道，为去圣继绝学，为万世开太平”。

磬皆可言拊
爲天地立心爲生民立道爲去聖繼絶學爲萬
世開太平
所思所存益以堅瑩
萬物生死成壞均爲有知
不礙於物而物亦不能礙
學者當須立人之性仁者人也當辨其人之所
謂人學者學所以爲人
爲學大益在自求變化氣質不爾皆爲人之弊
卒無所發明不得見聖人之奧

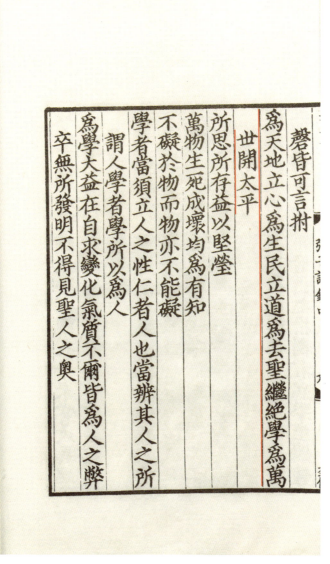

《张子语录》:“为天地立心，为生民立道，为去圣继绝学，为万世开太平。”

张子语录三卷后录二卷

（宋）张载撰　民国二十三年（1934）上海商务印书馆影印《续古逸丛书》本

张子，即张载（1020—1077），字子厚，凤翔眉县（今陕西眉县）人。北宋重要思想家。本书为张载的讲学记录。张载一生治学、讲学，为关学创始人，宋理学的代表人物之一。书中涉及哲学、教育等多方面内容，认为“人本无心，因物为心”，而“见物多，穷理多，如此可尽物之性”，“穷理即是学也，所观所求皆学也”，对教学方法、修养方法也多有论述。

医学宝库

习近平总书记指出："中医药学是中国古代科学的瑰宝，也是打开中华文明宝库的钥匙。"

2015 年 10 月，中国中医科学院研究员屠呦呦以"有关疟疾新疗法的发现"（即"青蒿素"）获得 2015 年诺贝尔生理学或医学奖。该药研发成功得益于东晋葛洪《葛仙翁肘后备急方》记载的"青蒿一握，以水二升渍，绞取汁，尽服之"，科研人员从中悟出青蒿当需生用，不作煎煮，避免其有效成分被破坏，从而提取了抗疟单体"青蒿素"。《葛仙翁肘后备急方》主要记述各种急性病症的治疗方药、针灸、外治等法，所选方药大多简便有效，起到了普及医疗的作用，同时也反映了我国晋代以前医方及医疗发展的成就。屠呦呦在诺贝尔奖报告会上演讲时说："通过抗疟药青蒿素的研究经历，深感中西医药各有所长，二者有机结合，优势互补，当具有更大的开发潜力和良好的发展前景。"文以载道，书以载文。挖掘研究传统中医典籍是发挥中医药学巨大作用的必由之路。

2011 年 9 月 23 日，中国中医科学院研究员屠呦呦在美国纽约举行的拉斯克奖颁奖仪式上领奖。

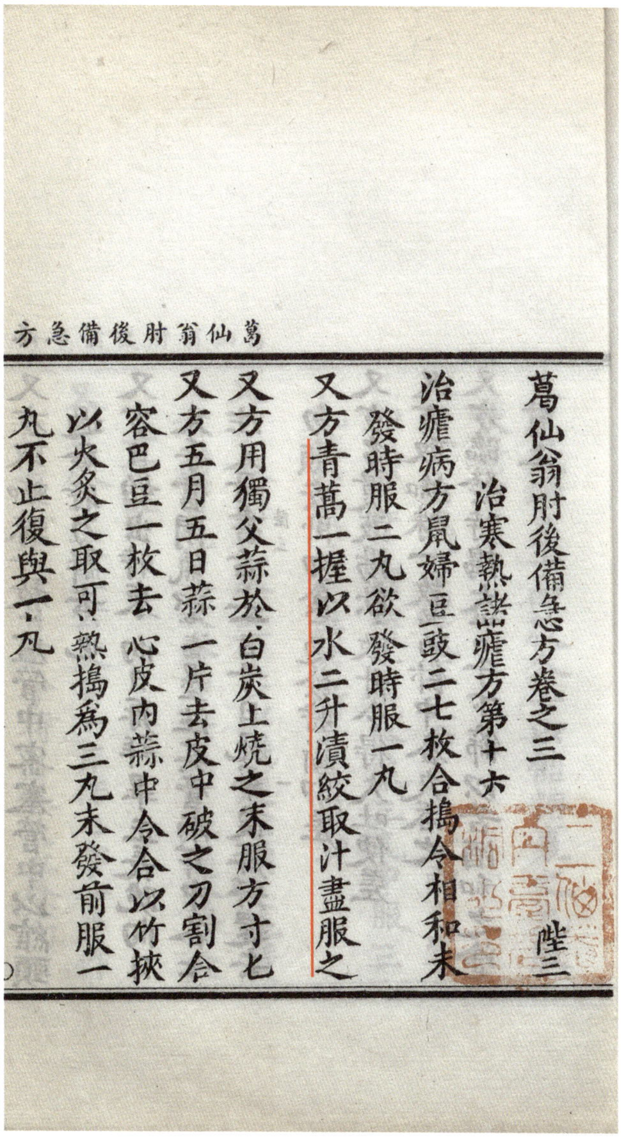
葛仙翁肘後備急方

葛仙翁肘後備急方卷之三

治寒熱諸瘧方第十六

治瘧病方鼠婦豆豉二七枚合擣令相和未發時服二丸欲發時服一丸

又方青蒿一握以水二升漬絞取汁盡服之

又方用獨父蒜於白炭上燒之末服方寸匕

又方五月五日蒜一片去皮中破之刀割合容巴豆一枚去心皮内蒜中令合以竹挾以火炙之取可熱擣爲三丸未發前服一丸不止復與一丸

《葛仙翁肘后备急方》："青蒿一握，以水二升渍，绞取汁，尽服之。"

葛仙翁肘后备急方八卷

（晋）葛洪撰 （南朝梁）陶弘景增补 民国十五年（1926）上海涵芬楼影印《道藏》本

葛洪（约 286—341），字稚川，号抱朴子，东晋丹阳郡句容（今江苏句容）人。著名道教领袖和医学家。该书由葛洪摘录其所撰《玉函方》而成，原名《肘后救卒方》，简称《肘后方》，后经南朝梁著名医学家陶弘景增补录方 101 条，改名《补阙肘后百一方》；再经金代杨用道摘取《证类本草》中的单方附于其中，成书《附广肘后方》，明洪武间，赵宜真于此基础上增加外科方，并收入《道藏》。

《太平圣惠方》为我国古代第一部由政府召集编撰的大型方书。然而自宋代以后未见刻本流传于国内。现知该书有南宋绍兴十七年（1147）福建路转运司刻本残卷四卷（卷七十三、七十四、七十九、八十）藏于日本宫内厅书陵部，另有抄本见存于日本。本馆所藏清抄本为杨守敬于光绪年间从日本抄回，是现知该书在国内的最早版本。卷前有杨守敬光绪十一年（1885）跋，详述该书编纂刊印及在日传布经过，最后言明抄录此书因其“册卷浩繁、重刻不易，藏此孤本恐致散遗，因使书胥影写一部，以候拯济斯民为己任者”。杨守敬是我国清末著名学者，大力寻访收集流散在日本的古代典籍，为实现中华典籍原本回归和复制作出了巨大贡献，所著《日本访书志》是近代以来我国重要的域外汉籍目录。

大宋新脩太平聖惠方一百卷排門目録

御製序一首

序論共一百二十首

凡一千六百七十門

方都計一万六千八百三十四道

病源一千四五十三首

第一卷 凡三十門 論三十首

叙為醫　叙診脉法

分寸関尺三部脉位法　辯九候法

辯兩手五藏六腑脉所生法　辯五藏六腑經脉所合法

診五藏脉輕重法　辨脉形狀

分别脉病形狀　平寸口脉法

平関脉法　平尺脉法

賢猶病設使誦而未能解〻而未能別〻而未能明〻而未能盡窮此之道者其精勤明智之士歟朕尊居億兆之上常以百姓為心念五氣之感乖恐一物之失所不尽生理朕甚憫焉所以親閲方書俾令撰集庶溥天之下各保遐年同我生民躋於壽域今編勒成一百卷命曰太平聖惠方仍令雕刻印版徧施華夷凡尒生靈宜知朕意

太平聖惠方卷第一　凡三十門

叙為醫　叙診脉法

分寸関尺三部脉位法　辯九候法

辯兩手五藏六腑脉所主法　辯五藏六腑經脉所合法

診五藏脉輕重法　辯脉形狀

分别脉病形狀　平寸口脉法

平関脉法　平尺脉法

太平圣惠方一百卷

（宋）王怀隐等撰　清抄本　杨守敬跋

本书以《千金要方》《千金翼方》《外台秘要》为蓝本，集诊治、疗方于一书，“凡诸论证，并该其中；品药功效，悉载其内”，是宋以前医方文献的一次系统整理和总结。

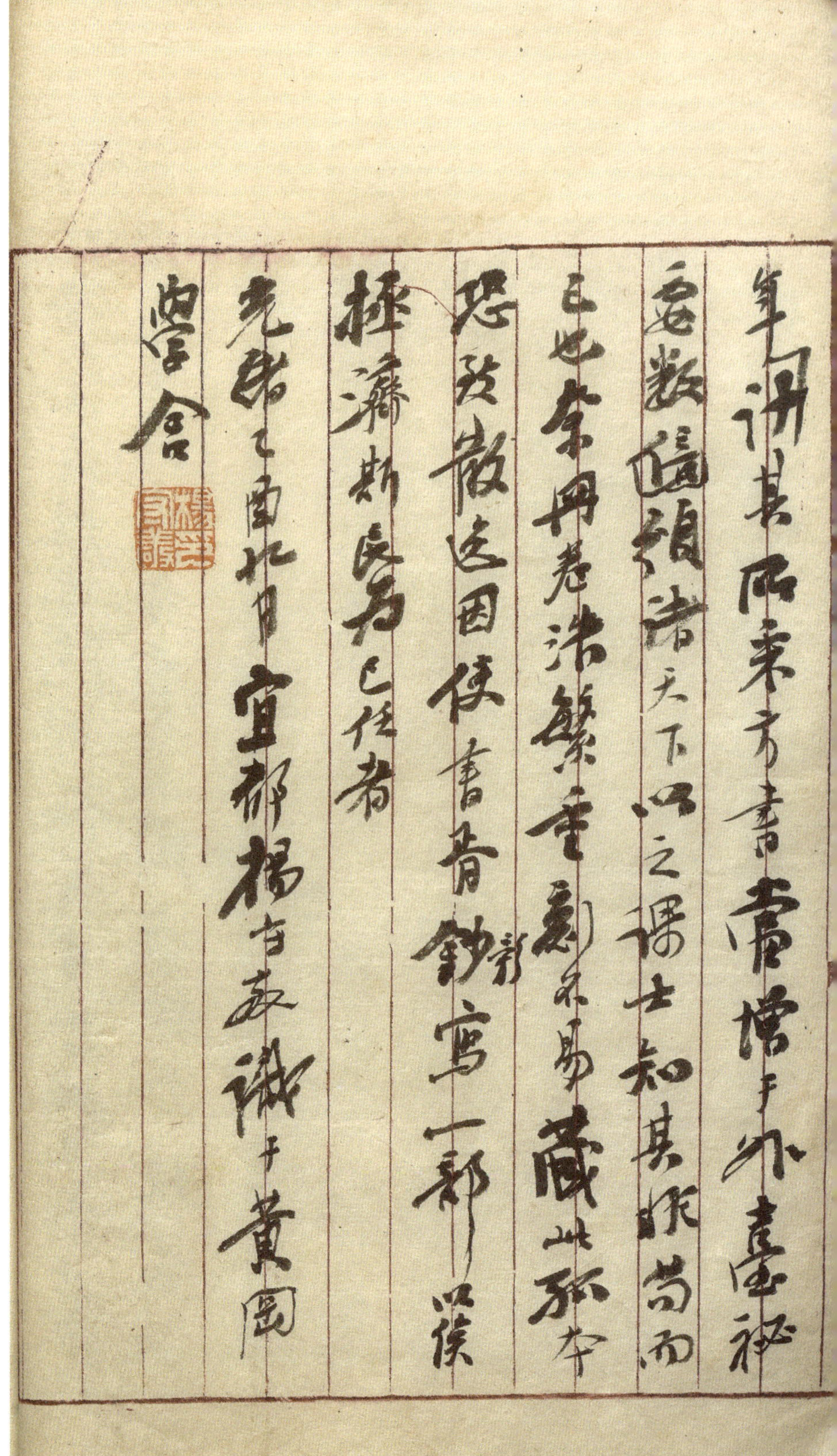
年間其所來方書增于外臺秘
要數倍鐫頒諸天下以之課士知其珍貴而
已也余以卷浩繁重刻不易藏此孤本
恐致散佚因使書胥新鈔寫一部以俟
振濟斯民為己任者
光緒乙酉九月宜都楊守敬識于黄岡
學舍

《太平圣惠方》杨守敬跋

太平聖惠方一百卷目錄一卷宋王懷隱
等奉勅撰按懷隱傳宋州睢陽人初為道
士住京城建隆觀善醫診太宗尹京懷隱
以湯劑祇事太平興國初詔歸俗命為尚
藥奉御太宗在藩邸暇日多留意醫術
藏名方千餘首皆嘗有驗者至是詔翰林
醫官院各具家傳經驗方以獻又萬餘
首命懷隱與副使王祐鄭奇讀書志作王彥醫官
陳昭遇參對編類每部以隋太醫令

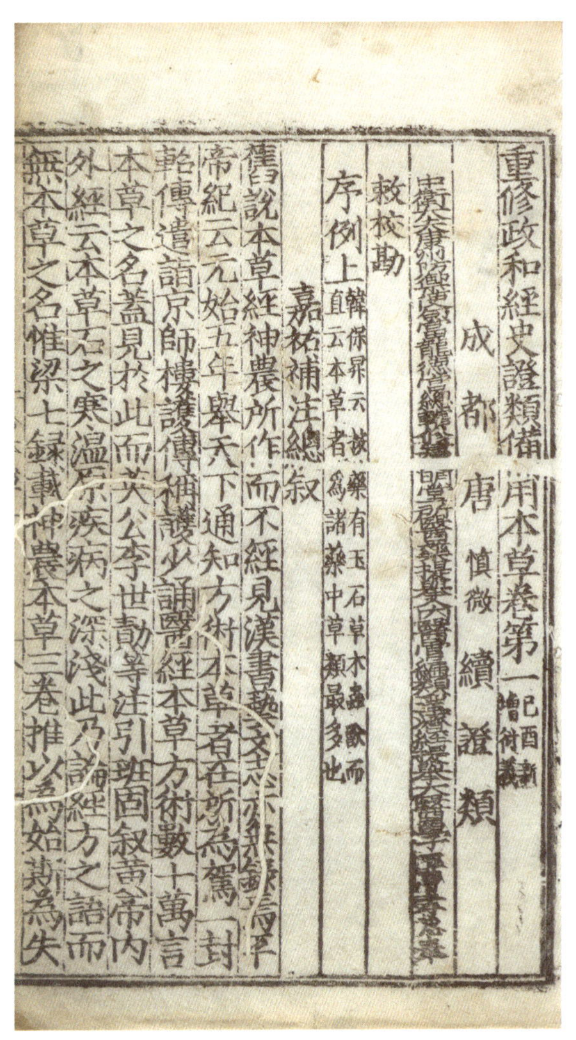

重修政和經史證類備用本草卷第一 己酉新增衍義
成都 唐 慎微 續 證 類
敕校勘
序例上 韓保昇云按藥有玉石草木蟲獸而直云本草者為諸藥中草類最多也
嘉祐補注總叙
舊說本草經神農所作而不經見漢書藝文志亦無錄焉平
帝紀云元始五年舉天下通知方術本草者在所為駕一封
軺傳遣詣京師樓護傳稱護少誦醫經本草方術數十萬言
本草之名蓋見於此而英公李世勣等注引班固叙黃帝內
外經云本草石之寒溫原疾病之深淺此乃論經方之語而
無本草之名惟梁七錄載神農本草三卷推以為始斯為失

重修政和经史证类备用本草三十卷

（宋）唐慎微撰 （宋）寇宗奭衍义 明嘉靖二年（1523）陈凤梧刻本

唐慎微（约 1056—1136），字审元，北宋蜀州晋原（今四川崇州）人。著名蜀医，对中药、经方深有研究。此书为唐慎微吸收宋代官修《开宝本草》《嘉祐补注神农本草》与《本草图经》成果编撰而成，内容丰富，实用性强，引据文史、医家文献 240 余种，汇集药物 1746 种，附图 933 幅，收方 3000 余首，开方药对照先河，是宋以前本草学研究的集大成者，也是明代《本草纲目》刊行前本草学研究的范本。因收录许多后世失传方书内容，亦成为研究早期亡佚医书的重要文献。同时，该书东传日本、朝鲜，影响元、明两代，在本草学发展史上具有承前启后的作用。李约瑟在《中国科学技术史》中称赞本书“要比十五和十六世纪早期欧洲的植物学著作高明得多”。

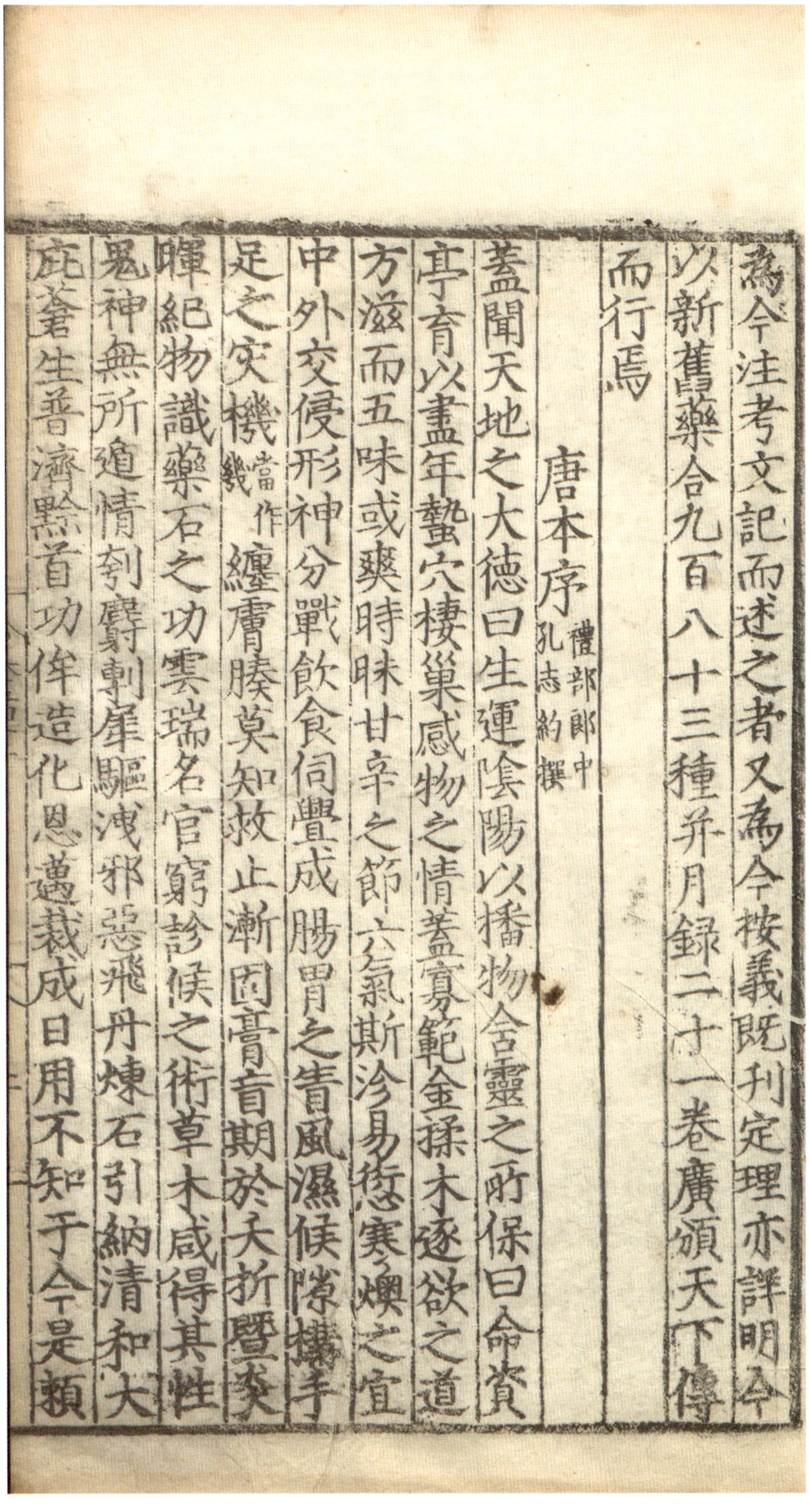

爲今注考文記而述之者又爲今按義既刊定理亦詳明今以新舊藥合九百八十三種并目録二十一卷廣頒天下傳而行焉

唐本序

禮部郎中孔志約撰

蓋聞天地之大德曰生運陰陽以播物含靈之所保曰命資亭育以盡年蟄穴棲巢感物之情蓋寡範金揉木逐欲之道方滋而五味或爽時昧甘辛之節六氣斯沴易愆寒燠之宜中外交侵形神分戰飲食伺釁成腸胃之眚風濕候隙構手足之災機當作幾纏膚腠莫知救止漸固膏肓期於夭折暨炎暉紀物識藥石之功雲瑞名官窮診候之術草木咸得其性鬼神無所遁情刳麝剸犀驅洩邪惡飛丹煉石引納清和大庇蒼生普濟黔首功侔造化恩邁裁成日用不知于今是賴

《重修政和经史证类备用本草》

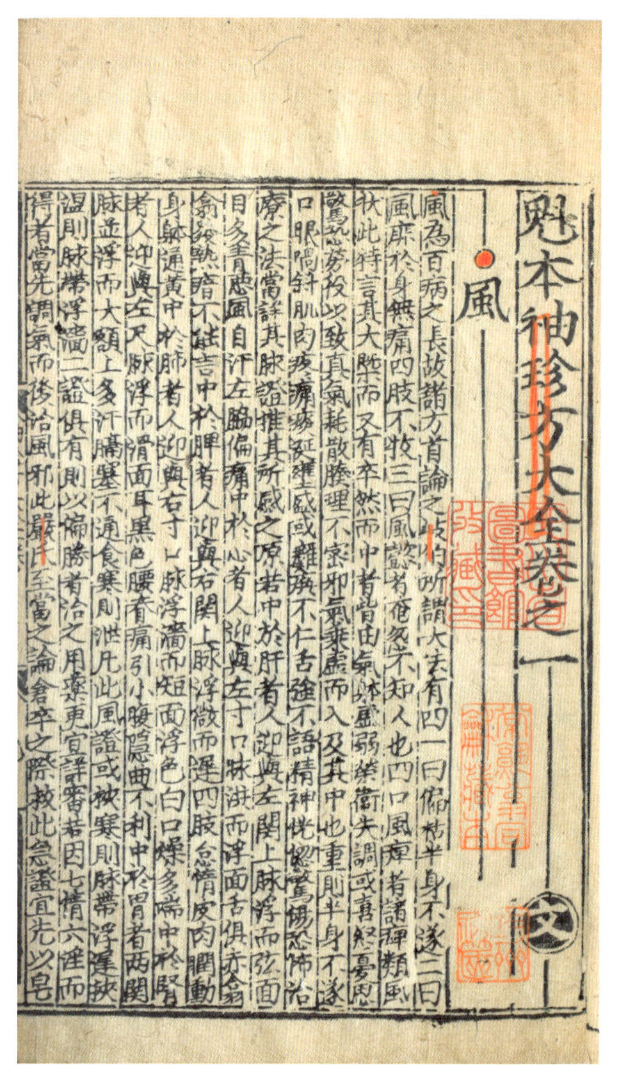

魁本袖珍方大全四卷

（明）李恒撰　明正德二年（1507）杨氏清江书堂刻本

李恒，生卒不详，字伯常，安徽合肥人。明代医家。洪武初，入选太医院，擢周府良医，寓居滇阳（今属云南）。李氏奉周定王（朱橚）之命，根据定王所编之《保生全采》《普济方》中所载“家传应效”验方，撰辑成书，故又名《周府袖珍方》。全书选方3077首，分为风、寒、暑、湿等81门，包括内、外、妇、儿等各科疾病。每病先论后方，所选方剂附记出处。书成，为方便携带，以小本刊印之，名曰“袖珍”。“袖者，易于出入，便于巾笥；珍者，方之妙选，医之至宝”，故名。是书论精方多，为明代重要医方典籍之一，具有重要的中医临床医学实用价值，于中医方剂学的研究颇具价值。本书传世不多，具有重要的文献价值和版本价值。

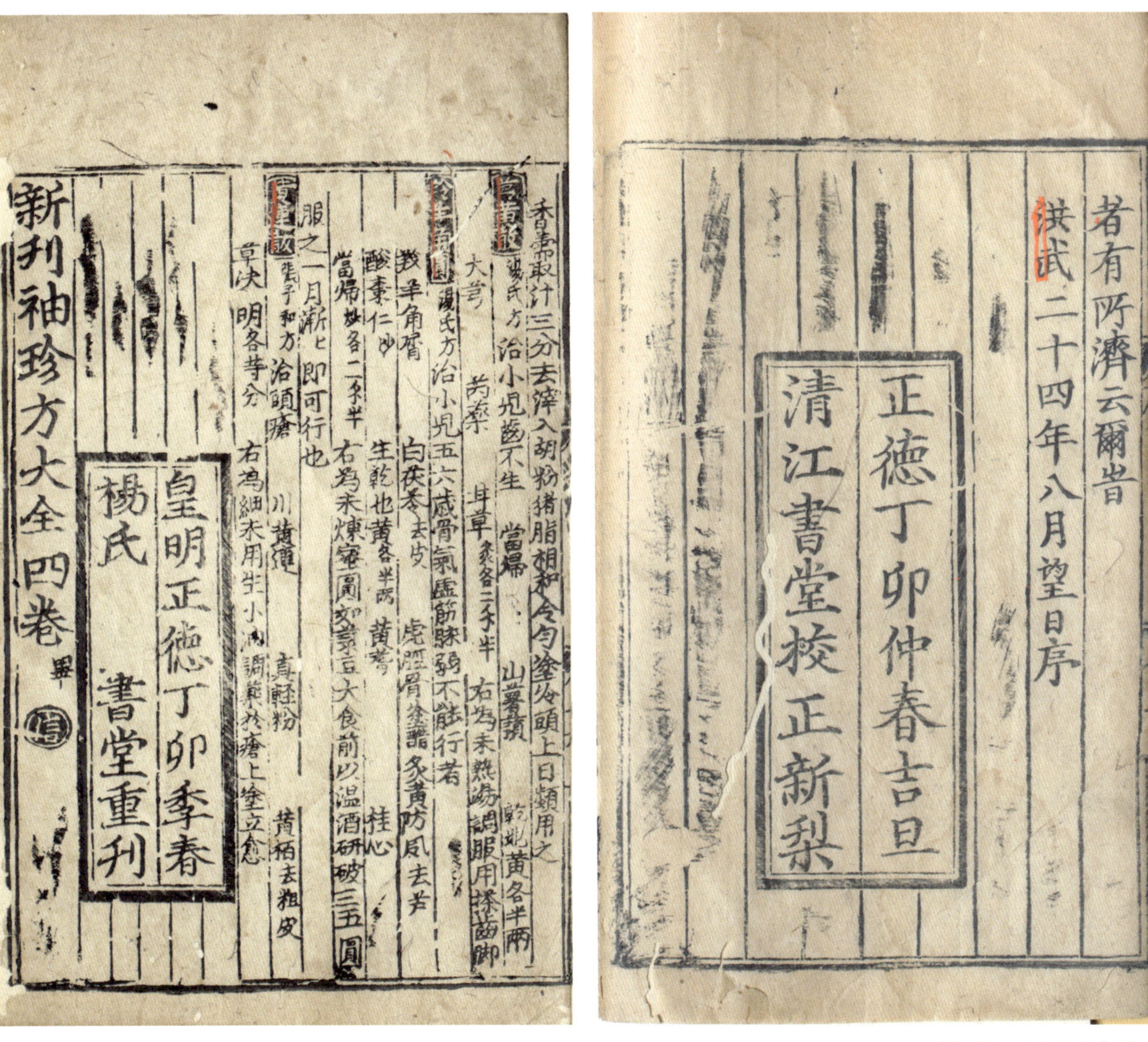

者有所濟云爾旹
洪武二十四年八月望日序

正德丁卯仲春吉旦
清江書堂校正新梨

新刊袖珍方大全四卷

皇明正德丁卯季春
楊氏 書堂重刊

《魁本袖珍方大全》牌记

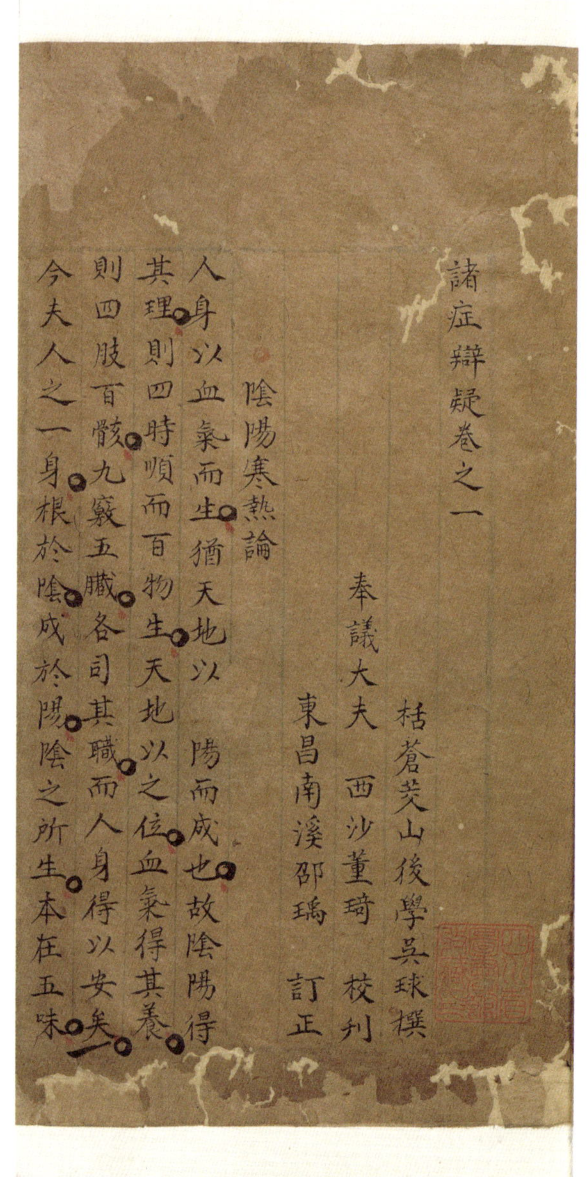
諸症辯疑卷之一
栝蒼茭山後學吴球撰
奉議大夫 西沙董琦 校刊
東昌南溪邵瑀 訂正
陰陽寒熱論
人身以血氣而生。猶天地以陽而成也。故陰陽得其理。則四時順而百物生。天地以之位。血氣得其養。則四肢百骸。九竅五臟各司其職。而人身得以安矣。今夫人之一身。根於陰。成於陽。陰之所生。本在五味。

诸症辩疑四卷

（明）吴球撰　明抄本

吴球，生卒不详，字茭山，浙江括苍（今浙江丽水）人。明代医家。该书为综合性医书，主要内容是对各科疾病病因、辨症、施治等方面的探讨。卷一、二论内科病症；卷三除论失血、三消、噎膈等十余种内科病症外，还论及眼目、疮疡痈毒等五官、外科病症；卷四则论妇、儿病症。每病先立其论，概述其病因病机、症候、治法等，论后列方，间附医案。全书尚有论补阴丸用败龟板、气升论、膏粱藜藿治不同论等医论30余则。此书传本不多，极为珍贵。

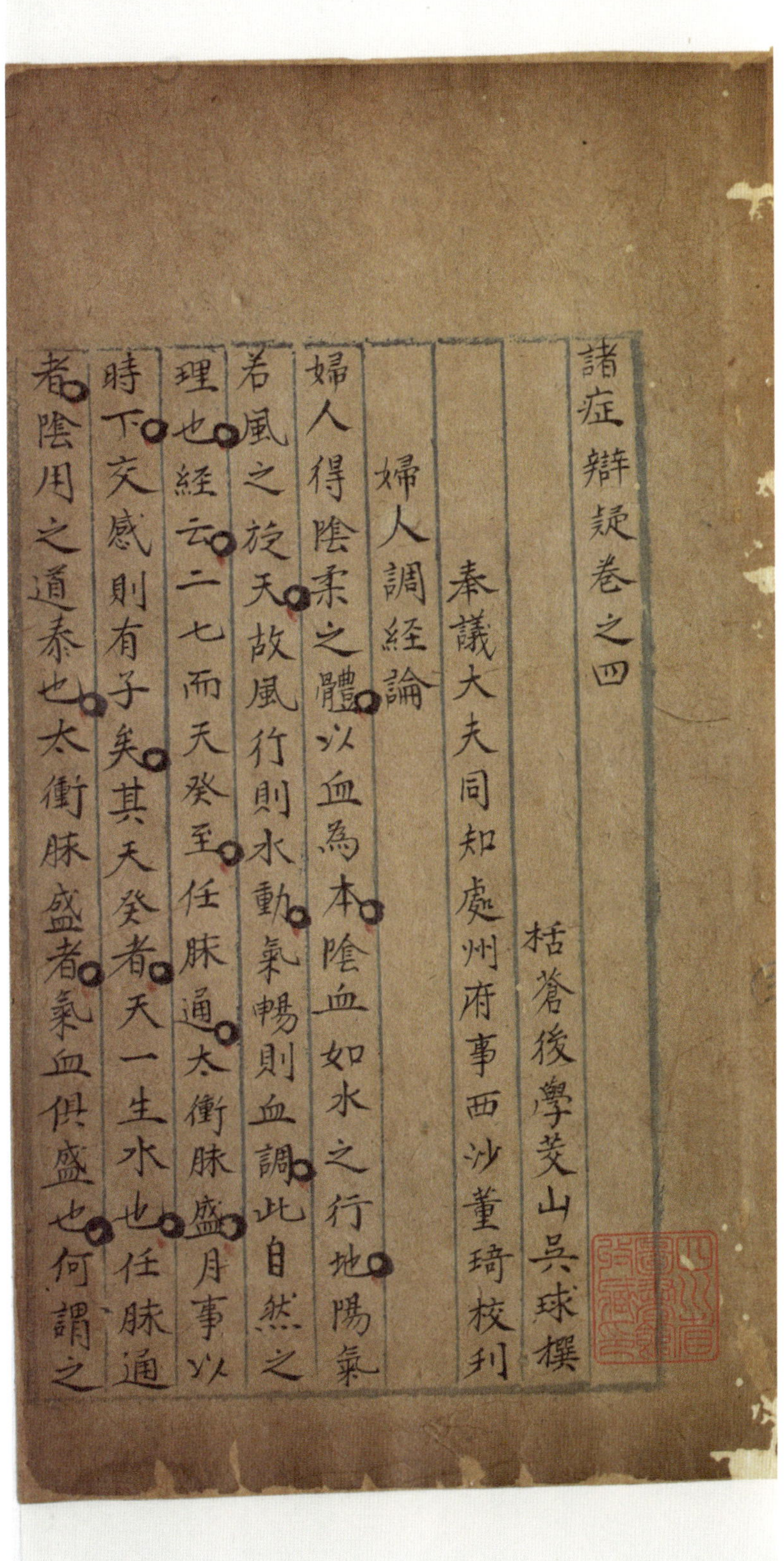
諸症辯疑卷之四

栝蒼後學荄山吳球撰

奉議大夫同知處州府事西沙董琦校刊

婦人調經論

婦人得陰柔之體以血為本陰血如水之行地陽氣若風之旋天故風行則水動氣暢則血調此自然之理也經云二七而天癸至任脉通太衝脉盛月事以時下交感則有子矣其天癸者天一生水也任脉通者陰用之道泰也太衝脉盛者氣血俱盛也何謂之

《诸症辩疑》

《本草纲目》是李时珍在继承和总结以往中医学成就的基础上，结合自身经验和调查研究，历时多年编成的本草学集大成巨著，对推动中医药学的进步具有举世瞩目的贡献。《本草纲目》详细记载并考证了 1892 种药物的形态、产地、功效等内容，收录方剂万余服，改进了传统的药物分类法，开创中药学“纲目”编纂体系，是中国古代篇幅最大、内容最丰富的药学巨著。其内容还涉及植物学、动物学、矿物学、冶金学、地质学、物理学、化学以及天文学和气象学等领域，被英国生物学家达尔文称为“中国古代的百科全书”。自明万历二十一年（1593）刊刻后，成为后世诸多药学著作资料源泉，被翻译成日、英、德、俄等多国文字。2011 年《本草纲目》与《黄帝内经》入选联合国教科文组织《世界记忆遗产名录》。

本草纲目五十二卷附图二卷濒湖脉学一卷脉诀考证一卷奇经八脉考一卷

（明）李时珍撰　明万历三十一年（1603）张鼎思刻本

李时珍（1518—1593），字东璧，晚年自号濒湖山人，湖北蕲州（今湖北蕲春）人。明代著名医药学家。除《本草纲目》之外，李时珍还撰有《濒湖脉学》《奇经八脉考》等医学著作。《本草纲目》版本众多，均以胡承龙金陵刻本为祖本。此张鼎思刻本又称江西本，是金陵本之后最早的修订版本，图文继承金陵本，有夏良心、张鼎思序，李建元进《本草纲目》疏，附刊《濒湖脉学》《脉诀考证》《奇经八脉考》。书中文字略有脱误，但版式美观，刻工精细，为后世流传最广的《本草纲目》版本。

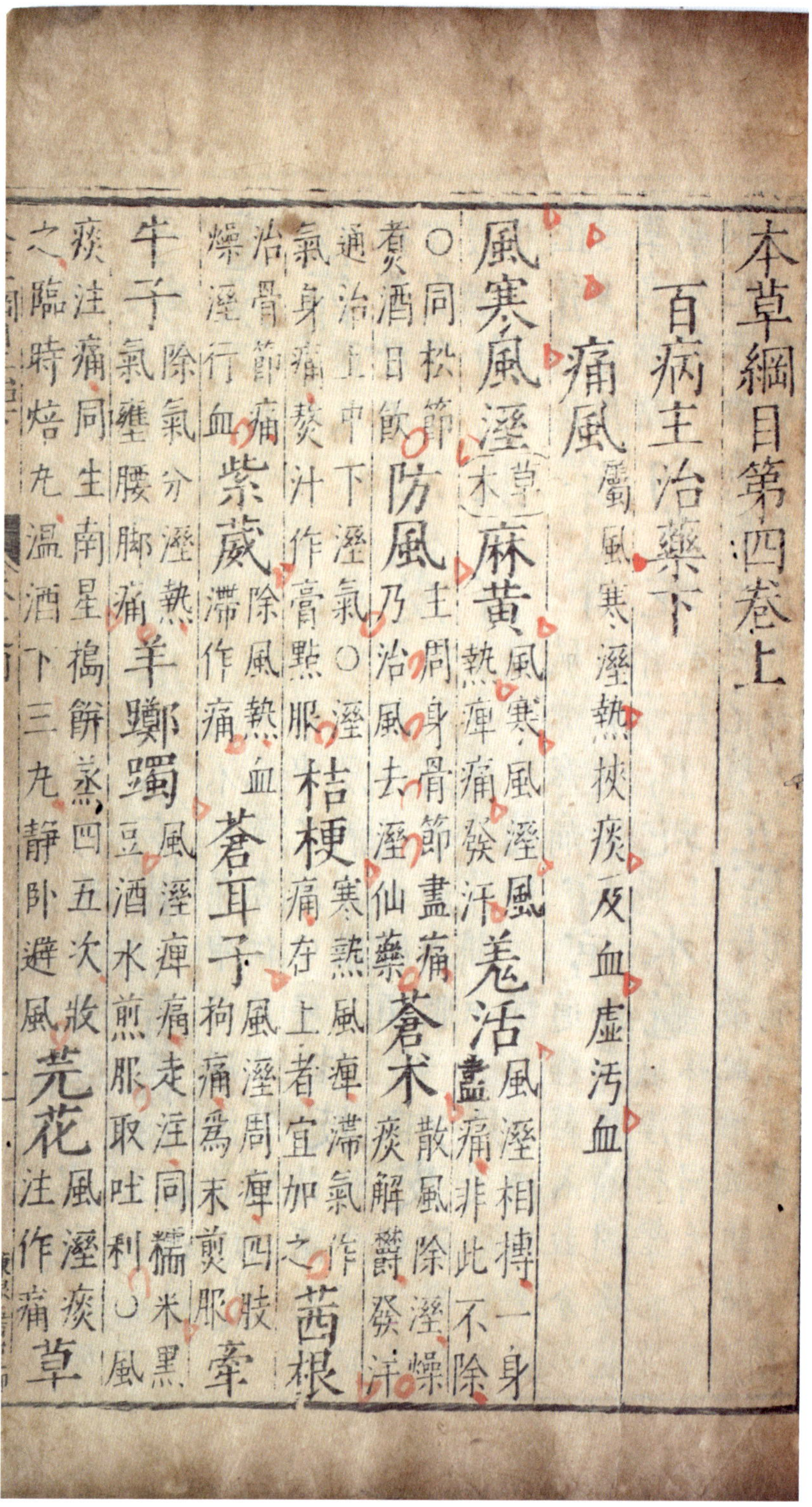

本草綱目第四卷上

百病主治藥下

痛風 屬風寒溼熱挾痰及血虛汚血

風寒風溼 草木 麻黃 風寒風溼風熱痺痛發汗 羌活 風溼相搏一身盡痛非此不除

○同松節煑酒日飲 防風 主周身骨節盡痛乃治風去溼仙藥 蒼朮 散風除溼燥痰解鬱發汗

通治上中下溼氣○溼氣身痛熬汁作膏點服 桔梗 寒熱風痺滯氣作痛存上者宜加之 茜根

治骨節痛燥溼行血 紫葳 除風熱血滯作痛 蒼耳子 風溼周痺四肢拘痛爲末煎服 牽

牛子 除氣分溼熱氣壅腰脚痛 羊躑躅 風溼痺痛走注同糯米黑豆酒水煎服取吐利○風

痰注痛同生南星擣餅蒸四五次收之臨時焙丸溫酒下三丸靜卧避風 芫花 風溼痰注作痛 草

《本草纲目》

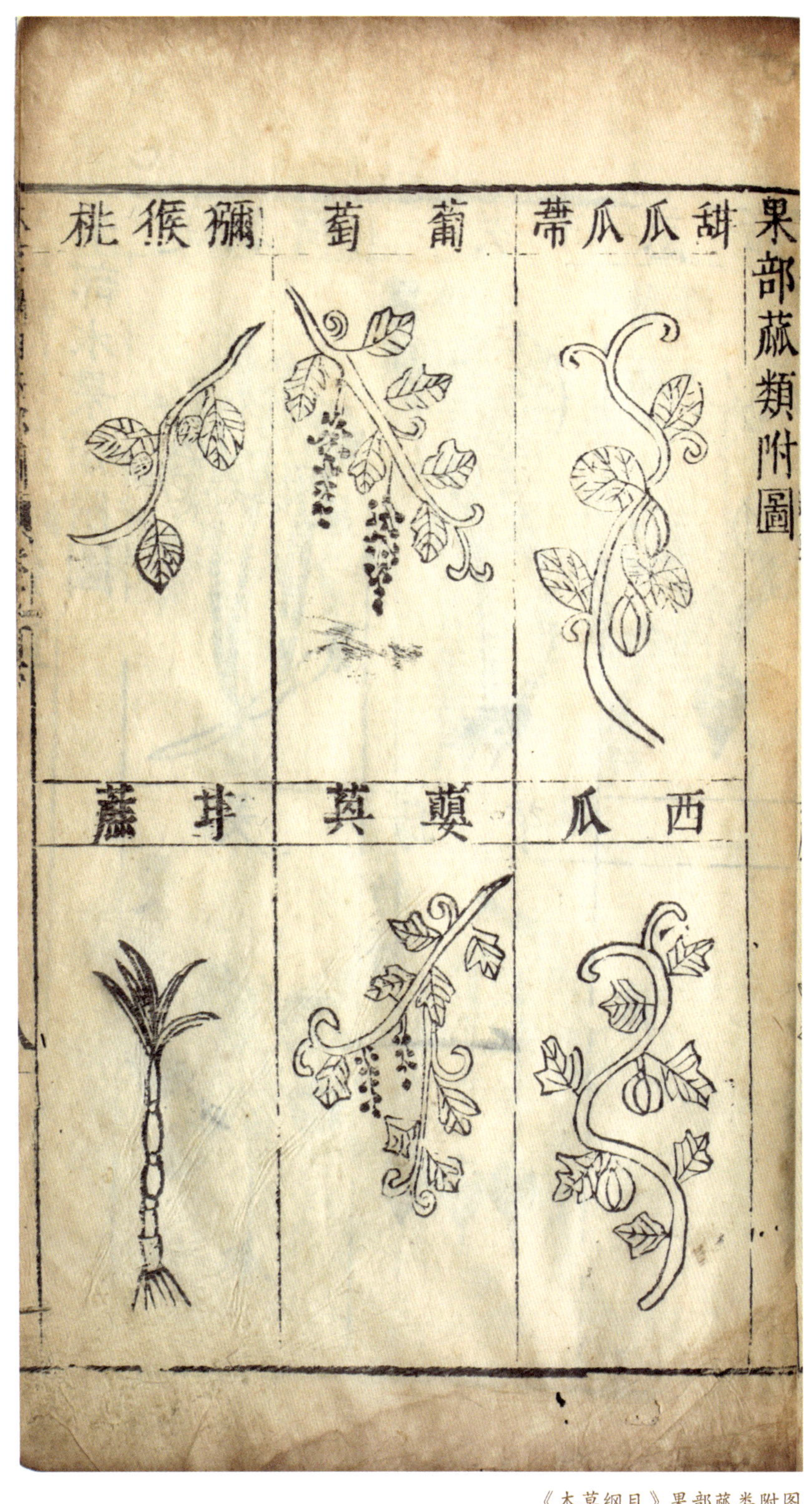

《本草纲目》果部蓏类附图

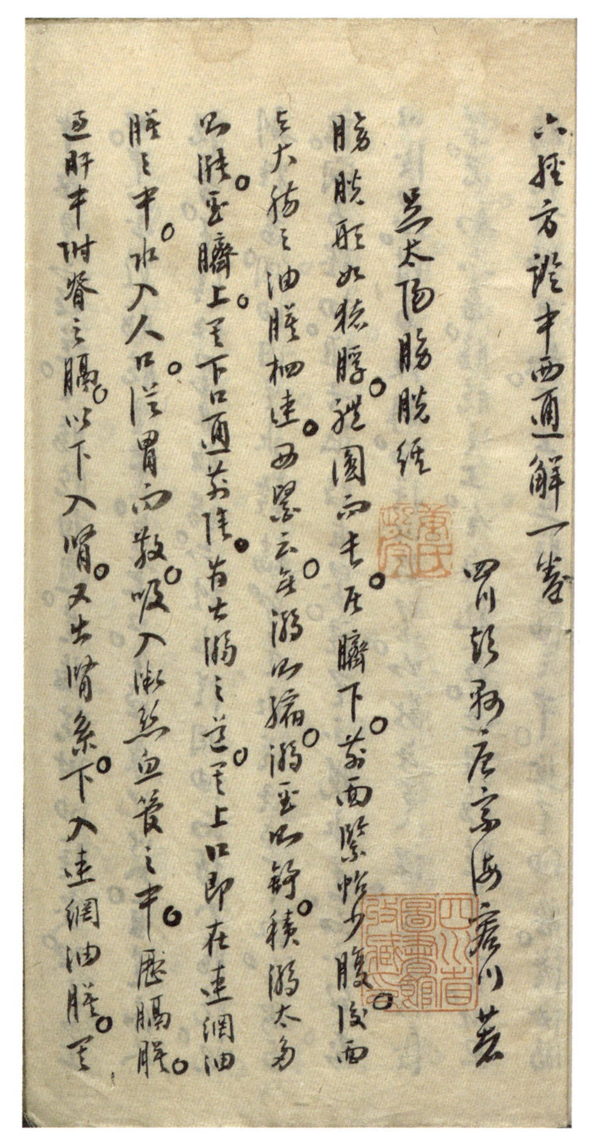
六經方證中西通解一卷　四川彭縣唐宗海容川著

足太陽膀胱經

膀胱形如猪脬。體圓而上尖。在臍下。前面緊貼少腹。後面與大腸之油膜相連。西醫云氣溺以攝溺。溺至以舒。積溺太多則脹至臍上。至下口通前陰。前出溺之道。上口即在連網油膜之中。水入人口。從胃而散。吸入微絲血管之中。歷腸膜透肝中附脊之膜。以下入腎。又出腎系。下入連網油膜。至

六经方证中西通解十二卷

（清）唐宗海撰　稿本

唐宗海（1847—1897），字容川，四川彭县（今四川彭州）人。清末著名医家，“中西医汇通派”代表人物。首倡“中西医汇通”之说，著有《中西汇通医经精义》《金匮要略浅注补正》《伤寒论浅注补正》《血证论》《本草问答》，后合刊为《中西汇通医书五种》。本书共12卷，手足十二经各一卷，每卷各有总论，上本《内经》《难经》等要旨，下参各家之说，并附己见以阐明六经理论。每经之下又有论述，各分表、里、寒、热、虚、实六证，并附方约800首。唐氏尤善运用阴阳、气化、形色气味等理论阐明方理，于方义有较详说明，且加以西医论述与之对证，形成颇具特色的医著。此书刊印较少，稿本尤为珍贵。

苓附汤

附片三钱 茯苓三钱 泽泻三钱 白术三钱 台乌三钱
砂仁一钱半 五味子 甘草一钱
附乌砂仁。辛温以暖膀胱肾间之阳。苓泽以利其
水。白术五味。又取酸苦涌泄以泻其水也。以酸苦泄
之。以辛温化之。而温肾利水之法。小腹痞痛者服。

小便不利。当治之。

巴戟丸

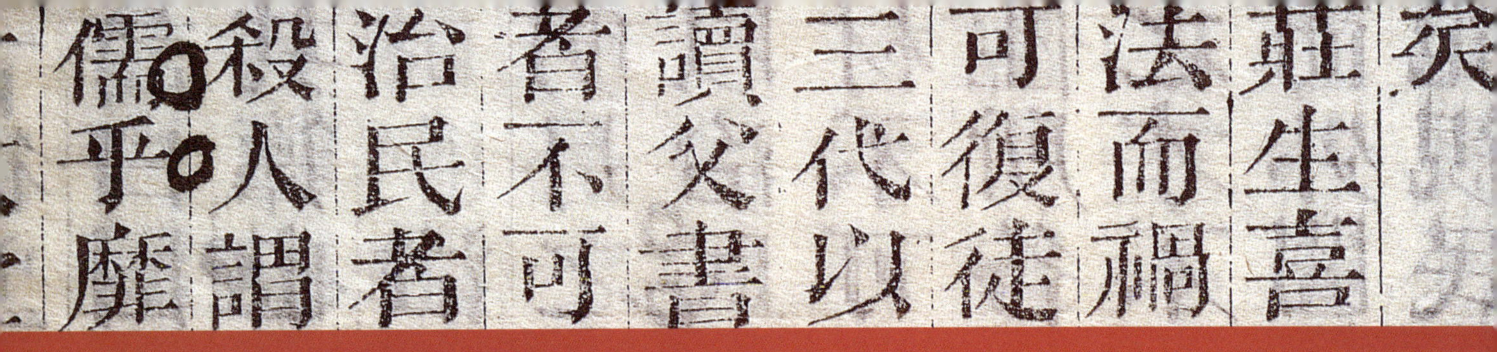

中华五千年古老文明能够生生不息，绵延不绝，正是因不断吸收融合其他国家民族的文化精髓而日益走向繁荣兴盛，铸就了『和而不同、有容乃大、兼容并蓄』的博大胸怀与宽厚品格。习近平总书记指出：『中华文明是在中国大地上产生的文明，也是同其他文明不断交流互鉴而形成的文明。』从丝绸之路的开辟，到四大发明的传播，中华文化远播世界，为人类文明进步作出了巨大贡献。

第二单元

开放包容 交流互鉴

丝绸之路

习近平总书记指出:“古代丝绸之路是一条贸易之路，更是一条友谊之路。在中华民族同其他民族的友好交往中，逐步形成了以和平合作、开放包容、互学互鉴、互利共赢为特征的丝绸之路精神。”

早在战国时期成书的《穆天子传》，就记载了周穆王曾向西巡狩，最远到过中亚。汉武帝时期，张骞出使西域，丝绸之路正式开辟。它不仅是东西方商业贸易之路，也是中国和亚欧各国间政治往来、文化交流的通道。至今，丝绸之路仍在东西方交往中发挥着重要作用。

南方丝绸之路是中国古代西南地区一条纵贯川滇两省，连接缅、印，通往东南亚、西亚以及欧洲各国的古老国际通道，它和西北丝绸之路、海上丝绸之路同为中国古代对外交通贸易和文化交流的主要通道。南方丝绸之路主要有两条线路：一条为西道，即“旄牛道”。从成都出发，经临邛（邛州）、青衣（名山）、严道（荥经）、旄牛（汉源）、阑县（越西）、邛都（西昌）、叶榆（大理）到永昌（保山），再到密支那或八莫，进入缅甸和东南亚。这条路最远可达“滇越”乘象国，可能到了印度和孟加拉地区；一条是东道，称为“五尺道”。从成都出发，到僰道（宜宾）、南广（高县）、朱提（昭通）、味县（曲靖）、谷昌（昆明），以后一途入越南，一途经大理与旄牛道重合。

唐壁画《张骞出使西域》(敦煌莫高窟第 323 窟)

穆天子傳卷一

晉　郭璞註　南城鄭　濂校

古文

飲天子蠲音涓山之上戊寅天子北征乃絕漳水絕猶截也漳水在鄴縣庚辰至于□觴天子于盤石之上觴者所以進酒因云觴耳天子乃奏廣樂史記云趙簡子疾不知人七日而寤曰我之帝所甚樂與百神遊于鈞天廣樂九奏萬舞不類三代之樂其聲動心廣樂義見此載立不舍言在車上立不下也至于鈃山之下鈃山今在常山石邑縣鈃音邢癸未雨雪天子獵于鈃山之西阿阿山陂也於是得絕鈃山之隊隊謂谷中險阻道也

穆天子傳〈卷一　一

右穆天子傳六卷與周書紀年同出汲冢疑亦戰國時人因列子書周穆王篇有駕八駿賓西王母事依託爲之非當日史官起居注也其生而稱謚紕繆更瞭然易見然其文沉博奇麗薦紳先生猶有述焉予獨怪其書盛姬事以春秋所諱而爲美談謂穆王雖甚耄荒欲肆其心亦未必其漁色至不辨姓如此也抑所謂盛姬者不過如詩言彼美淑姬爲婦人美稱且其得姓受氏已久如左傳中驪姬巴姬寄姬皆不知于周何别而郭氏注遽引

穆天子傳〈跋

穆天子传六卷

（晋）郭璞注　清乾隆浙江刻《增订汉魏丛书》本

本书记载周穆王从宗周出发，向西到达西王母之邦，并与西王母宴饮酬酢的神话故事，对于先秦时期中西交通路径以及文化交流的情况有一定的介绍。它说明远在张骞通西域以前，中国内地和中亚之间就已有接触交往。

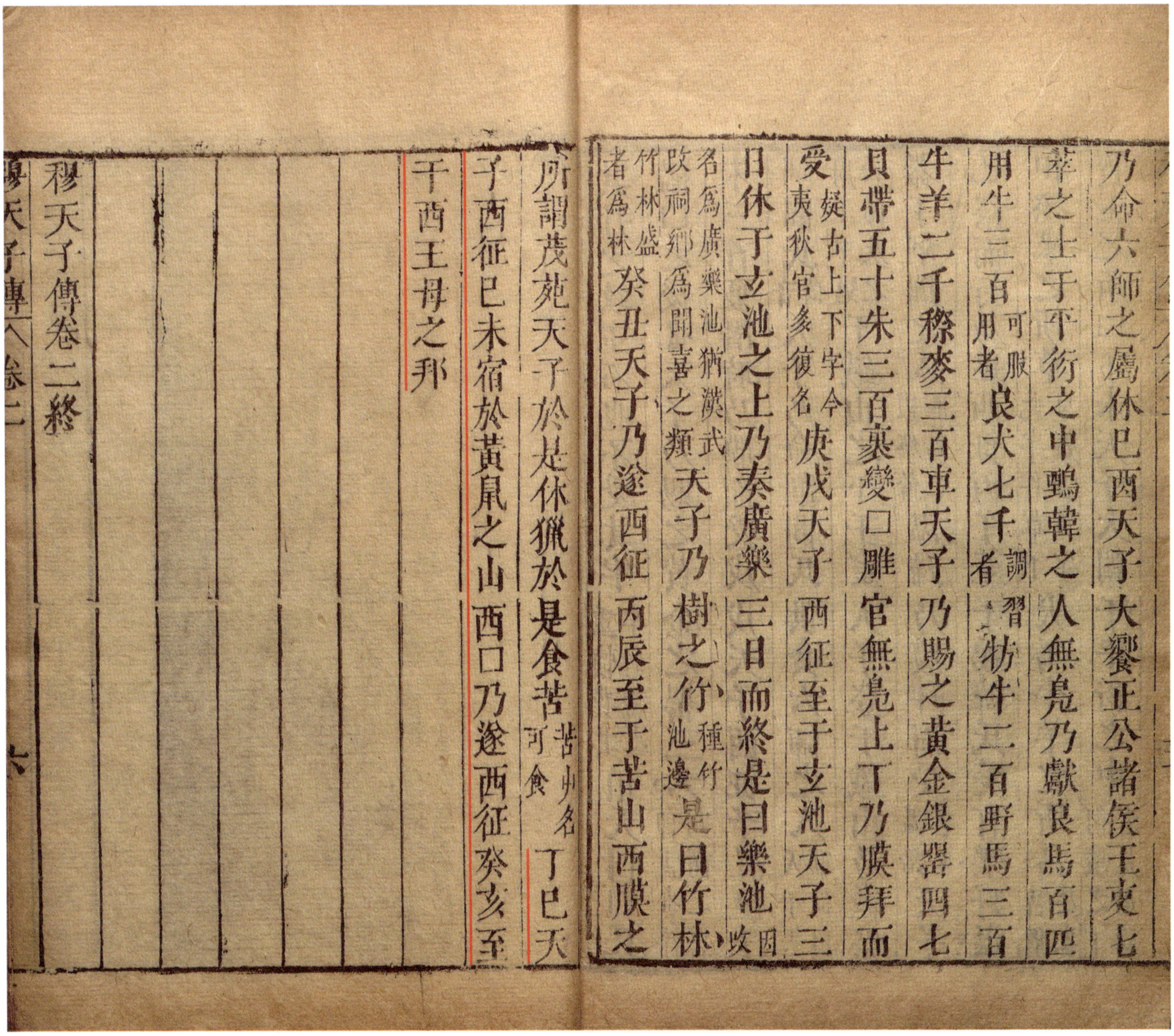

乃命六師之屬休已酉天子大饗正公諸侯王吏七
萃之士于平衍之中鵛韓之人無鳧乃獻良馬百匹
用牛三百可服用者良犬七千調習者牥牛二百野馬三百
牛羊二千穄麥三百車天子乃賜之黄金銀罌四七
貝帶五十朱三百裹䕫口雕官無鳧上丁乃膜拜而
受疑古上下字今夷狄官多復名庚戌天子西征至于玄池天子三
日休于玄池之上乃奏廣樂三日而終是曰樂池因改
名爲廣樂池猶漢武改祠鄉爲聞喜之類天子乃樹之竹種竹池邊是曰竹林
竹林盛者爲林癸丑天子乃遂西征丙辰至于苦山西膜之
所謂茂苑天子於是休獵於是食苦苦草名可食丁巳天
子西征己未宿於黄鼠之山西口乃遂西征癸亥至
于西王母之邦

穆天子傳卷二終

《穆天子传》:“丁巳，天子西征，……癸亥至于西王母之邦。”

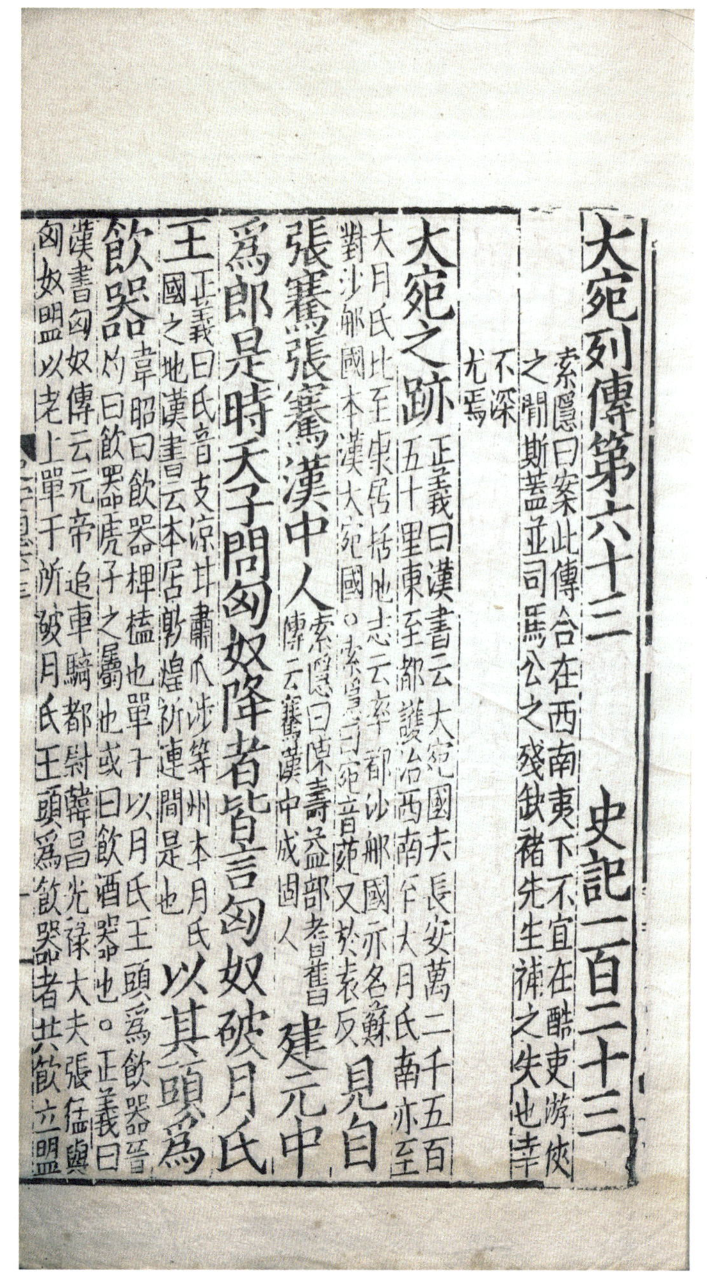
大宛列傳第六十三　史記一百二十三

索隱曰案此傳合在西南夷下不宜在酷吏游俠之間斯蓋並司馬公之殘缺褚先生補之失也幸不深尤焉

大宛之跡 正義曰漢書云大宛國去長安萬二千五百五十里東至都護治西南至大月氏南亦至大月氏北至康居括地志云率都沙那國亦名蘇對沙那國本漢大宛國○索隱曰宛音苑又於袁反 見自張騫張騫漢中人 索隱曰陳壽益部耆舊傳云騫漢中成固人 建元中爲郎是時天子問匈奴降者皆言匈奴破月氏王 正義曰氏音支涼甘肅瓜沙等州本月氏國之地漢書云本居敦煌祁連間是也 以其頭爲飲器 韋昭曰飲器椑榼也單于以月氏王頭爲飲器晉灼曰飲器虎子之屬也或曰飲酒器也○正義曰漢書匈奴傳云元帝遣車騎都尉韓昌光祿大夫張猛與匈奴盟以老上單于所破月氏王頭爲飲器者共飲血盟

史记一百三十卷

（汉）司马迁撰 （南朝宋）裴骃集解 （唐）司马贞索隐 （唐）张守节正义

明嘉靖四年至六年（1525—1527）王延喆刻本

《史记·大宛列传》是中国最早的边疆和域外地理专篇，根据西汉张骞出使西域的报告写成。书中记载了当时西域地区的地理和历史状况，是研究中国地理学史和中亚等地历史地理的重要文献。

前漢書卷二十八上

漢　蘭　臺　令　史班　固撰

唐正議大夫行祕書少監琅邪縣開國子顏師古注

地理志第八上

昔在黃帝作舟車以濟不通旁行天下（師古曰旁行謂四出而行之）方制萬里畫壄分州（師古曰方制制爲方域也畫謂爲之界也壄古野字畫音獲）得百里之國萬區是故易稱先王以建萬國親諸侯（師古曰易比卦象辭）書云協和萬國（師古曰虞書堯典之辭也）此之謂也堯遭洪水褱山襄陵（師古曰褱字與古懷字同懷包也襄駕也言水大氾溢包山而駕陵也）天下分絕爲十二州（師古曰九州之外有并州幽州營州故曰十二水中可居者曰州洪水氾大各就高

乾隆四年校刊　前漢書卷二十八上　地理志　一

汉书一百卷

（汉）班固撰　清乾隆四年（1739）武英殿刻本

《前汉书》又称《汉书》，《汉书·地理志》最早系统记载了海上丝绸之路。根据书中记载，南海航线最远可达印度南部东海岸，番禺、徐闻、合浦（今北海）等地是中国境内海上丝绸之路的早期港口。

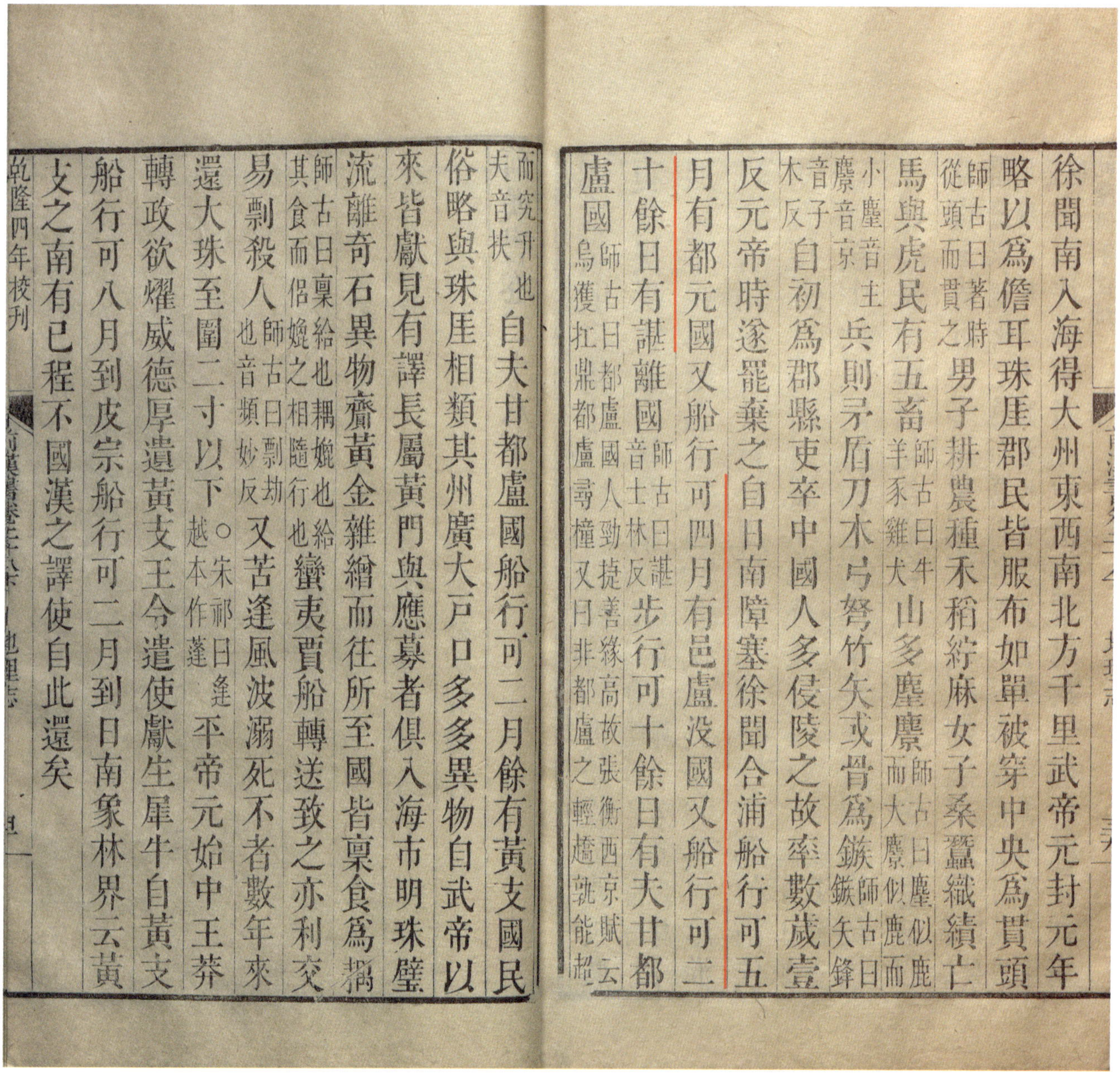

徐聞南入海得大州東西南北方千里武帝元封元年
略以爲儋耳珠厓郡民皆服布如單被穿中央爲貫頭
師古曰著時從頭而貫之男子耕農種禾稻紵麻女子桑蠶織績亡
馬與虎民有五畜師古曰牛羊豕雞犬山多麈麖師古曰麈似鹿而大麖似鹿而
小麈音主麖音京兵則矛盾刀木弓弩竹矢或骨爲鏃師古曰鏃矢鋒
音子木反自初爲郡縣吏卒中國人多侵陵之故率數歲壹
反元帝時遂罷棄之自日南障塞徐聞合浦船行可五
月有都元國又船行可四月有邑盧沒國又船行可二
十餘日有諶離國師古曰諶音士林反步行可十餘日有夫甘都
盧國師古曰都盧國人勁捷善緣高故張衡西京賦云烏獲扛鼎都盧尋橦又曰非都盧之輕趫孰能超
而究升也夫音扶自夫甘都盧國船行可二月餘有黃支國民
俗略與珠厓相類其州廣大戶口多多異物自武帝以
來皆獻見有譯長屬黃門與應募者俱入海市明珠璧
流離奇石異物齎黃金雜繒而往所至國皆稟食爲耦
師古曰稟給也耦媲也給其食而侶媲之相隨行也蠻夷賈船轉送致之亦利交
易剽殺人師古曰剽劫也音頻妙反又苦逢風波溺死不者數年來
還大珠至圍二寸以下○宋祁曰逢越本作蓬平帝元始中王莽
輔政欲燿威德厚遺黃支王令遣使獻生犀牛自黃支
船行可八月到皮宗船行可二月到日南象林界云黃
支之南有已程不國漢之譯使自此還矣

乾隆四年校刊

《汉书·地理志》:"自日南障塞、徐闻、合浦船行可五月，有都元国。"

蜀身毒道

《汉书·张骞传》："臣在大夏时见邛竹杖、蜀布，问安得此，大夏国人曰：'吾贾人往市之身毒国'。"

汉书一百卷

（汉）班固撰　清乾隆四年（1739）武英殿刻本

据《汉书·张骞传》记载西汉时，我国西南地区和身毒（今印度半岛）、大夏（今阿富汗北部一带）已有交通往来。

王云叙豪侈较班张简澹别有致

闤之裏伎巧之家百室離房機杼相和貝錦斐成濯色江波黃潤比筒籝金所過侈侈隆富卓鄭埒名公擅山川貨殖私庭藏鏹巨萬釽擲兼呈亦以財雄翕習邊城闤市巷也闠市外內門也離猶異也益州志云成都織錦既成濯於江水其文分明勝於初成黃潤謂筒中細布也籝盛金之器卓王孫程鄭皆蜀人梁益之間裁木爲器日釽裂帛爲衣日擲兼呈者皆有常課至擬於王者三蜀之豪時來時往養交都邑結儔附黨劇談戲論扼腕抵掌出則連騎歸從百兩三蜀蜀郡廣漢犍爲也劇甚也抵擊也大車稱兩若其舊俗終冬始春吉日良辰置酒高堂以御嘉賓金罍中坐肴核四陳觴以清醥

《梁昭明文选·蜀都赋》:“黄润比筒，籝金所过。”

梁昭明文选二十四卷

（明）张凤翼纂注 （明）卢之颐重订 明刻本

《梁昭明文选》载西汉左思《蜀都赋》，其称蜀地“黄润比筒，籝金所过”，蜀锦鲜艳华丽，品种繁多。印度考古学家乔希指出，古梵文文献中印度教大神都喜欢穿中国丝绸，湿婆神尤其喜欢黄色蚕茧的丝织品。这种黄色的丝织品，即左思所说的“黄润”。这说明当时中国已经同印度产生了丝绸贸易关系。

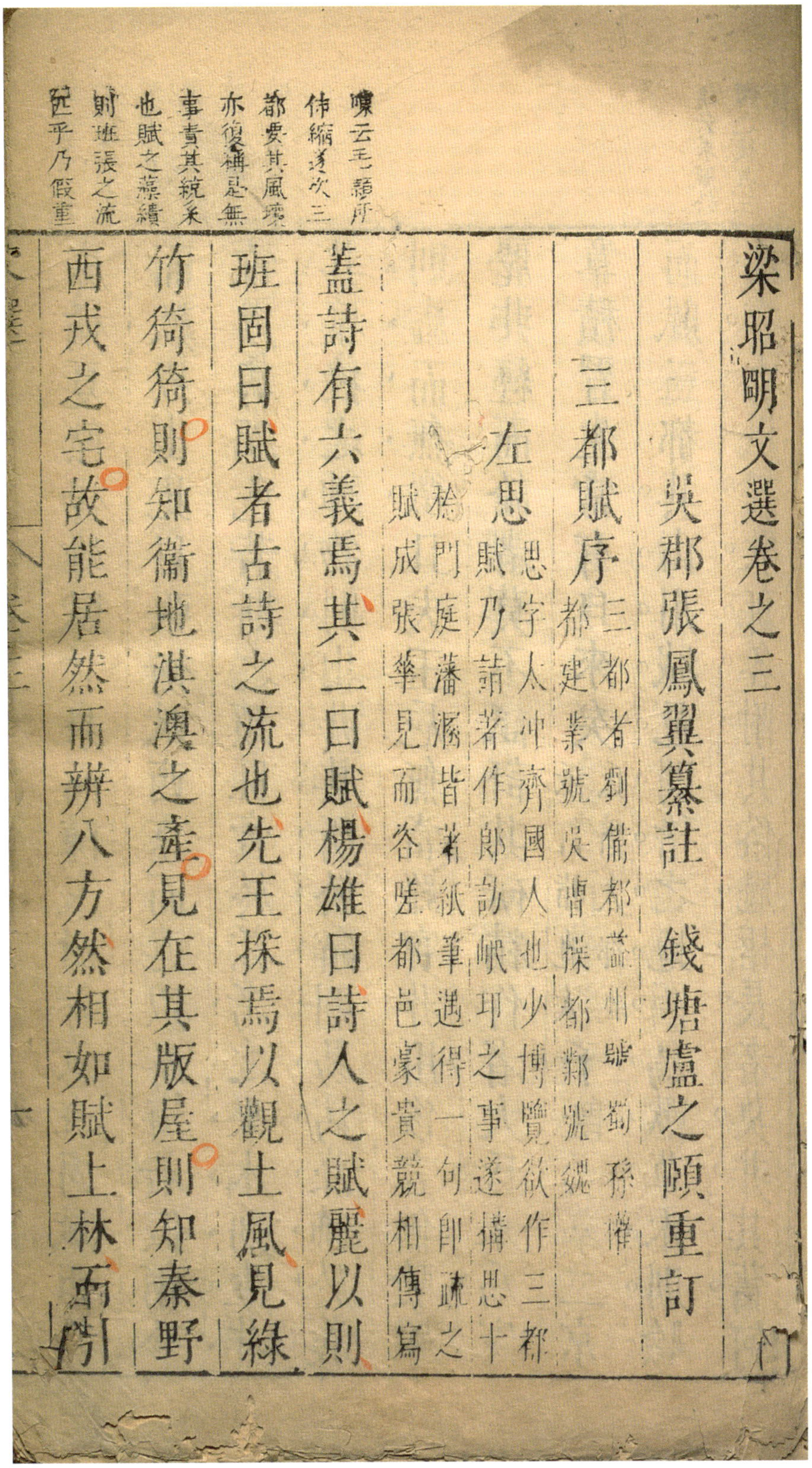

嘆云毛語序偉縮遂次三都要其風壞亦復補是無事責其統系也賦之藻繢則班張之流匹乎乃假重

梁昭明文選卷之三

吳郡張鳳翼纂註　錢塘盧之頤重訂

三都賦序 三都者劉備都益州號蜀孫權都建業號吳曹操都鄴號魏

左思 思字太沖齊國人也少博覽欲作三都賦乃詣著作郎訪岷邛之事遂搆思十稔門庭藩溷皆著紙筆遇得一句即疏之賦成張華見而咨嗟都邑豪貴競相傳寫

蓋詩有六義焉其二曰賦楊雄曰詩人之賦麗以則班固曰賦者古詩之流也先王採焉以觀土風見綠竹猗猗則知衛地淇澳之產見在其版屋則知秦野西戎之宅故能居然而辨八方然相如賦上林而引

《梁昭明文选》

茶马古道

据唐代释义净《大唐西域求法高僧传·慧轮传》记载，南方丝绸之路运输的物资中除了丝绸，还包含了来自川、滇的糖、布、线、粉丝等生活日用品，而来自康藏地区及周边国家的马匹、皮毛、藏金、藏红花、麝香、贝母、鹿茸、虫草等也随着这条路，流散到滇、川等地。

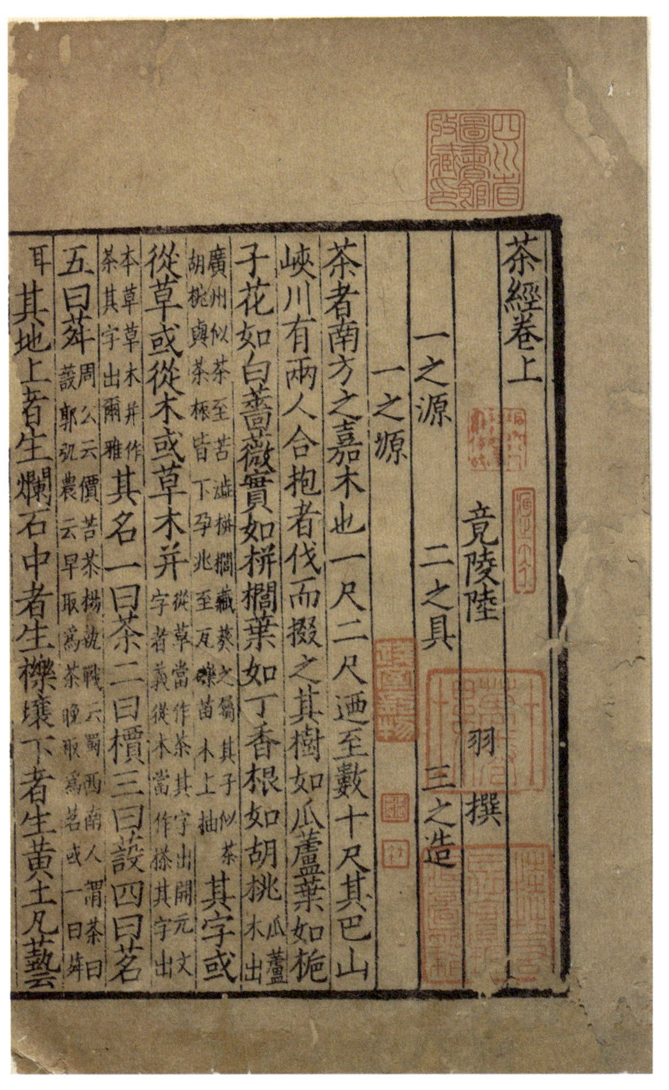

茶經卷上　竟陵陸　羽　撰

一之源　二之具　三之造

一之源

茶者南方之嘉木也一尺二尺廼至數十尺其巴山峽川有兩人合抱者伐而掇之其樹如瓜蘆葉如梔子花如白薔薇實如栟櫚葉如丁香根如胡桃瓜蘆木出廣州似茶至苦澁栟櫚蒲葵之屬其子似茶胡桃與茶根皆下孕兆至瓦礫苗木上抽其字或從草或從木或草木幷從草當作茶其字出開元文字音義從木當作梌其字出本草草木幷作茶其字出爾雅其名一曰茶二曰檟三曰蔎四曰茗五曰荈周公云檟苦茶揚執戟云蜀西南人謂茶曰蔎郭弘農云早取爲茶晩取爲茗或一曰荈耳其地上者生爛石中者生櫟壤下者生黃土凡藝

茶经三卷

（唐）陆羽撰　宋刻百川学海本

《茶经》是中国古代最早最完备的茶书，是中国第一部茶学专著。其系统地总结了唐及唐以前的茶叶采制和饮用经验，全面论述了有关茶叶起源、历史、生产、饮用等各方面的问题，初步建立了茶学理论体系，传播了茶业科学知识，促进了茶叶生产的发展，开中国茶道之先河。《茶经》还广涉自然科学和人文科学，蕴涵了丰富的哲学思想，具有重要的价值。后世流传版本甚多，并被译成日、英、俄等国文字流传。此书为现存年代最早之本。《百川学海》于南宋度宗咸淳九年（1273）编集成帙，并于是年刻印行世。其书名取自汉代学者扬雄《扬子法言》“百川学海而至于海”，以天干分集，凡十集，收书百种一百七十九卷，所收多唐宋人野史杂说。《百川学海》开中国丛书刻印之先河，影响极为深远，也是宋人汇刻之书仅存于今者。

如一經顔師古云籯竹器也受四升耳

竈無用突者釜用脣口者

甑或木或瓦匪腰而泥籃以箄之篾以系之始其蒸也入乎箄既其熟也出乎箄釜涸注於甑中甑不帶而泥之又以穀木枝三亞者制之散所蒸牙笋并葉畏流其膏

杵臼一曰碓惟恒用者佳

規一曰模一曰棬以鐵制之或圓或方或花

承一曰臺一曰砧以石爲之不然以槐桑木半埋地中遣無所搖動

檐一曰衣以油絹或雨衫單服敗者爲之以檐置承上又以規置檐上以造茶也茶成舉而易之

而不實植而罕茂法如種瓜三歲可採野者上園者次陽崖陰林紫者上緑者次笋者上牙者次葉卷上葉舒次陰山坡谷者不堪採掇性凝滯結瘕疾茶之爲用味至寒爲飲最宜精行儉德之人若熱渴凝悶腦疼目澁四支煩百節不舒聊四五啜與醍醐甘露抗衡也採不時造不精雜以卉莽飲之成疾茶爲累也亦猶人參上者生上黨中者生百濟新羅下者生高麗有生澤州易州幽州檀州者爲藥無效況非此者設服薺苨使六疾不瘳知人參爲累則茶累盡矣

二之具

籝加追反一曰籃一曰籠一曰筥以竹織之受五升或一斗二斗三斗者茶人負以採茶也籝漢書音盈所謂黃金滿籝不

重脩馬政志叙

馬政志四卷前侍御遂寧陳公講所作也事詳而核文簡而明信哉考牧之成規爲歲久湮模艱於檢閱嘉靖庚戌太僕卿王君朝賢少卿李君槃苑馬少卿王君教篤意馬政懼無以鑒往而式來也迺脩訂舊志持以来告俞曰馬政其有興乎昔宣子

馬政志卷之一

茶馬

差發

金牌制洪武初令陝西洮州河州西寧各設茶馬司收貯官茶三年一次差在京官齎捧金牌信符往附近番族招番對驗納馬酬茶

牌額原設四十一面上號藏内府下號降各番篆文上曰

皇帝聖旨左曰合當差發右曰不信者死

馬額洮州火把藏思曩日等族牌六面納馬三千五十

马政志四卷

（明）陈讲撰　明嘉靖刻本

《马政志》包含茶马、盐马、牧马、点马四卷。本馆藏本曾经为李一氓收藏，存《茶马》《点马》二卷。书中资料丰富，是一部事详而核、文简而明的明代经济、军事史著作。

井厂形式图

四川南阆盐务图说一卷

（□）□□撰　清宣统二年（1910）稿本

本书分为局卡类、井厂类、运行类、器具类等，详细介绍了四川南部和阆中地区的盐业开发形制、流程与技艺，是一部形象生动的盐业记。以墨笔楷书盐务情况，配以80余幅精美手绘图画，景物照应，人物栩栩如生。书中所绘的卓筒井是一种运用杠杆带动钻头，在井下顿钻开凿深井的小口深井。这一技术发明于北宋庆历年间，是中国也是世界钻井史上的里程碑。

井廠形式説

風物名實説覆竈之屋曰竈房覆井者曰碓房統謂之廊廠按南閬鹽井有與廠近在一里路内者有遠至二三里路者井上結草為棚以蔽雨日寬六七尺長丈餘内容車子樓架至於覆竈之屋則較覆井之草棚大數倍曰廠房亦曰竈房資本多鹽水多者修瓦房數間資本少鹽水少者修草房一二間無論竈房之大小中間均要空洞以便砌竈安橖與煎鹽之工作無碍倘水廣人衆廠房之外别構屋數間以為工匠宿食之所

附南部閬中上中下井廠數目

上井 南部六百二十眼 閬中無

中井 南部二千八百八十三眼 閬中五十一眼

下井 南部三千八百七十六眼 閬中九百四十四眼

上廠 南部三百壹十六家 閬中一十二家

中廠 南部六百四十三家 閬中二十三家

下廠 南部五百九十六家 閬中七十一家

井厂形式说

初开井口图

凿石图

西行取经

玄奘西行取经，在中国和中亚、南亚各国间建起了一座文化交流、友好往来的桥梁，为促进文明的交流互鉴贡献了积极的力量。

《大唐西域记》记录了七世纪以前中国新疆、中亚及阿富汗、印度等地的地理形势、人口疆域、国都城邑、政治历史、物产气候、交通道路、风土习俗、语言文字、民族宗教等，是研究中亚和南亚各国历史地理的珍贵文献。

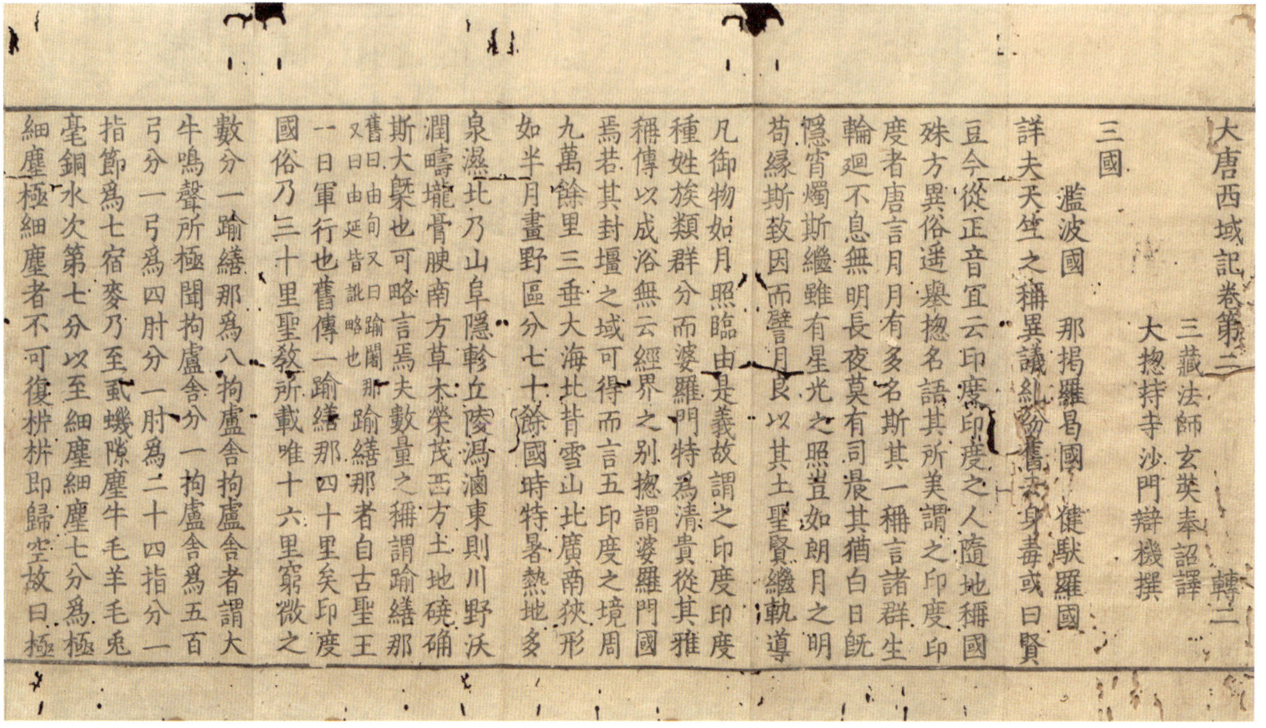

大唐西域記卷第二　　轉二
三藏法師玄奘奉詔譯
大揔持寺沙門辯機撰
三國
濫波國　那揭羅曷國　健馱羅國
詳夫天竺之稱異議糺紛舊云身毒或曰賢
豆今從正音宜云印度印度之人隨地稱國
殊方異俗遥舉揔名語其所美謂之印度印
度者唐言月月有多名斯其一稱言諸群生
輪迴不息無明長夜莫有司晨其猶白日既
隱宵燭斯繼雖有星光之照豈如朗月之明
苟緣斯致因而譬月良以其土聖賢繼軌導
凡御物如月照臨由是義故謂之印度印度
種姓族類群分而婆羅門特為清貴從其雅
稱傳以成俗無云經界之別揔謂婆羅門國
焉若其封壃之域可得而言五印度之境周
九萬餘里三垂大海北背雪山北廣南狹形
如半月畫野區分七十餘國時特暑熱地多
泉濕北乃山阜隱軫丘陵舃鹵東則川野沃
潤疇壠膏腴南方草木榮茂西方土地磽确
斯大槩也可略言焉夫數量之稱謂踰繕那
舊曰由旬又曰踰闍那又曰由延皆訛略也踰繕那者自古聖王
一日軍行也舊傳一踰繕那四十里矣印度
國俗乃三十里聖教所載唯十六里窮微之
數分一踰繕那為八拘盧舍拘盧舍者謂大
牛鳴聲所極聞拘盧舍分一拘盧舍為五百
弓分一弓為四肘分一肘為二十四指分一
指節為七宿麥乃至虱蟣隙塵牛毛羊毛兎
毫銅水次第七分以至細塵細塵七分為極
細塵極細塵者不可復析析即歸空故曰極

《洪武南藏·大唐西域記》

佛道经典

自东汉末年，佛教传入中国，佛经的翻译和出版事业也随之发展。雕版印刷初期，其印刷品多为佛经，在四川，曾出土唐代成都雕版印刷的《陀罗尼经咒》，是现存最早的雕版印刷品之一。北宋初期，由政府主持在成都刊刻的释家大藏，世称《开宝藏》，是我国第一部刻本《大藏经》。在它的影响下，雕印佛教藏经风气渐开。北宋之后，历代都有官版或私刻的汉文《大藏经》，单种佛经更是难以数计。

道教经典的纂集自《汉书·艺文志》始见著录，其后葛洪、陆修静、陶弘景等陆续增订。随着道教的发展，道教典籍日渐增多，其汇集始于六朝，汇编成藏则在唐开元年间，即《三洞琼纲》，又称《开元道藏》，并编有目录。道藏刊印始于宋徽宗政和中的《万寿道藏》，后来金元各《道藏》都以此为蓝本，惜已毁。流传至今的《道藏》为明代永乐、正统年间张宇初、张宇清主持编修的《正统道藏》和万历年间张国祥增补的《续道藏》。

这些宏富的佛道经典显示了中国灿烂的宗教文化和人文精神，是中国文化重要的组成部分。

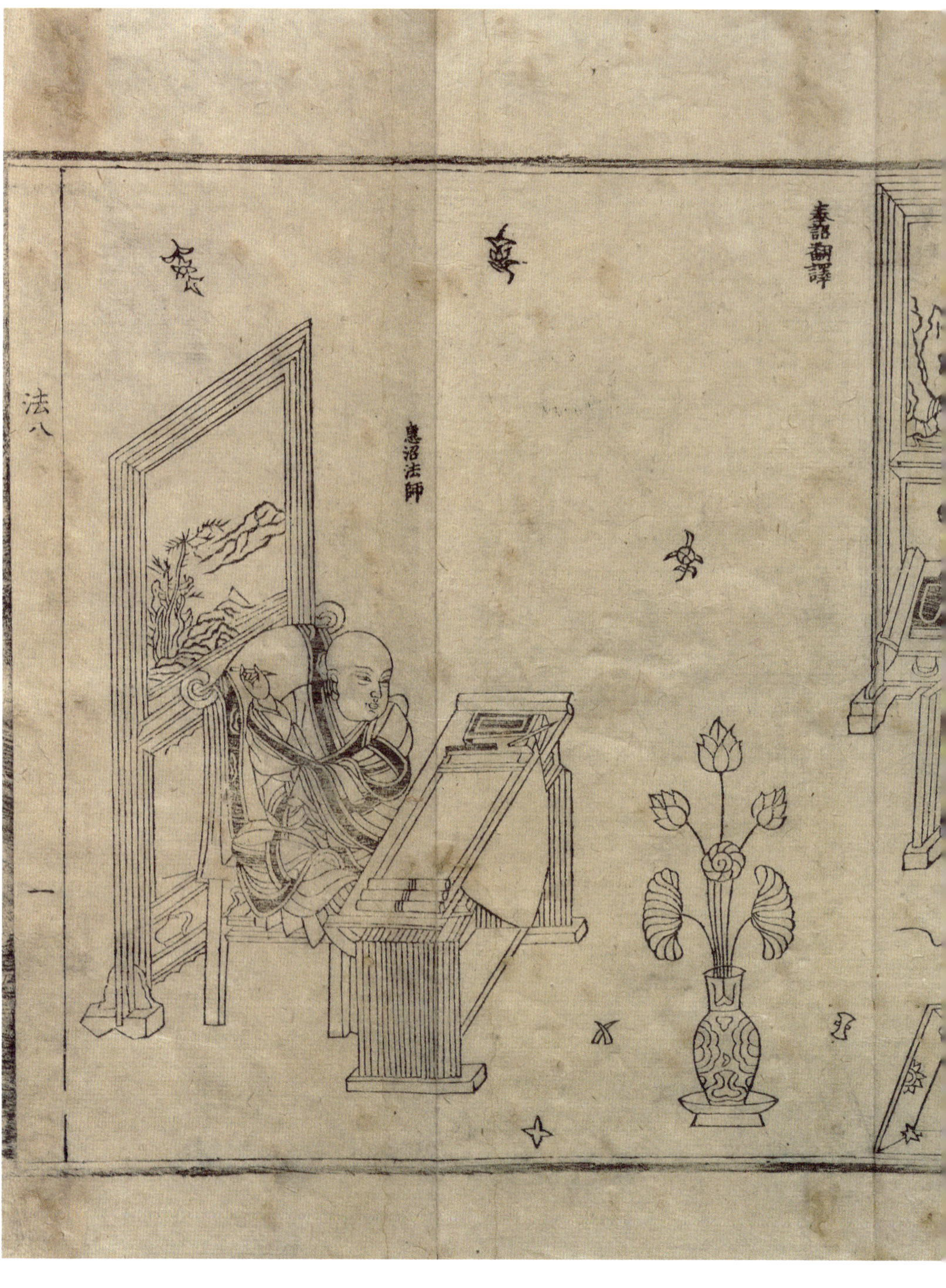

洪武南藏

明洪武年间南京刻本

《洪武南藏》又名《初刻南藏》，是明代刻造的三部官版中最初的版本。明洪武五年（1372）敕令于京师应天府（今江苏南京）蒋山寺开始点校，至洪武三十一年（1398）刻完。全藏678函1600部7000多卷。永乐六年（1408）经版遭火焚毁。该藏流传至今者，仅此一部。现存6065卷。

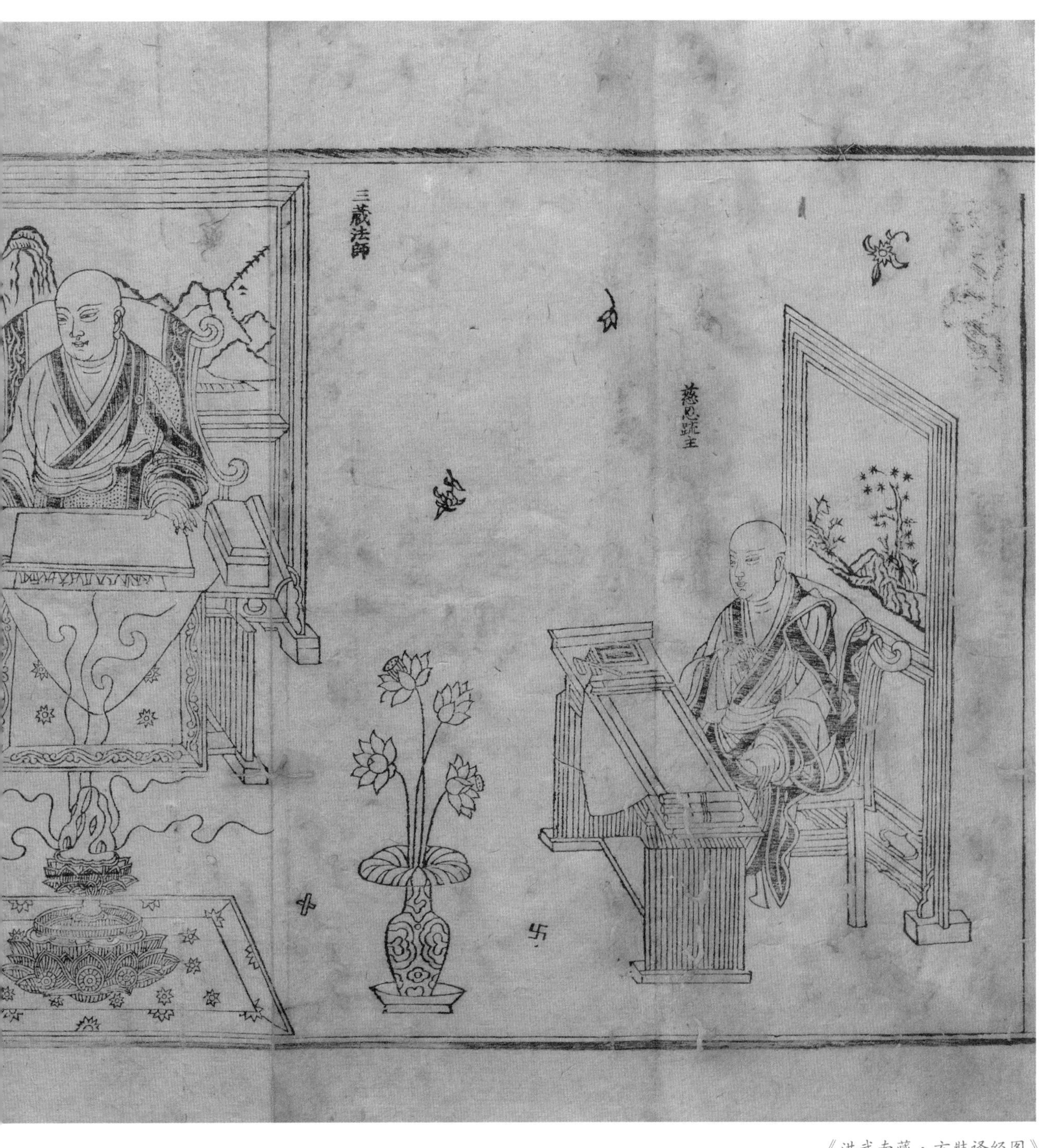

《洪武南藏·玄奘译经图》

注華嚴法界觀門序

緜州刺史裴休述

法界者一切衆生身心之本體也從本已來靈明廓徹廣大虛寂唯一眞之境而已無有形貌而森羅大千無有邊際而含容萬有昭昭於心目之間而相不可覩晃晃於色塵之内而理不可分。非徹法之慧目離念之明智不能見自心如此之靈通也。甚矣衆生之迷也身反在於心中若大海之一漚爾而不自知有廣大之威神而不能用觳觫而自投於籠檻而不自悲也。故世尊初成正覺歎曰奇哉我今普見一切衆生具有如來智慧德相但以妄想執著而不證得於是稱法界性説華嚴經令一切衆生自於

注华严法界观门一卷

（唐）释宗密注　宋刻本

《华严法界观门》是研习《华严经》的著作，其内容为阐述修大方广佛华严法界观门的三观。释宗密在遂州大云寺得到此书，并为之作注。本书刊印精美，疑为北宋刻版。

內爲筋骸所梏外爲山河所眩故困踣
於迷塗局促於轅下而不能自脫也於
是菩薩開眞空門以示之使其見色非
實色舉體是眞空見空非斷空舉體是
眞法則能廓情塵而空色無閡泯智解
而心境俱冥矣菩薩曰於理則見矣於
事猶未也於是開理事無閡門以示之
使觀不可分之理皆圓攝於一塵本分

《注华严法界观门》

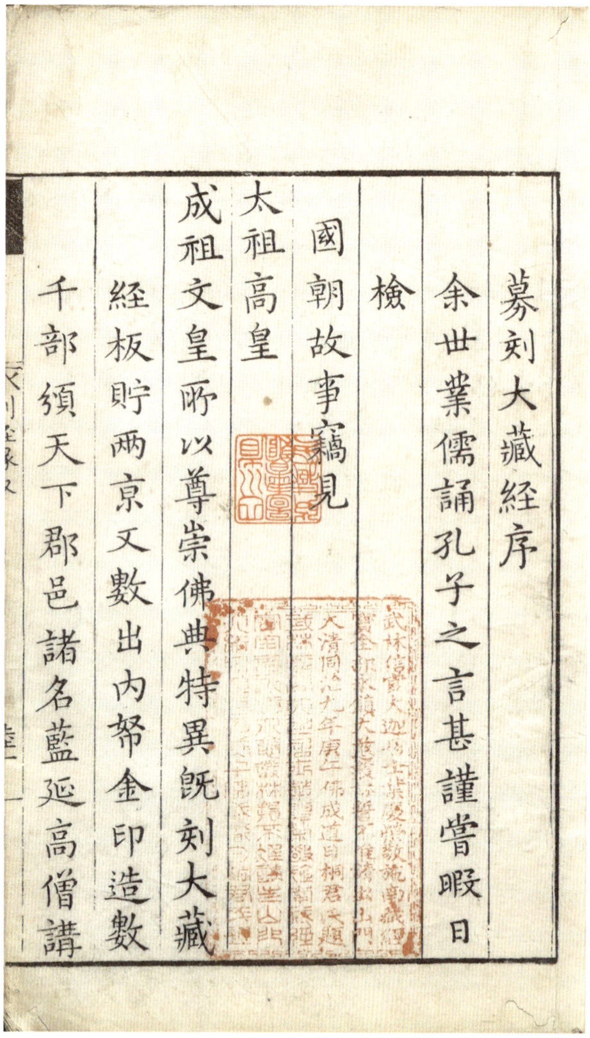
募刻大藏經序
余世業儒誦孔子之言甚謹嘗暇日
檢
國朝故事竊見
太祖高皇
成祖文皇所以尊崇佛典特異既刻大藏
經板貯兩京又數出內帑金印造數
千部頒天下郡邑諸名藍延高僧講

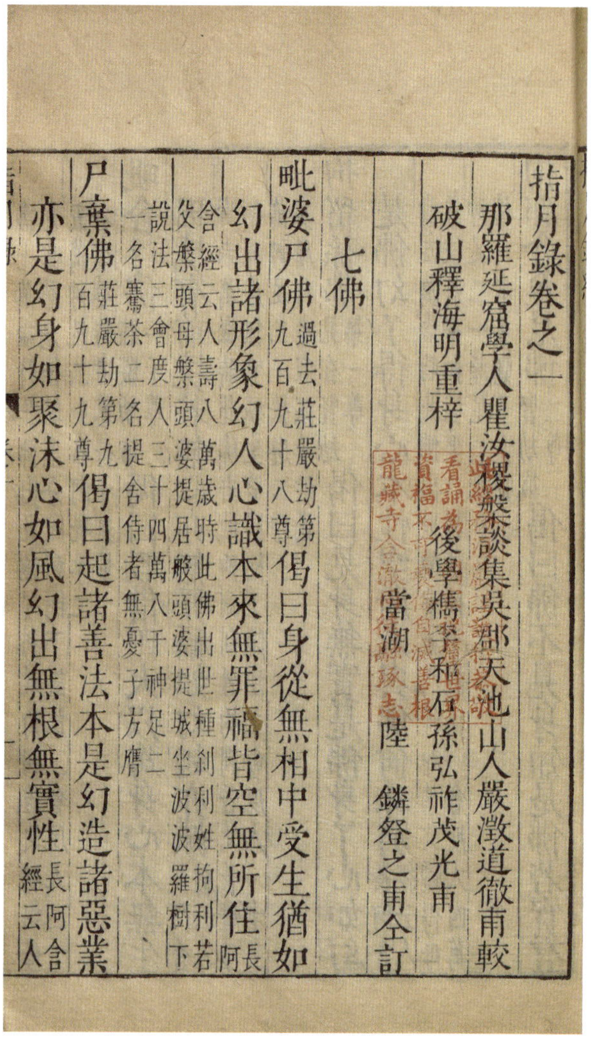
指月錄卷之一
那羅延窟學人瞿汝稷槃談集　吳郡天池山人嚴澂道徹甫較
破山釋海明重梓　後學嶲李和石孫弘祚茂光甫　當湖陸鏻登之甫仝訂
七佛
毗婆尸佛過去莊嚴劫第九百九十八尊偈曰身從無相中受生猶如幻出諸形象幻人心識本來無罪福皆空無所住長阿含經云人壽八萬歲時此佛出世種刹利姓拘利若父槃頭母槃頭婆提居槃頭婆提城坐波波羅樹下說法三會度人三十四萬八千神足二名騫茶二名提舍侍者無憂子方膺
尸棄佛莊嚴劫第九百九十九尊偈曰起諸善法本是幻造諸惡業亦是幻身如聚沫心如風幻出無根無實性長阿含經云人

径山藏

明万历十七年至清康熙年间（1589—1722）五台山、嘉兴、径山等地刻本

《径山藏》为明万历间高僧紫柏大师与憨山大师等倡缘募刻的私版大藏经，因其主要雕版及藏版地在余杭径山而得名。全书分“正藏”“续藏”“又续藏”三个部分，包括首函6卷，为刻藏缘起、三藏圣教目录和画；正藏211函1665种7829卷，续藏90函252种1820卷，又续藏43函217种1195卷。装帧改《大藏》梵夹为方册（线装），是佛典装帧史上一大变革，并由学者严格校刊，便于流通且正确度高，在历代大藏经中占有重要地位。

萬曆甲申元旦五臺居士陸光祖書
於潤州道中

刻大藏緣起

世尊説法如大海水相似其在此方者海
中一滴耳而金函玉軸已踰五千餘卷
益以宗家機緣諸錄講下䟽鈔等文幾
及七千卷自此方衆生心量計之已不
勝汗牛充棟之嘆而況印土龍宮所有
可令見耶此方藏經自東漢迄趙宋千
有餘年而傳譯稍備時未有板刻俱繕

《径山藏·刻大藏缘起》

德格版《大藏经》

《大藏经》是按照一定编纂原则与体例组织起来的佛教典籍的总汇，其内容并不局限于佛教，还涉及哲学、历史、语言、文学、艺术、天文、地理、历算、医学、建筑、绘画、科技、民族、社会、中外关系等诸多领域，是中华民族传统文化的重要载体。

藏文《大藏经》由《甘珠尔》《丹珠尔》两部分组成。明代以前主要以手抄本形式流传，明永乐年间开始雕版印刷，有德格版、北京版、纳塘版、卓尼版、拉萨版等多种印本及众多抄本。德格版本较其他版本有清晰、准确、完整等特点。

四川甘孜藏族自治州德格印经院是由德格第42代土司却吉旦巴泽仁兴建于1729年，最盛时期的德格印经院刻工据载有1300多人，刀功精细雄健，文字准确清晰，目前藏印版30万余片。

德格印经院

德格印经院经版

德格印经院经文

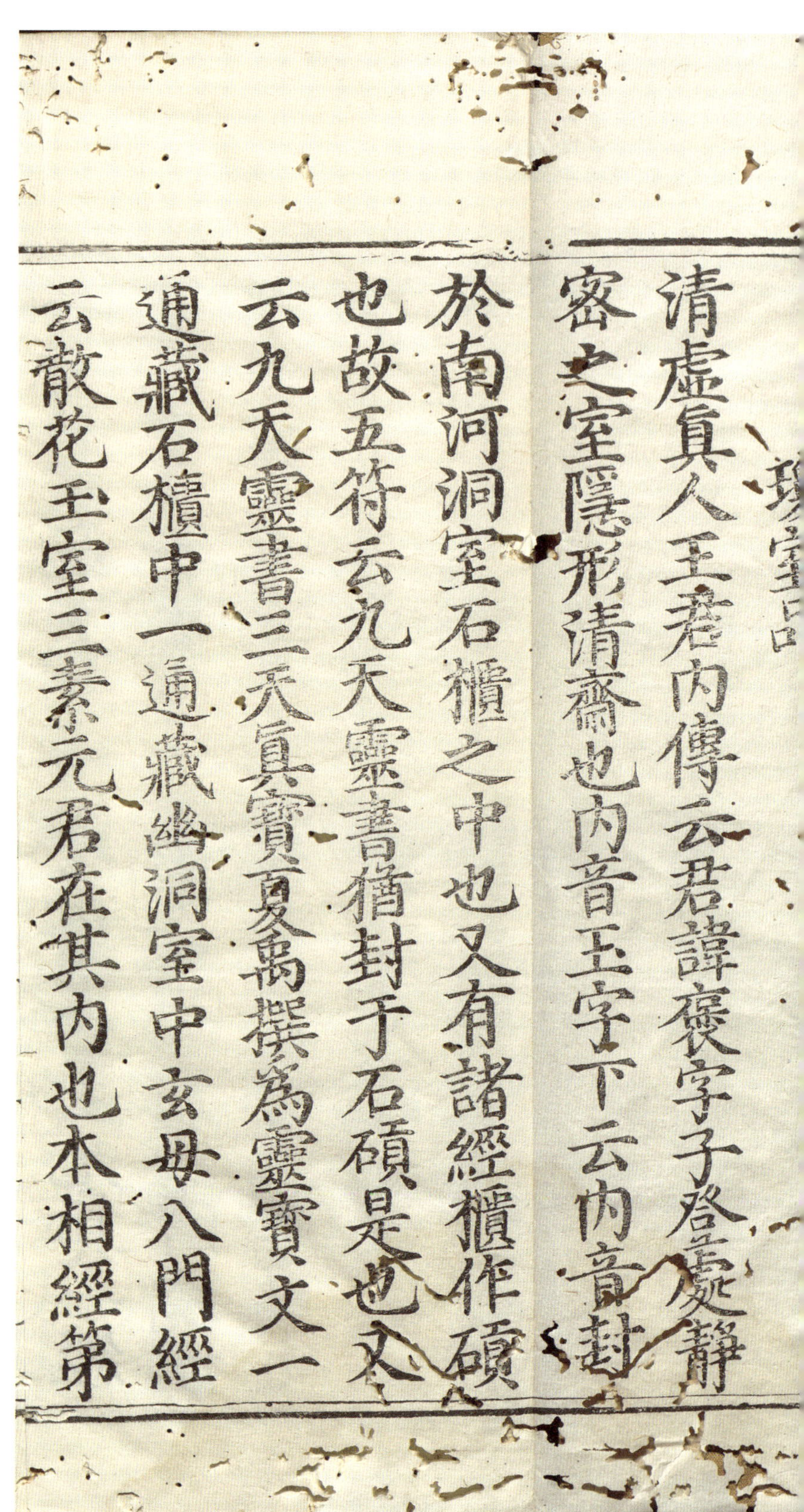
清虛眞人王君内傳云君諱褒字子登處靜
密之室隱形清齋也内音王字下云内音封
於南河洞室石櫃之中也又有諸經櫃作碩
也故五符云九天靈書循封于石碩是也又
云九天靈書三天眞寶夏爲撰爲靈寶文一
通藏石櫃中一通藏幽洞室中玄母八門經
云散花玉室三素元君在其内也本相經第

道藏五千三百五卷

（明）张宇初等编　明正统十年（1445）内府刻万历二十六年（1598）印本　**经首护敕一卷**　明万历二十七年（1599）内府写本

书成于明代，保存了宋金元时期所刊《道藏》的残存部分，并有所增加，是系统完整、存世较早的版本，极为珍贵。

云玉晨大道君解襟帶於玉映之室也大洞
王訣云三元君入流逸之室也大洞經下云
玄雲羽室黄老元君經封在其中也本相經
云天尊於赤明國中朱陽之室説大洞眞經
漢武帝内傳曰方丈之阜爲理命之室也十
洲記云滄海島上有積石室多石象八石䏈
石桂英也又有紫石宫室九老仙都治處也
眞誥云衡山張禮正治明期二人學道乘虚
昇天今在方諸飆室爲上仙五老寶經曰聲
馳於五老之室神皋於三清之上大洞玉經

姑十一　二

上清道類事相卷之四　姑十二

大唐陸海羽客王懸河修

四川扼汉藏交汇之要冲，山川雄秀，物阜民丰，尤称衣冠文物之薮。战国李冰修造都江堰，使成都平原旱涝无虞，享『天府』之称。西汉文翁治蜀，则使其开教化之先，有风雅之谓。两汉以降，蜀地社会安定，受战争影响较少，社会经济得到迅速发展，其文教也随之昌隆，人才也随之鼎盛。四川籍的学界巨擘郭沫若有诗云：『文翁治蜀文教敷，爰产扬雄与相如。诗人从此蜀中多，唐有李白宋有苏。』其文献、文物资源尤其丰富。

第三單元

自古文人多入蜀

方志资政

唐韩愈有诗:“愿借图经将入界,每逢佳处便开看。”图经是方志的别称。方志是详细记载一地的地理、沿革、风俗、教育、物产、人物、名胜、古迹以及诗文、著作等的史志,不仅是有关自然科学的“博物之书”,而且是一地社会科学的“一方之全书”。在现代,地方志被誉为“地方百科全书”。方志分门别类,取材丰富,为研究历史,特别是地方史的重要参考资料,具有“存史、资治、教化”三大功能,是地方官员施政必备之书。

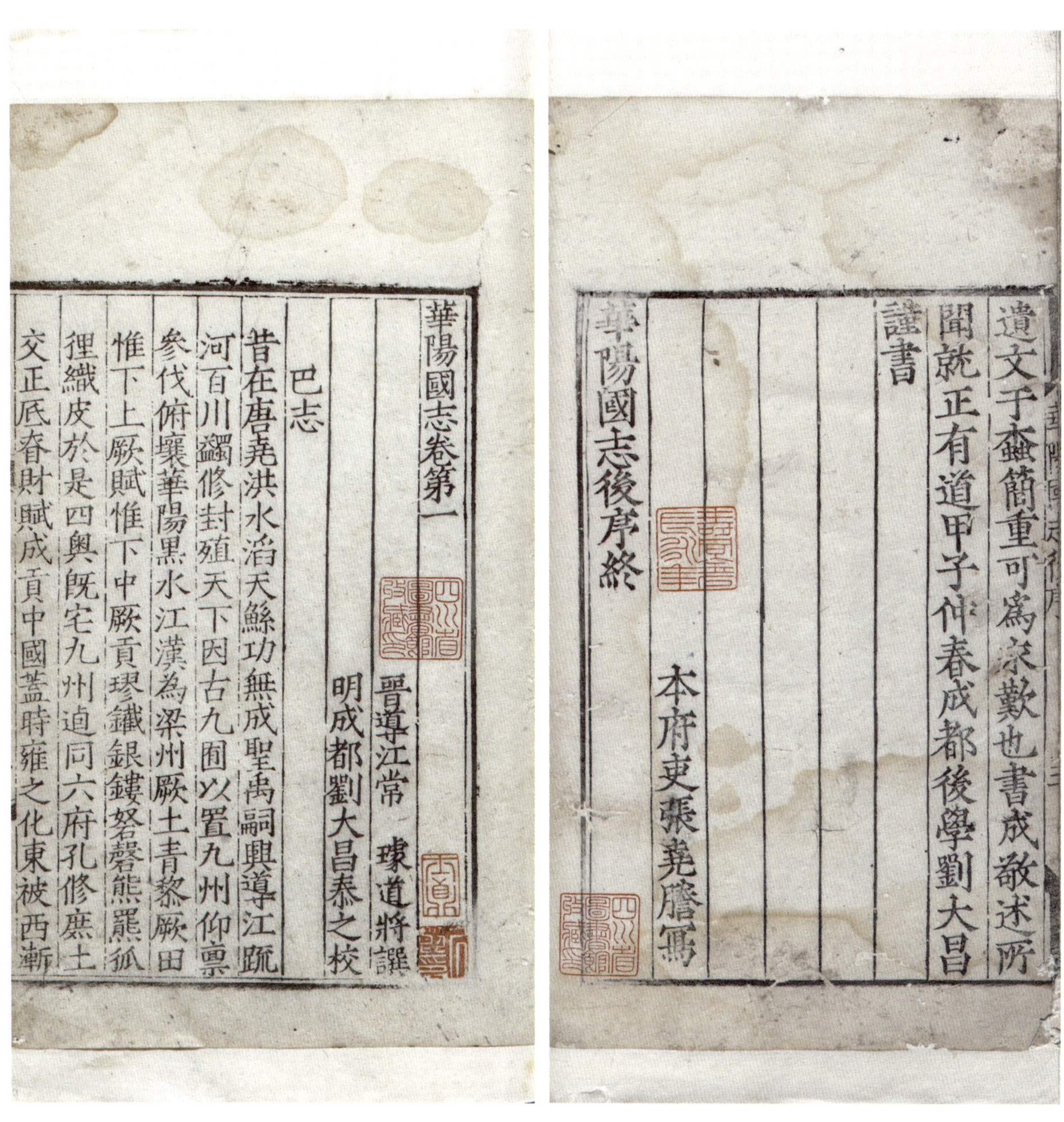

遺文于蠹簡重可爲永歎也書成敬述所
聞就正有道甲子仲春成都後學劉大昌
謹書

本府吏張堯膽寫

華陽國志後序終

華陽國志卷第一
晉導江常　璩道將譔
明成都劉大昌泰之校

巴志
昔在唐堯洪水滔天鯀功無成聖禹嗣興導江疏
河百川蠲修封殖天下因古九囿以置九州仰禀
參伐俯壤華陽黑水江漢為梁州厥土青黎厥田
惟下上厥賦惟下中厥貢璆鐵銀鏤砮磬熊羆狐
貍織皮於是四奥既宅九州攸同六府孔修庶土
交正厎慎財賦成貢中國蓋時雍之化東被西漸

华阳国志十二卷

（晋）常璩撰　明嘉靖四十三年（1564）杨经刻本

《华阳国志》是我国现存最早的一部地方志。书中记载了四世纪中叶以前西南地区的历史、地理、人物、风俗等诸多内容，保留了大量翔实可靠的资料，是研究古代西南地方史的重要典籍。《华阳国志》成书后，被《后汉书》《资治通鉴》等引用，影响广泛。

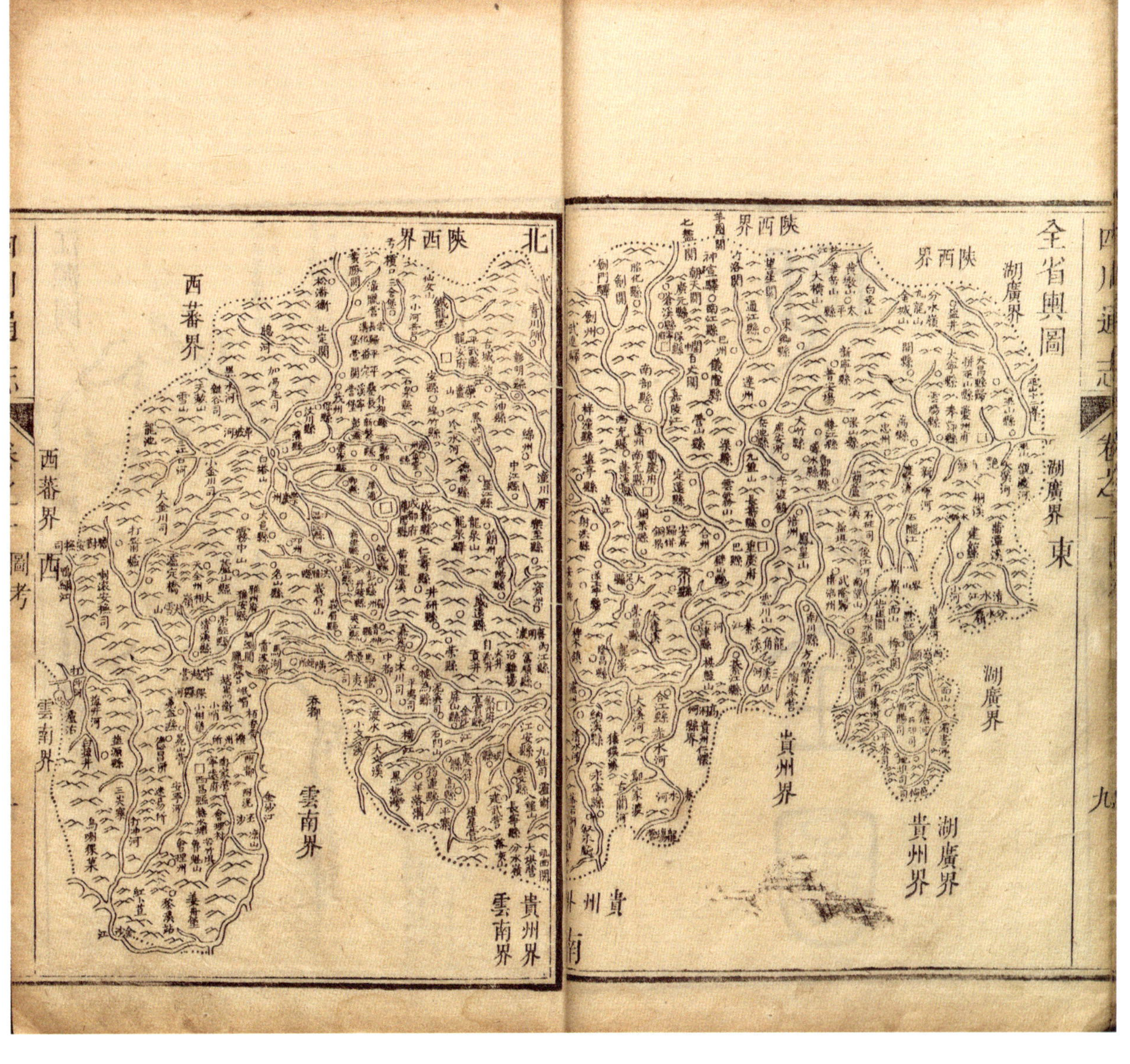

［雍正］四川通志四十七卷首一卷

（清）黄廷桂等修　清雍正十三年（1735）刻乾隆元年（1736）补刻本

本书为时任四川总督黄廷桂在清雍正七年（1729）奉敕主持修纂而成，全书共 47 卷，比旧志更加完备，内容翔实，体制得宜。鉴于明修《四川总志》谬误甚多，黄氏肆力搜讨，尽补其遗，校订其误。有关田赋、边防、土司、兵制的记述十分详备。本书尤重名宦人物，“于古今事迹，粲然陈列其中。如姜诗、李令伯之孝思，苌弘、巴蔓子之忠义，以暨节烈之风、友爱之雅，代不乏人”。

四川通志卷之一

圖考

河出圖洛出書聖人則之嗣是豳風禹貢及周書王會之篇類皆有圖圖固與書相爲叅考者也蜀爲梁州之域提封數千餘里山水甲天下以之繪圖足標奇勝矣不寧惟是凡星野之躔度疆域之險易城郭之大小與夫川塗陸道及東西南北之廣袤莫不粲然陳列則

聖天子九重端拱而邊疆要地一覽靡遺美哉金湯之

圖考

《四川通志》

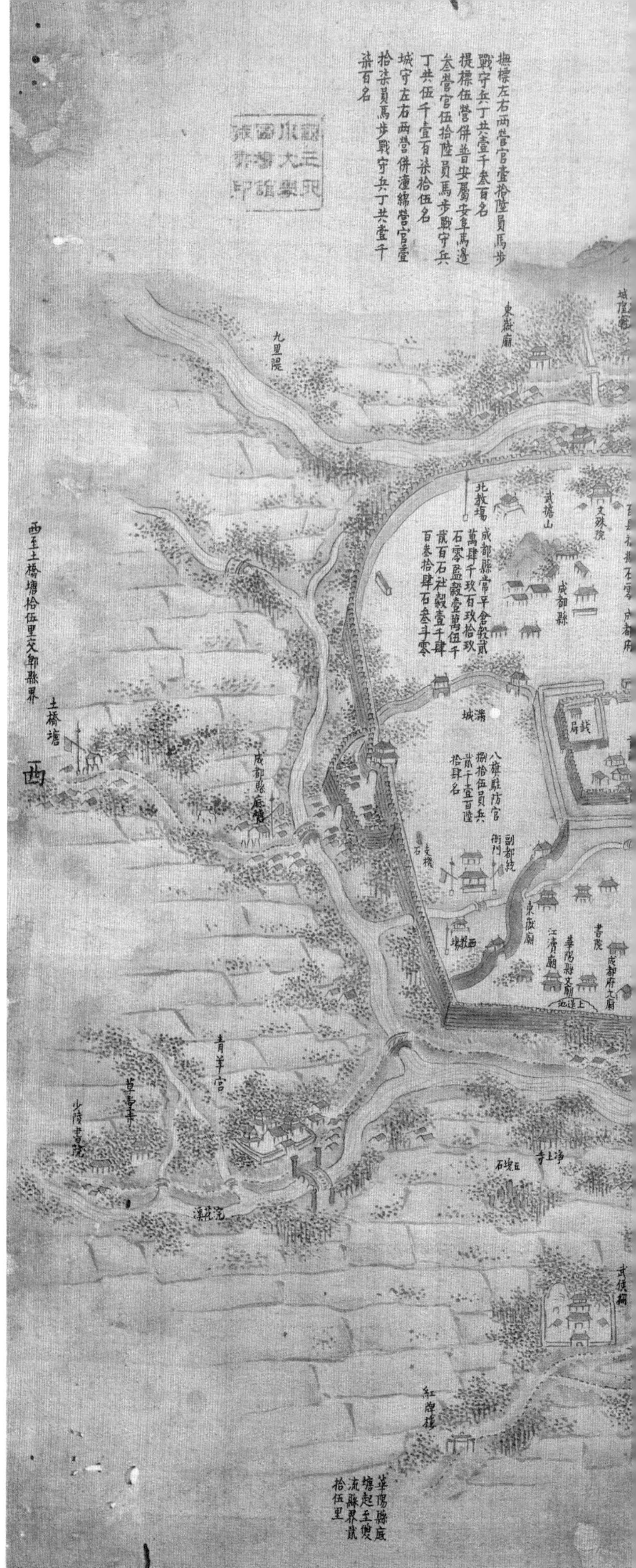

四川全图一百五十幅

（清）董邦达等绘　清乾隆彩绘本（原件藏四川大学图书馆）

本图是与军事相关的专题性质山水图，为工笔设色手绘绢本。全图共计150幅，图中绘制了山川形胜、道里、兵额、钱谷数目等，对研究四川自然、人文、军事等内容具有重要的史料价值。

四川成都府
附郭 成都縣 華陽縣
北
東
南
貳塘共叁拾里交新都縣界
天迴鎮塘
昭覺寺
華陽縣城隍廟
玉皇觀
東教場
惜字宮
普濟堂
大藥局
天涯石
鹽道衙門
藩司衙門
提督衙門
小鼓樓
武廟
城守營
府城隍廟
臬司衙門
學院衙門
巡撫衙門
火神廟
龍王廟
總督行署
延慶寺
川主廟
下蓮池
中蓮池
小教場
東嶽廟
水神祠
大慈寺
錦江
安順橋
九眼橋
萬年觀
南臺寺
文昌宮
先農壇
迎江場塘
中興場塘
沙河舖塘
紅門舖塘
大面舖塘
叁塘共叁拾伍里交簡州界
菩薩岩塘
以上水塘陸處共捌拾里交彭山縣界

出师一表真名世

诸葛亮（181—234），字孔明，号卧龙，三国时期蜀汉丞相，政治家、军事家、散文家。诸葛亮是中国传统文化中忠臣与智者的代表人物，“鞠躬尽瘁，死而后已”是其一生的写照。代表作有《隆中对》《出师表》《诫子书》等。《出师表》是章表文体的代表作，史家素称其有典诰之遗风。南朝梁刘勰《文心雕龙》评论说：“至于文举之荐祢衡，气扬采飞；孔明之辞后主，志尽文畅。虽华实异旨，并表之英也。”

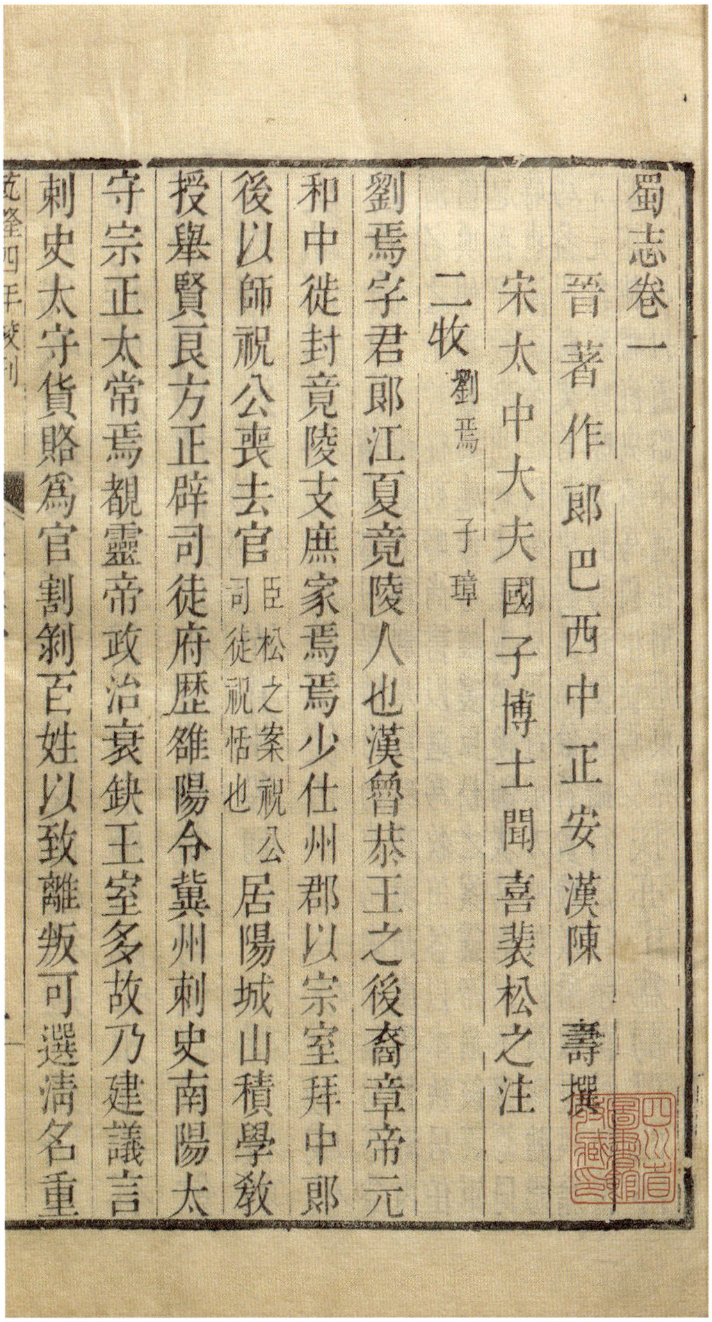

蜀志卷一

晉著作郎巴西中正安漢陳　壽撰

宋太中大夫國子博士聞喜裴松之注

二牧 劉焉 子璋

劉焉字君郎江夏竟陵人也漢魯恭王之後裔章帝元和中徙封竟陵支庶家焉焉少仕州郡以宗室拜中郎後以師祝公喪去官臣松之案祝公司徒祝恬也居陽城山積學教授舉賢良方正辟司徒府歷雒陽令冀州刺史南陽太守宗正太常焉覩靈帝政治衰缺王室多故乃建議言刺史太守貨賂爲官割剝百姓以致離叛可選清名重

乾隆四年校刊

三国志六十五卷附考证

（晋）陈寿撰　（南朝宋）裴松之注　清乾隆四年（1739）武英殿刻本

《出师表》出自《三国志·蜀志》，通篇凝聚了诸葛亮忠贞体国、励精图治、自强不息的精神，展现了他北定中原、谋求统一的坚定信念，言出肺腑、情真意切、发人深省、感人至深，受到后世的百般推崇。

尊號其羣臣以並尊二帝來告議者咸以爲交之無益而名體弗順宜顯明正義絕其盟好亮曰權有僭逆之心久矣國家所以畧其釁情者求掎角之援也今若加顯絕讎我必深便當移兵東戍與之角力須併其土乃議中原彼賢才尚多將相緝穆未可一朝定也頓兵相持坐而須老使北賊得計非算之上者昔孝文卑辭匈奴先帝優與吳盟皆應權通變弘思遠益非匹夫之爲分者也今議者咸以權利在鼎足不能併力且志望以滿無上進之情推此皆似是而非也何者其智力不侔故限江自保權之不能越江猶魏賊之不能渡漢非力有餘而利不取也若大軍致討彼上當分裂其地以爲後規下當畧民廣境示武於內非端坐者也若就其不動而睦於我我之北伐無東顧之憂河南之衆不得盡西此之爲利亦已深矣權僭之罪未宜明也乃遣衞尉陳震慶權正號

九年亮復出祁山以木牛運漢晉春秋曰亮圍祁山招鮮卑軻比能比能等至故北地石城以應亮於是魏大司馬曹眞有疾司馬宣王自荊州入朝魏明帝曰西方事重非君莫可付者乃使西屯長安督張郃費曜戴陵郭淮等宣王使曜陵留精兵四千守上邽餘衆悉出西救祁山郃

《三国志·蜀志·诸葛亮传》："鞠躬尽力，死而后已。"

將成也然後吳更違盟關羽毀敗秭歸蹉跌曹丕稱帝凡事如是難可逆見臣鞠躬盡力死而後已至於成敗利鈍非臣之明所能逆覩也於是有散關之役此表亮集所無出張儼默記

冬亮復出散關圍陳倉曹眞拒之亮糧盡而還魏將王雙率騎追亮亮與戰破之斬雙七年亮遣陳式攻武都陰平魏雍州刺史郭淮率衆欲擊式亮自出至建威淮退還遂平二郡詔策亮曰街亭之役咎由馬謖而君引愆深自貶抑重違君意聽順所守前年燿師馘斬王雙今歲爰征郭淮遁走降集氐羌興復二郡威震凶暴功勳顯然方今天下騷擾元惡未梟君受大任幹國之重而久自挹損非所以光揚洪烈矣今復君丞相君其勿辭漢晉春秋曰是歲孫權稱尊號

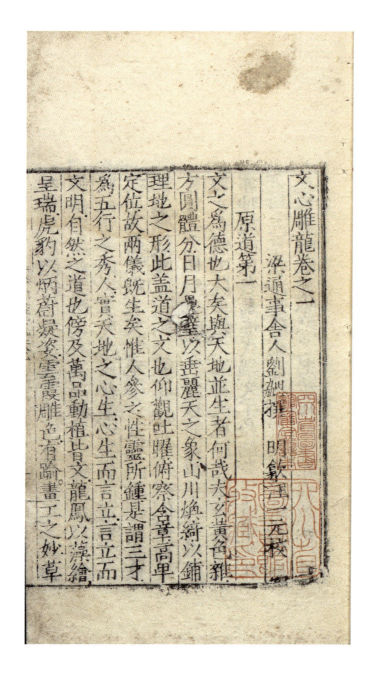

文心雕龍卷之一
梁通事舍人劉勰撰　明歙汪一元校
原道第一
文之爲德也大矣與天地並生者何哉夫玄黄色雜方圓體分日月疊璧以垂麗天之象山川煥綺以鋪理地之形此蓋道之文也仰觀吐曜俯察含章高卑定位故兩儀既生矣惟人參之性靈所鍾是謂三才爲五行之秀人實天地之心生心生而言立言立而文明自然之道也傍及萬品動植皆文龍鳳以藻繪呈瑞虎豹以炳蔚凝姿雲霞雕色有踰畫工之妙草

文心雕龙十卷

（南朝梁）刘勰撰　明嘉靖十九年（1540）汪一元刻本

《文心雕龙》一书流传很广，版本甚多。明刊本的《文心雕龙》有二十多种，此汪一元刻本为明刊本中较早版本，从其文字阙脱的情况来看，其底本应从元本而来。

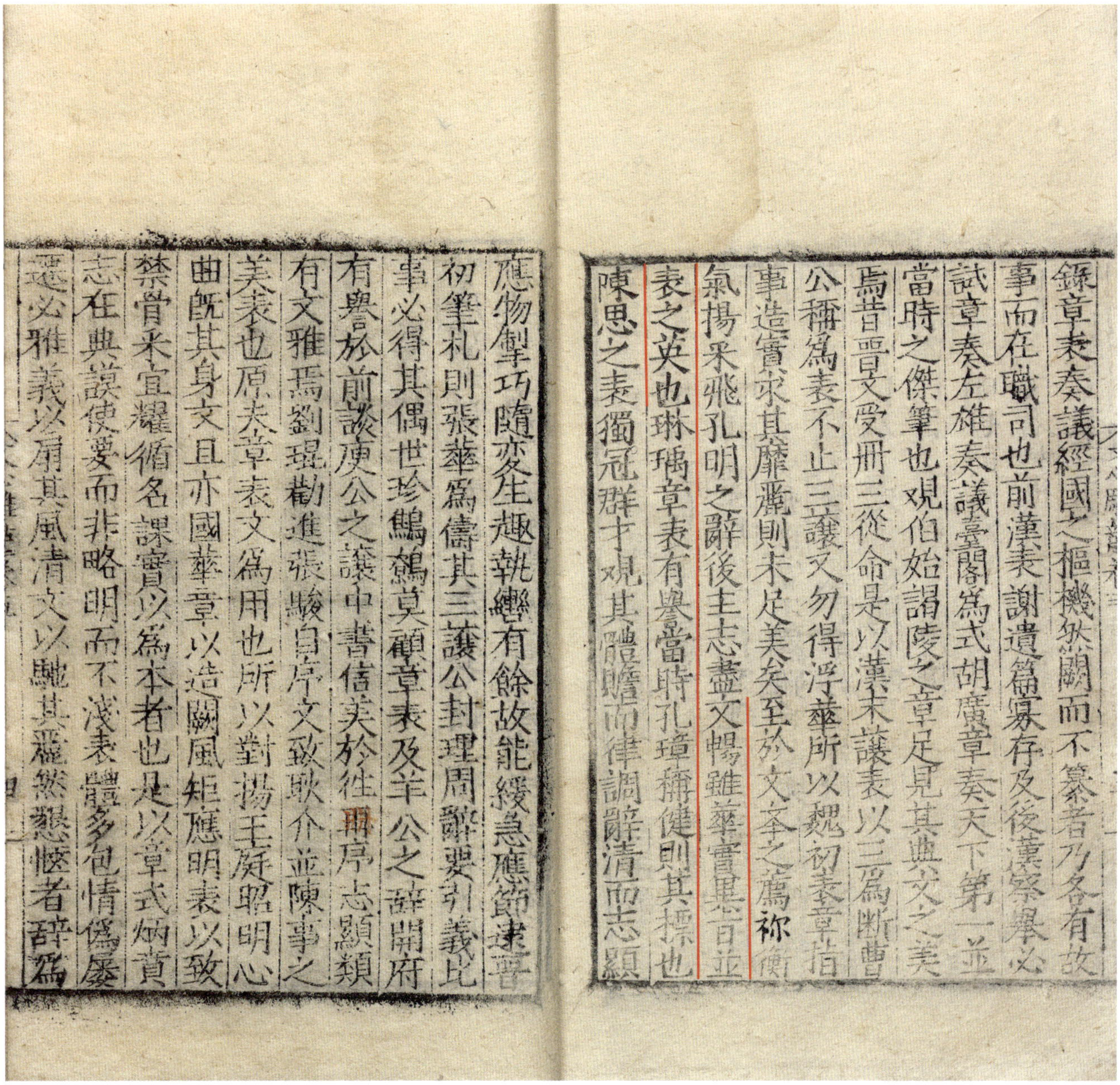

錄章表奏議經國之樞機然闕而不纂者乃各有故
事而在職司也前漢表謝遺篇寡存及後漢察舉必
試章奏左雄奏議臺閣爲式胡廣章奏天下第一並
當時之傑筆也觀伯始謁陵之章足見其典文之美
焉昔晉文受冊三從命是以漢末讓表以三爲斷曹
公稱爲表不止三讓又勿得浮華所以魏初表章指
事造實求其靡麗則未足美矣至於文舉之薦禰衡
氣揚采飛孔明之辭後主志盡文暢雖華實異旨並
表之英也琳瑀章表有譽當時孔璋稱健則其標也
陳思之表獨冠群才觀其體贍而律調辭清而志顯

應物製巧隨變生趣執轡有餘故能緩急應節矣晉
初筆札則張華爲儁其三讓公封理周辭要引義比
事必得其偶世珍鷦鷯莫顧章表及羊公之辭開府
有譽於前談庾公之讓中書信美於往載序志顯類
有文雅焉劉琨勸進張駿自序文致耿介並陳事之
美表也原夫章表之爲用也所以對揚王庭昭明心
曲既其身文且亦國華章以造闕風矩應明表以致
禁骨采宜耀循名課實以爲本者也是以章式炳賁
志在典謨使要而非略明而不淺表體多包情僞屢
遷必雅義以扇其風清文以馳其麗然懇惻者辭爲

《文心雕龙·章表》："至于文举之荐祢衡，气扬采飞；孔明之辞后主，志尽文畅。虽华实异旨，并表之英也。"

《文选》烂 秀才半

《文选》亦称《昭明文选》，是我国现存最早的诗文总集，共收录先秦以迄南朝齐梁八代 130 多位作家的 700 多篇作品，反映了先秦至南朝梁初各种文体发展的脉络。书中收录的名篇有《上林赋》《蜀都赋》等。《上林赋》是汉蜀郡成都人司马相如的代表作，是汉赋中具有开拓意义和典范作用的楷模，代表了汉代新体赋的最高成就。另一位汉蜀郡成都人扬雄与司马相如齐名，代表作有《蜀都赋》《甘泉赋》等。唐宋科举，加试诗赋，唐代有"《文选》学"之号，宋人有"《文选》烂，秀才半"之语，《文选》的影响达到巅峰。

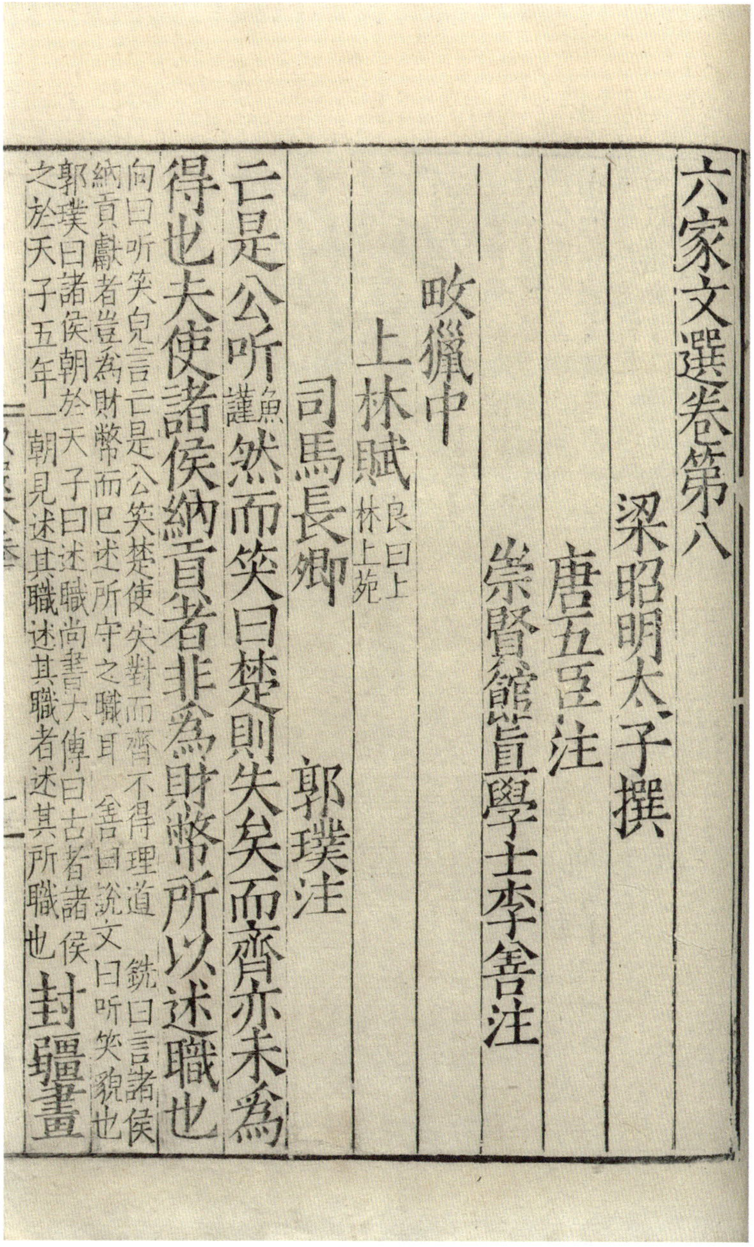

六家文选六十卷

（南朝梁）萧统辑 （唐）李善 （唐）吕延济 （唐）刘良 （唐）张铣 （唐）吕向（唐）李周翰注 明刻本

《六家文选》是唐显庆三年（658）进呈的李善注本和开元六年（718）吕延祚进呈的五臣（吕延济、刘良、张铣、吕向、李周翰）注本合刊，分赋、诗、骚、文等38类。注中极多阐幽发微之处，准确精当，体例严谨，是最有代表性且流传最久的注本。

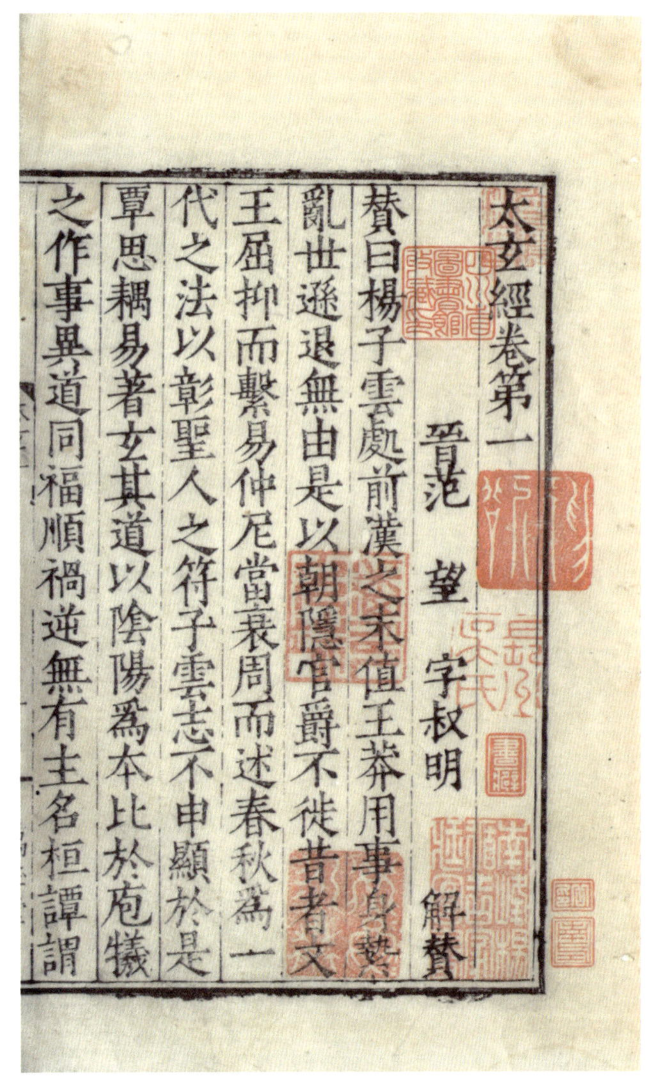

太玄經卷第一

晉范　望　字叔明　解贊

贊曰楊子雲處前漢之末值王莽用事身埶
亂世遜退無由是以朝隱官爵不徙昔者文
王屈抑而繫易仲尼當衰周而述春秋爲一
代之法以彰聖人之符子雲志不申顯於是
覃思耦易著玄其道以陰陽爲本比於庖犧
之作事異道同福順禍逆無有主名桓譚謂

太玄经十卷

（汉）扬雄撰　（晋）范望解赟　**说玄一卷**　（唐）王涯撰　**释文一卷**　明嘉靖孙沐万玉堂刻本

扬雄（前53—18），字子云，蜀郡成都（今四川成都）人。西汉文学家、哲学家。《太玄经》是扬雄一生花费精力最多的著作之一，也是研究古代哲学认识论及秦汉哲学思想的重要资料。是书提出“玄”为解释天地万物的总原则，如《老子道德经》之“道”、《周易》之“易”。主张“道有因有循，有革有化”，承认事物的互相转化，用三分法将事物变化纳入以“九”为基础的格式，具有辩证法思想。

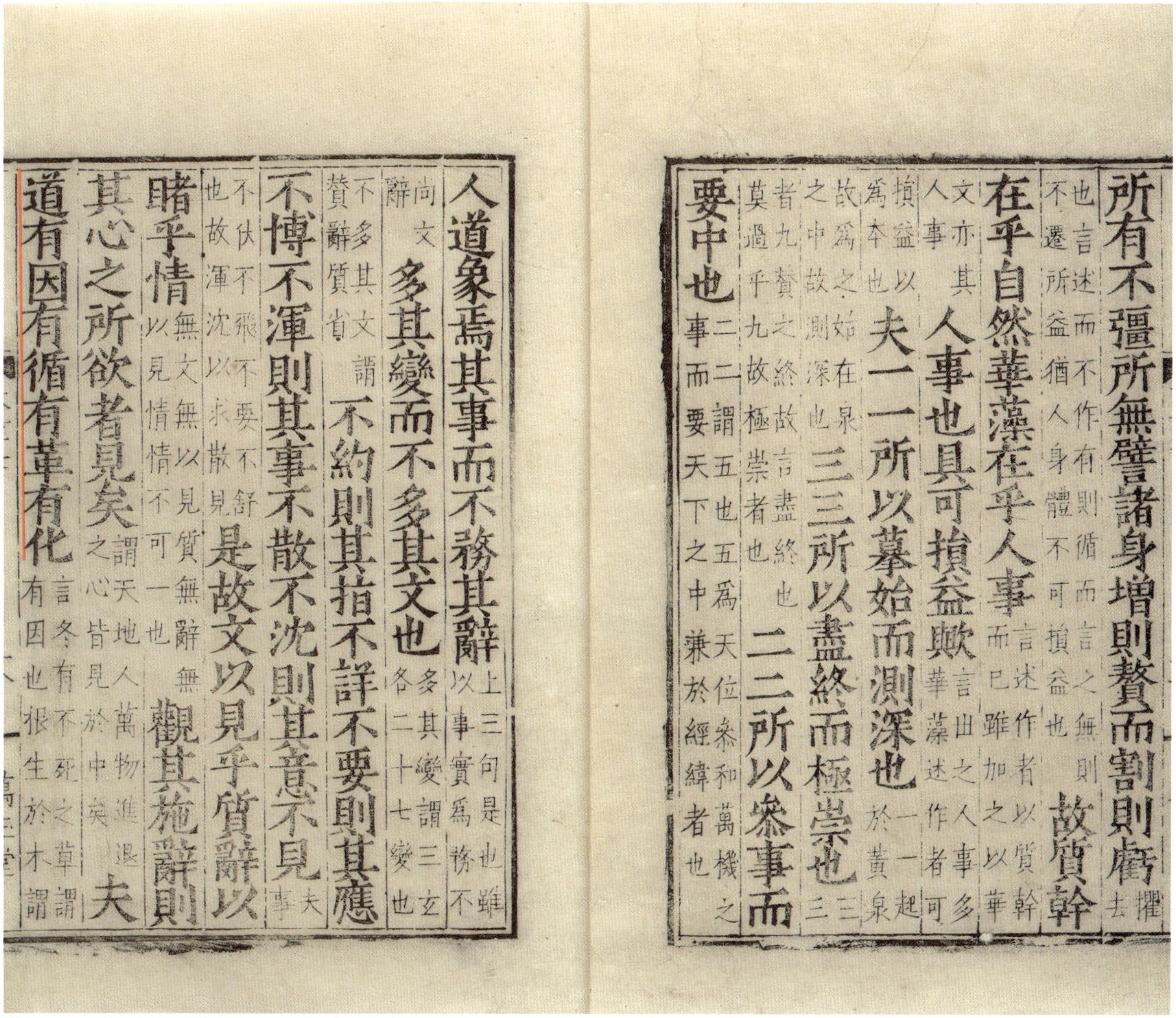

所有不彊所無讐諸身增則贅而割則虧擢去
也言述而不作有則循而言之無則不遷所益循人身體不可損益也故質幹
在乎自然華藻在乎人事言述作者以質幹而已雖加之以華
文亦其人事人事也具可損益歟言出之人事多華藻述作者可
損益以爲本也夫一一所以摹始而測深也一一起於黃泉
故爲之始在泉之中故測深也三三所以盡終而極崇也三三
者九贊之終故言盡終也莫過乎九故極崇者也二三所以絫事而
要中也二二謂五也五爲天位絫和萬機之事而要天下之中兼於經緯者也

人道象焉其事而不務其辭上三句是也雖以事實爲務不
尚文辭多其變而不多其文也多其變謂三玄各二十七變也
不多其文謂贊辭質省不約則其指不詳不要則其應
不博不渾則其事不散不沈則其意不見夫事
不伏不飛不要不舒也故渾沈以求散見是故文以見乎質辭以
睹乎情無文無以見質無辭無以見情情不可一也觀其施辭則
其心之所欲者見矣謂天地人萬物進退之心皆見於中矣夫
道有因有循有革有化言冬有不死之草謂有因也根生於木謂

《太玄经·玄莹》:“道有因有循，有革有化。”

『诗仙』李白

李白（701—762），字太白，号青莲居士，又号谪仙人，祖籍甘肃天水。唐代伟大的浪漫主义诗人，世称“诗仙”，与杜甫合称“李杜”。李白喜交友，爱饮酒作诗。其诗作结构跌宕开阖，寓含世事万变，雄奇飘逸，恣肆豪放，善于借助夸张手法描绘充满神异色彩的理想世界，具有独特魅力。杜甫盛赞其诗：“笔落惊风雨，诗成泣鬼神。”李白存世诗文千余篇，有《李太白集》传世，代表作有《望庐山瀑布》《静夜思》《将进酒》《蜀道难》等。

君不见黄河之水天上来，
奔流到海不复回。
君不见高堂明镜悲白发，
朝如青丝暮成雪。
人生得意须尽欢，
莫使金樽空对月。
天生我材必有用，
千金散尽还复来。

——李白《将进酒》节选

尖厥戰後漢書注葱嶺山名其山生葱故名
士贇曰唐書王忠嗣傳天寶元年北討奚契丹戰桑乾河三遇三克李嗣業傳初討勃律逼道葱嶺洗兵條支海上
波放馬天山雪中草士贇曰漢書條支國臨西海祈連山即天山也
匈奴呼天為祁連萬里長征戰三軍盡衰老匈奴以
殺戮為耕作古來唯見白骨黃沙田秦家築
城避胡處漢家還有烽火然烽火然不息征
戰無已時齊賢曰邊方作上臺臺上作枯槔頭上有以薪草置其中有寇即然火舉之以相烽火多積薪寇予則燔之望其煙曰燧燔燧夜則舉烽
廣雅曰羌苓籠也野戰格鬬死敗馬號鳴向天悲烏
鳶啄人腸銜飛上掛枯樹枝士卒塗草莽將
軍空爾為乃知兵者是凶器聖人不得已而
用之士贇曰開元天寶中上好邊功征伐無時此詩蓋有所諷者也
將進酒士贇曰將進酒者漢短鐃歌二十二曲之一也太白填之以伸己之意耳
君不見黃河之水天上來奔流倒海不復迴
士贇曰山海經河源出崑崙之上君不見高堂明鏡悲白髮

朝如青絲暮成雪人生得意須盡歡莫使金
樽空對月天生我材必有用千金散盡還復
來烹羊宰牛且為樂會須一飲三百杯岑夫
子丹丘生進酒君莫停與君歌一曲請君為
我側耳聽齊賢曰杜工部詩多與岑參唱和岑夫子必此人也丹丘生即元丹丘
鐘鼓饌玉不足貴但願長醉不願醒古來
聖賢皆寂寞惟有飲者留其名陳王昔時宴
平樂斗酒十千恣讙謔主人何為言少錢徑
須沽取對君酌齊賢曰曹子建封陳王為都篇曰歸來宴平樂美酒斗十千平樂觀名五花馬千金裘呼兒將出換美酒與
爾同銷萬古愁齊賢曰史記孟嘗君有一狐白裘直千金士贇曰五花馬言其毛色也如九花二花之類此篇雖似任達放浪然太白素抱用世之才而不遇合亦自慰解之詞耳
行行且遊獵篇士贇曰行行且遊獵即征戍十五曲中之枝獵曲也
邊城兒生年不讀一字書但將遊獵誇輕趫

《分类补注李太白诗·将进酒》

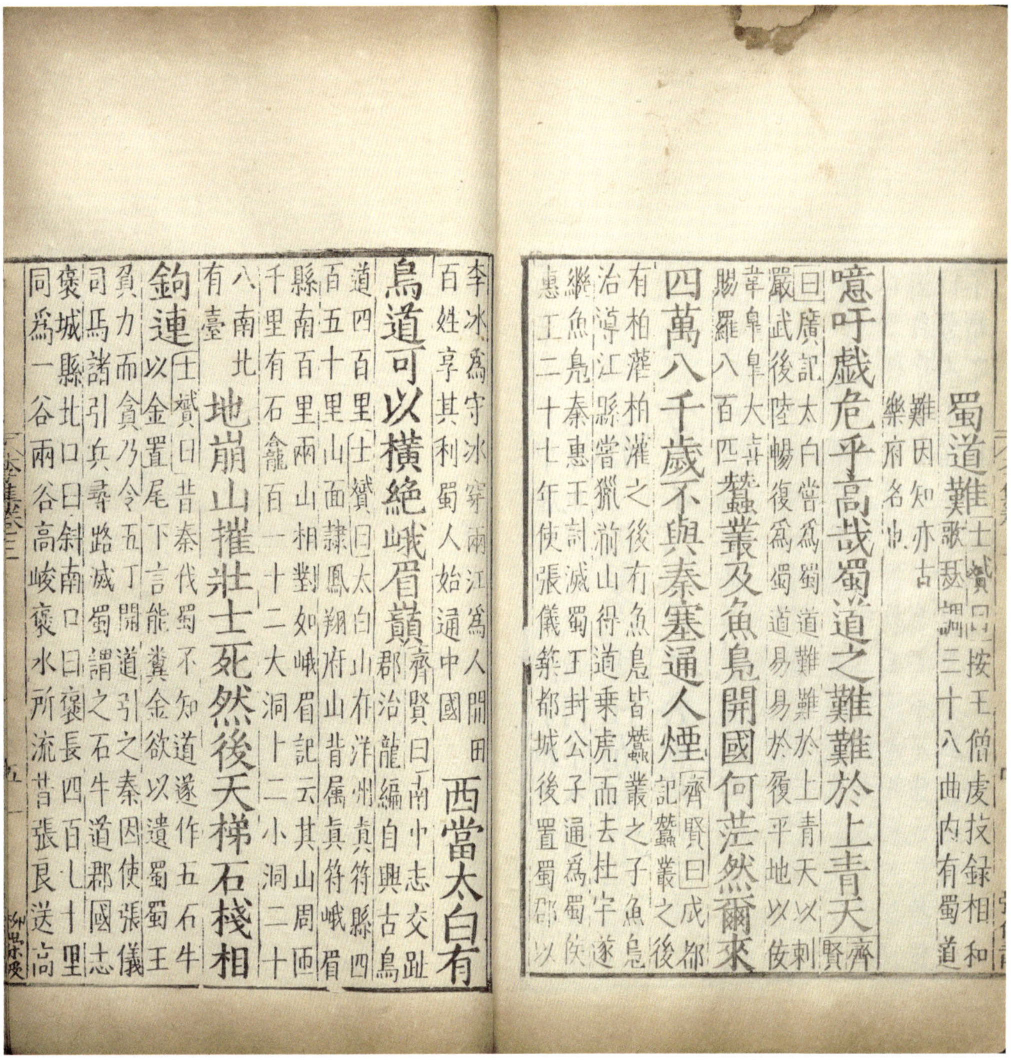
蜀道難士贇曰按王僧虔技録相和歌瑟調三十八曲內有蜀道難因知亦古樂府名也
噫吁戲危乎高哉蜀道之難難於上青天齊賢曰廣記太白嘗爲蜀道難難於上青天以刺嚴武後陸暢復爲蜀道易易於履平地以佞韋皋皋大喜賜羅八百匹蠶叢及魚鳧開國何茫然爾來四萬八千歲不與秦塞通人煙齊賢曰成都記蠶叢之後有柏灌柏灌之後有魚鳧皆蠶叢之子魚鳧治湔江縣嘗獵湔山得道乘虎而去杜宇遂繼魚鳧秦惠王討滅蜀王封公子通爲蜀侯惠王二十七年使張儀築都城後置蜀郡以李冰爲守冰穿兩江爲人開田百姓享其利蜀人始通中國西當太白有鳥道可以橫絕峨眉巔齊賢曰南中志交趾郡治龍編自興古鳥道四百里士贇曰太白山在洋州真符縣四百五十里山面隸鳳翔府山昔屬真符峨眉縣南百里兩山相對如峨眉記云其山周匝千里有石龕百一十二大洞十二小洞二十八南北有臺地崩山摧壯士死然後天梯石棧相鉤連士贇曰昔秦代蜀不知道遂作五石牛以金置尾下言能糞金欲以遺蜀蜀王負力而貪乃令五丁開道引之秦因使張儀司馬諸引兵尋路滅蜀謂之石牛道郡國志褒城縣北口曰斜南口曰褒長四百七十里同爲一谷兩谷高峻褒水所流昔張良送高

《分类补注李太白诗·蜀道难》

分类补注李太白诗二十五卷

（唐）李白撰 （宋）杨齐贤集注 （元）萧士赟补注 **分类编次李太白文五卷** （唐）李白撰 明嘉靖二十二年（1543）郭云鹏宝善堂刻本

李白诗歌至今尚存近千首，内容丰富多彩，有对人民生活的关心和同情、对自然风景的描绘、对爱情和友谊的歌咏等，诗人运用夸张的手法、生动的比喻和想象来表现热烈奔放的思想感情，体现出一种自然、自由和率真之美。

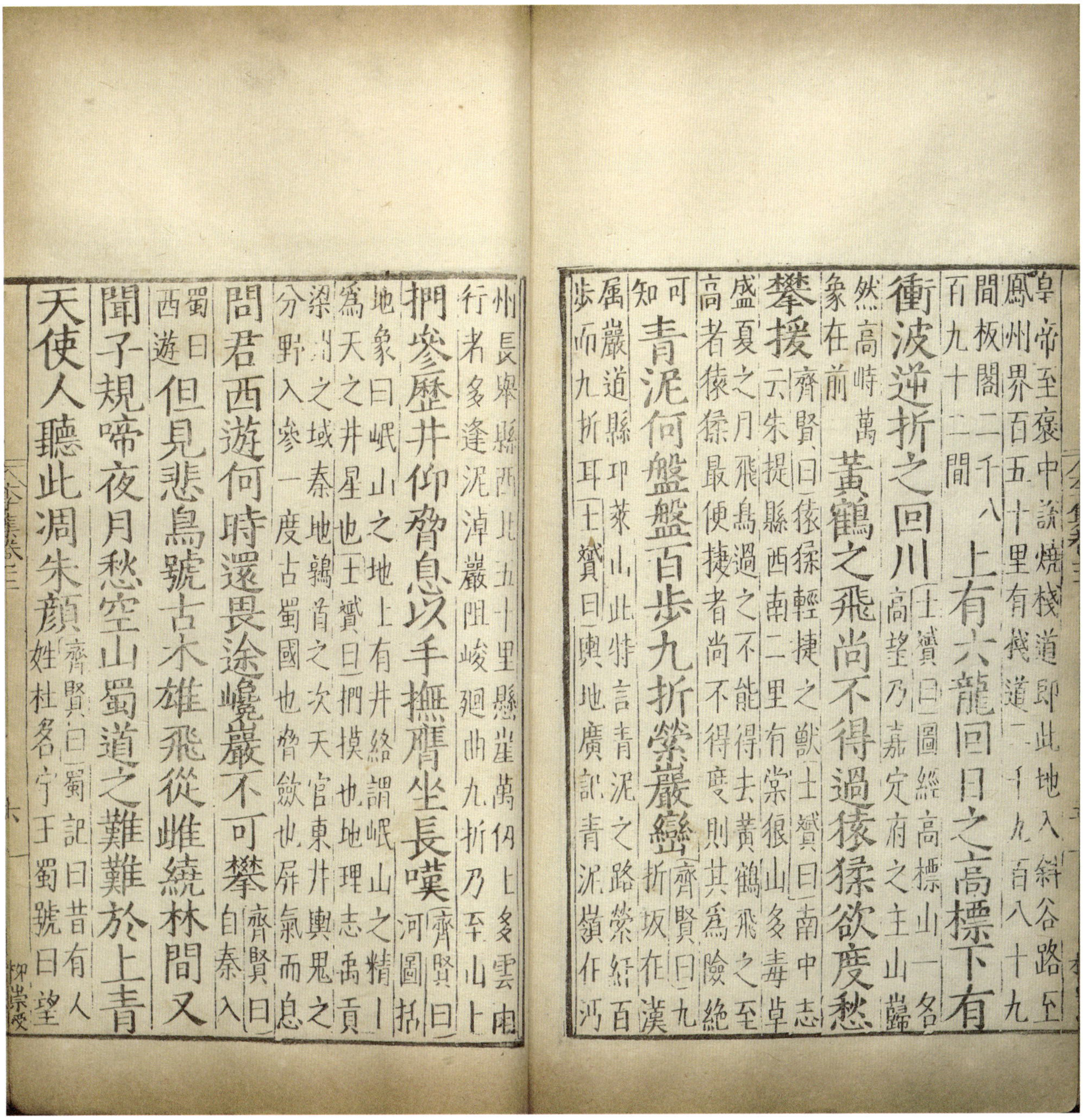

皇帝至褒中謂燒棧道即此地入斜谷路至
鳳州界百五十里有棧道二千九百八十九
間板閣二千八
百九十二間 上有六龍回日之高標下有
衝波逆折之回川【士贇曰】圖經高標山一名
高望乃嘉定府之主山巋
然高峙萬
象在前 黃鶴之飛尚不得過猨猱欲度愁
攀援【齊賢曰】猨猱輕捷之獸【士贇曰】南中志
云朱提縣西南二里有堂狼山多毒草
盛夏之月飛鳥過之不能得去黃鶴飛之至
高者猨猱最便捷者尚不得度則其爲險絕
可
知 青泥何盤盤百步九折縈巖巒【齊賢曰】九
折坂在漢
屬巖道縣卭郲山此特言青泥之路縈紆百
步而九折耳【士贇曰】輿地廣記青泥嶺在河

州長舉縣西北五十里懸崖萬仞上多雲雨
行者多逢泥淖巖阻峻迴曲九折乃至山上
捫參歷井仰脅息以手撫膺坐長嘆【齊賢曰】河圖括
地象曰岷山之地上有井絡謂岷山之精上
爲天之井星也【士贇曰】捫摸也地理志禹貢
梁州之域秦地鶉首之次天官東井輿鬼之
分野入參一度古蜀國也脅斂也屏氣而息
問君西遊何時還畏途巉巖不可攀【齊賢曰】自秦入
蜀曰
西遊 但見悲鳥號古木雄飛從雌繞林間又
聞子規啼夜月愁空山蜀道之難難於上青
天使人聽此凋朱顏【齊賢曰】蜀記曰昔有人
姓杜名宇王蜀號曰望

《分类补注李太白诗·蜀道难》

『诗圣』杜甫

杜甫（712—770），字子美，自号少陵野老，祖籍襄阳（今湖北襄樊），后徙居河南巩县(今河南巩义)。因曾任检校工部员外郎，世称杜工部。唐代伟大的现实主义诗人，世称“诗圣”，其诗被誉为“诗史”。他的诗集称《杜工部集》。忧念时局，关心社稷，是杜甫爱国主义思想的突出表现。杜诗深刻反映了唐代社会矛盾，“朱门酒肉臭，路有冻死骨”揭露了社会贫富悬殊；“三吏”“三别”反映了战乱下的水深火热与人民疾苦；“安得广厦千万间，大庇天下寒士俱欢颜”则表现了诗人民胞物与、推己及人的崇高情操和博大胸怀。

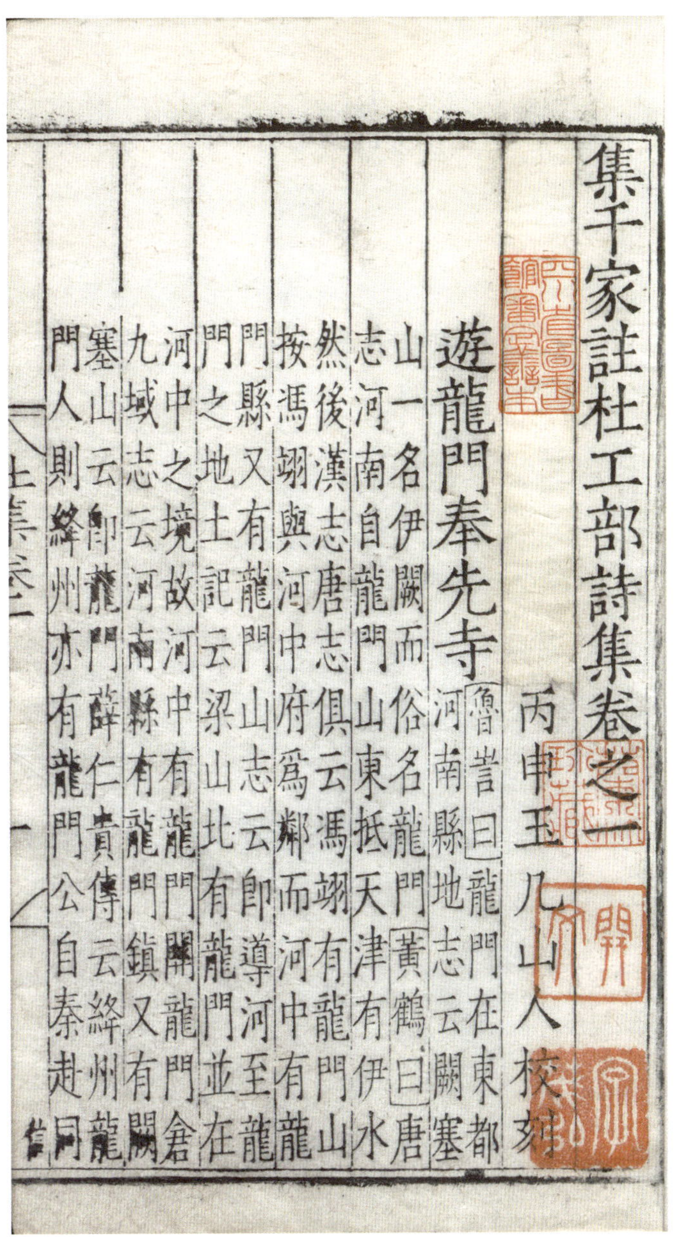

集千家註杜工部詩集卷之一

丙申玉几山人校刻

遊龍門奉先寺〔魯訔曰〕龍門在東都河南縣地志云闕塞山一名伊闕而俗名龍門〔黃鶴曰〕唐志河南自龍門山東抵天津有伊水然後漢志唐志俱云馮翊有龍門山按馮翊與河中府爲鄰而河中有龍門縣又有龍門山志云郎導河至龍門之地土記云梁山北有龍門並在河中之境故河中有龍門關龍門倉九域志云河南縣有龍門鎮又有闕塞山云即龍門薛仁貴傳云絳州龍門人則絳州亦有龍門公自秦赴同

杜集卷之一

集千家注杜工部诗集二十卷文集二卷

（唐）杜甫撰　（宋）黄鹤补注　**附录一卷**　明嘉靖十五年（1536）玉几山人刻本

杜甫大部分诗作涉及了唐玄宗、肃宗、代宗三朝有关政治、经济、军事以及人民生活的重大问题，广泛而深刻地反映了“安史之乱”前后唐王朝社会生活的巨大变化。唐以后，有两次为杜诗作注的高潮，一是两宋时期，号为“千家注杜”；二是明末清初时期。

脣焦口燥呼不得歸來倚杖自嘆息俄頃風定雲墨色秋天漠漠向昏黑布衾多年冷似象一作鐵驕兒惡臥踏裏裂床床屋漏無乾處雨脚如麻未斷絶自經喪亂少睡眠長夜沾濕何由徹安得廣厦千萬間大庇天下寒士俱歡顔風雨不動安如山嗚呼何時眼前突兀見此屋吾廬獨破受凍死意一作亦足

此老襟抱自濶與螻蟻輩迥異

大雨

西蜀冬不雪春農尚嗷嗷上天回哀眷朱清一作夏雲

《集千家注杜工部诗集·茅屋为秋风所破歌》："安得广厦千万间，大庇天下寒士俱欢颜。"

走流雲氣幹（晉作榦）排雷雨猶力爭根斷泉源豈天意
滄波（一云蒼茫）老樹性所愛浦上童童一青蓋野客頻留
懼雪霜行人不過聽竽籟虎倒龍顛委榛（樊作荆）棘淚
痕血點垂胸臆我有新詩何處吟草堂自此無顏色

茅屋爲秋風所破歌

八月秋高風怒號卷我屋上三重茅茅飛度江灑（一作
滿）江郊高者掛罥長林梢下者飄轉沈塘坳南村羣
童欺我老無力忍能對面爲盜賊公然抱茅入竹去（如此鋪寫自不爲

不生事　不畏事

苏轼（1037—1101），字子瞻，号东坡居士，宋眉州眉山（今四川眉山）人。他因“唐宋八大家”之一的文学家身份被人们所熟识，而他同时也是一位政治家。他从政为官40年，曾经历过三次贬谪，但一直坚持为官以民为本，坚持做人以廉为首，理政以廉为上。即使是在被贬后，仍然专注于为民办实事，在徐州，他亲自带领官员防洪、筑堤；在杭州，他疏浚西湖，修筑苏堤；在广东惠州，他引泉入城，供百姓饮用。此外，各地的东坡井、东坡书院，惠州的东坡孤儿院，海南的东坡医所……也都是苏轼为民创下的实绩。苏轼文集中的“为国不可以生事，亦不可以畏事”“天下之患，最不可为者，名为治平无事，而其实有不测之忧。坐观其变而不为之所，则恐至于不可救”“临大事而不乱，临利害之际不失故常”“物必先腐，而后虫生”等等对今天为官从政仍有积极的借鉴意义。习近平总书记引用典故最多的古代名人便是苏轼，他多次表示他很喜欢苏轼的这句话：“天下之患，最不可为者，名为治平无事，而其实有不测之忧。坐观其变而不为之所，则恐至于不可救。”

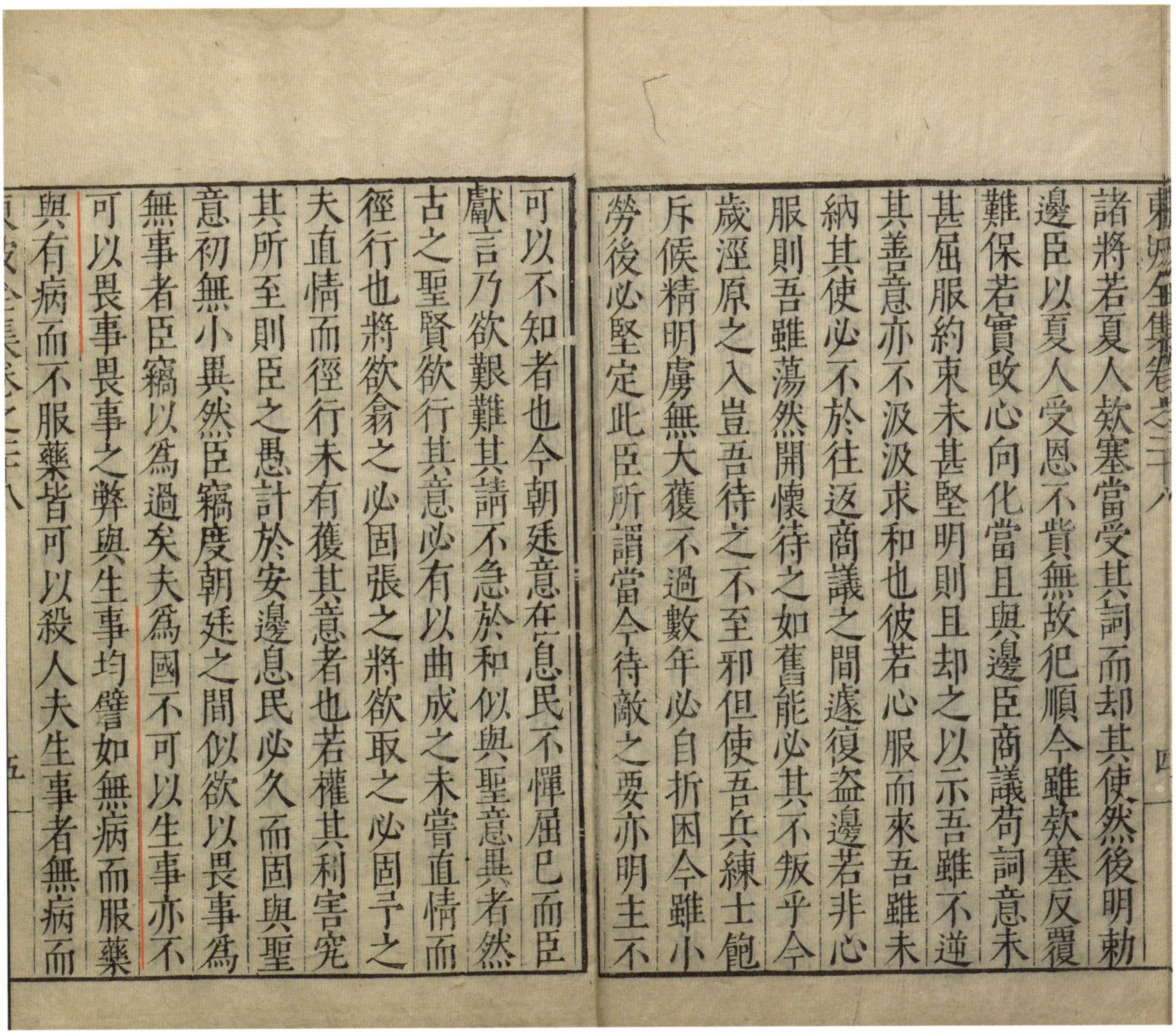

東坡全集卷之三十八　四

諸將若夏人欵塞當受其詞而却其使然後明勅邊臣以夏人受恩不貲無故犯順今雖欵塞反覆難保若實改心向化當且與邊臣商議苟詞意未甚屈服約束未甚堅明則且却之以示吾雖不逆其善意亦不汲汲求和也彼若心服而來吾雖未納其使必不於往返商議之間遽復盜邊若非心服則吾雖蕩然開懷待之如舊能必其不叛乎今歲涇原之入豈吾待之不至耶但使吾兵練士飽斥候精明虜無大獲不過數年必自折困今雖小勞後必堅定此臣所謂當今待敵之要亦明主不可以不知者也今朝廷意在息民不憚屈己而臣獻言乃欲艱難其請不急於和似與聖意異者然古之聖賢欲行其意必有以曲成之未嘗直情而徑行也將欲翕之必固張之將欲取之必固予之夫直情而徑行未有獲其意者也若權其利害究其所至則臣之愚計於安邊息民必久而固與聖意初無小異然臣竊度朝廷之間似欲以畏事爲無事者臣竊以爲過矣夫爲國不可以生事亦不可以畏事畏事之弊與生事均譬如無病而服藥與有病而不服藥皆可以殺人夫生事者無病而

東坡全集卷之三十八　五

《东坡全集·因擒鬼章论西羌夏人事宜札子》：“为国不可以生事，亦不可以畏事。”

东坡全集一百一十五卷目录七卷

（宋）苏轼撰　明万历刻本

苏轼善文，为“唐宋八大家”之一。其于国家、社会有极高的责任感，在其文中多有体现。范祖禹曾评：“苏轼文章为时所宗，名重海内，忠义许国，遇事敢言。”《宋孝宗御制文忠苏轼文集赞并序》亦称：“故赠太师谥文忠苏轼，忠言谠论，立朝大节，一时廷臣，无出其右。”除诗、词外，《全集》中收录各体文章宏富，为全面了解苏轼及其文章的重要资料。同时，其文章中不乏精句要言，于今仍颇有启发。

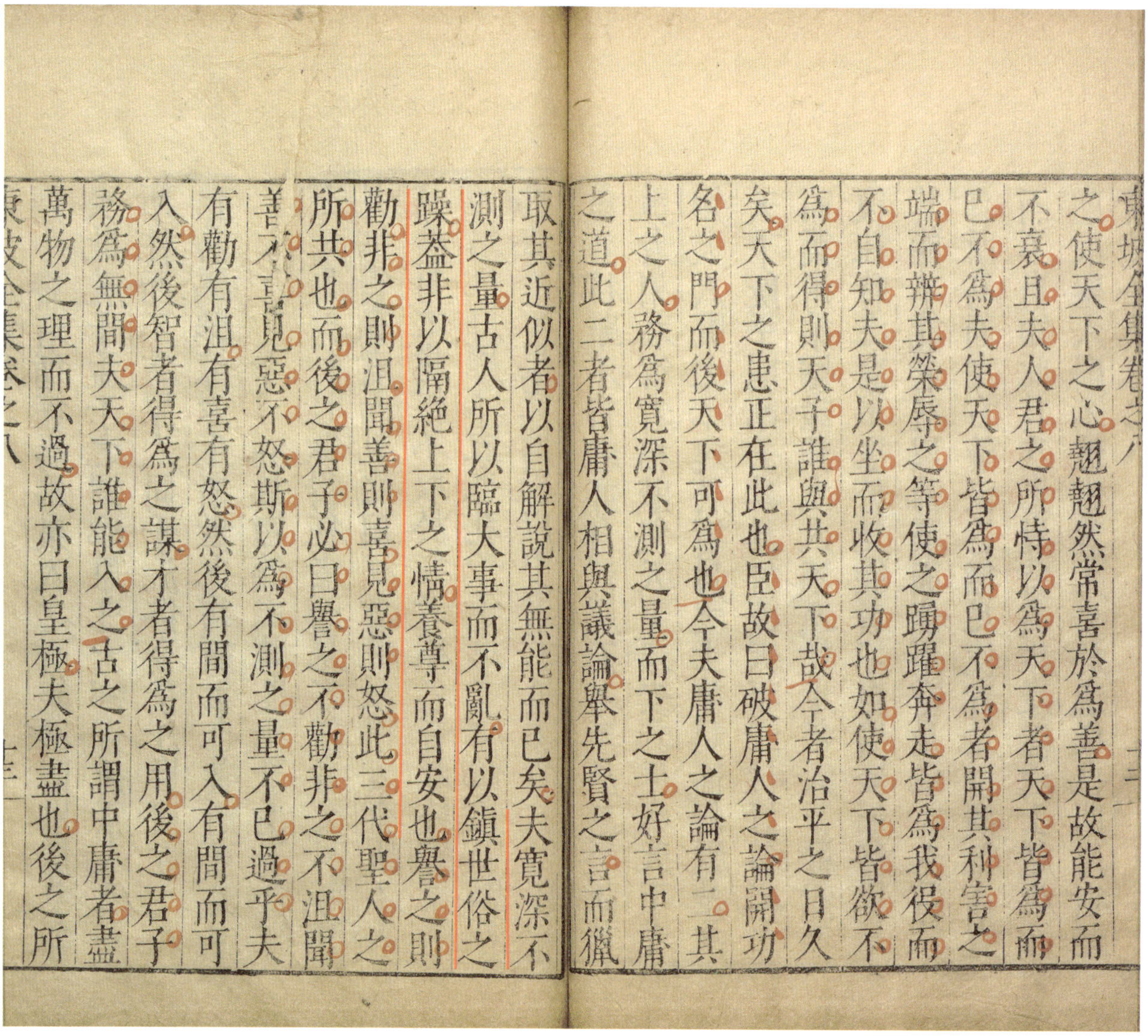

之使天下之心翹翹然常喜於爲善是故能安而不衰且夫人君之所恃以爲天下者天下皆爲而已不爲夫使天下皆爲而已不爲者開其利害之端而辨其榮辱之等使之踴躍奔走皆爲我役而不自知夫是以坐而收其功也如使天下皆欲不爲而得則天子誰與共天下哉今者治平之日久矣天下之患正在此也臣故曰破庸人之論開功名之門而後天下可爲也今夫庸人之論有二其上之人務爲寬深不測之量而下之士好言中庸之道此二者皆庸人相與議論擧先賢之言而猶

取其近似者以自解說其無能而已矣夫寬深不測之量古人所以臨大事而不亂有以鎭世俗之躁葢非以隔絶上下之情養尊而自安也譽之則勸非之則沮聞善則喜見惡則怒此三代聖人之所共也而後之君子必曰譽之不勸非之不沮聞善不喜見惡不怒斯以爲不測之量不已過乎夫有勸有沮有喜有怒然後有間而可入有間而可入然後智者得爲之謀才者得爲之用後之君子務爲無間夫天下誰能入之古之所謂中庸者盡萬物之理而不過故亦曰皇極夫極盡也後之所

《东坡全集·策略四》：“夫宽深不测之量，古人所以临大事而不乱，有以镇世俗之躁，盖非以隔绝上下之情，养尊而自安也。”

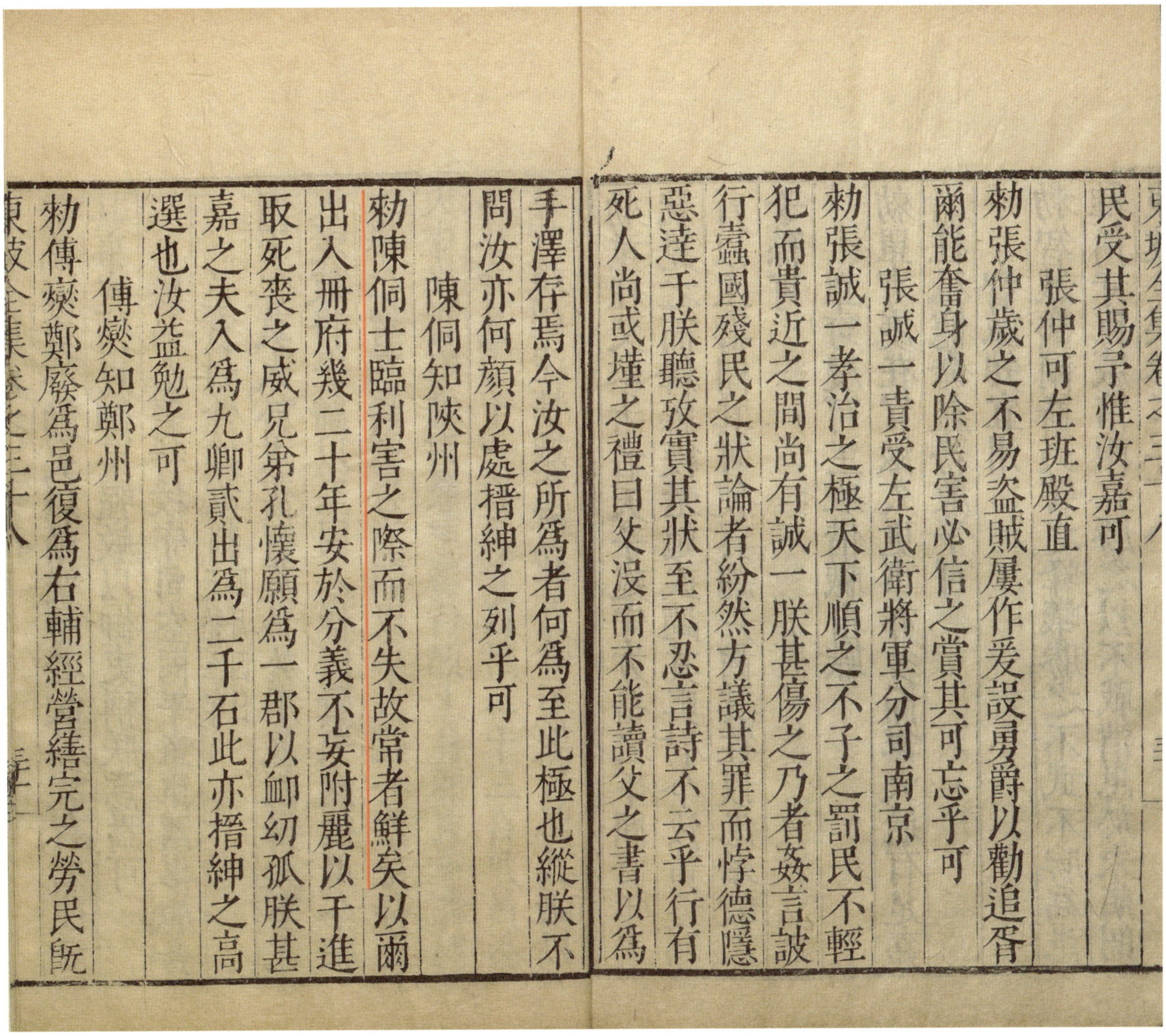

東坡全集卷之三十八

民受其賜予惟汝嘉可

張仲可左班殿直

勑張仲歲之不易盜賊屢作爰設勇爵以勸追胥爾能奮身以除民害必信之賞其可忘乎可

張誠一責受左武衛將軍分司南京

勑張誠一孝治之極天下順之不子之罰民不輕犯而貴近之間尚有誠一朕甚傷之乃者姦言詖行蠹國殘民之狀論者紛然方議其罪而悖德隱惡達于朕聽攷實其狀至不忍言詩不云乎行有死人尚或墐之禮曰父沒而不能讀父之書以爲手澤存焉今汝之所爲者何爲至此極也縱朕不問汝亦何顏以處搢紳之列乎可

陳侗知陝州

勑陳侗士臨利害之際而不失故常者鮮矣以爾出入冊府幾二十年安於分義不妄附麗以干進取死喪之威兄弟孔懷願爲一郡以卹幼孤朕甚嘉之夫入爲九卿貳出爲二千石此亦搢紳之高選也汝益勉之可

傅㰚知鄭州

勑傅㰚鄭廢爲邑復爲右輔經營繕完之勞民旣

東坡全集卷之三十八

《东坡全集·陈侗知陕州》:“敕陈侗:士临利害之际而不失故常者,鲜矣。”

者之所能也天下治平無故而發大難之端吾發之吾能收之然後能免難於天下事至而循循焉欲去之使他人任其責則天下之禍必集於我昔者鼂錯盡忠爲漢謀弱山東之諸侯諸侯並起以誅錯爲名而天子不察以錯爲說天下悲錯之以忠而受禍而不知錯之有以取之也古之立大事者不唯有超世之才亦必有堅忍不拔之志昔禹之治水鑿龍門决大河而放之海方其功之未成也蓋亦有潰冒衝突可畏之患唯能前知其當然事至不懼而徐爲之所是以得至於成功夫以七

東坡全集卷[illegible]四

《东坡全集·晁错论》:"天下之患,最不可为者,名为治平无事,而其实有不测之忧。坐观其变而不为之所,则恐至于不可救。"

之半以此哉愚深悲賈生之志故備論之亦使人君得如賈誼之臣則知其有狷介之操一不見用則憂傷病沮不能復振而爲賈生者亦慎其所發哉

鼂錯論

天下之患最不可爲者名爲治平無事而其實有不測之憂坐觀其變而不爲之所則恐至於不可救起而强爲之則天下狃於治平之安而不吾信惟仁人君子豪傑之士爲能出身爲天下犯大難以求成大功此固非勉强期月之間而苟以求名

学者与藏书家

——傅增湘

傅增湘（1872—1949），字润沅，号沅叔，别署双鉴楼主人、藏园居士等，四川宜宾江安人。著名的学者和藏书家。他毕生从事古籍收藏、校勘和传播，共收藏宋、金、元、明、清古籍善本、名校本等达二十万卷以上，共校勘古籍近两万卷，是民国经眼、鉴定善本最多的学者。他著作等身，所著《藏园群书经眼录》为了解近代所存善本概貌和流传供存情况的重要史料。他晚年编辑《宋代蜀文辑存》，序中提到“尝思生为蜀人，宜于故乡薄有建树。事会不偶，此愿未偿，而怀土之思，久而弥挚”，表现了他对家乡的记挂和惦念。去世后，他的家人遵从遗愿，将一部分古籍捐献给家乡，如今四川大学图书馆、重庆图书馆等皆有傅增湘当年收藏的古籍。

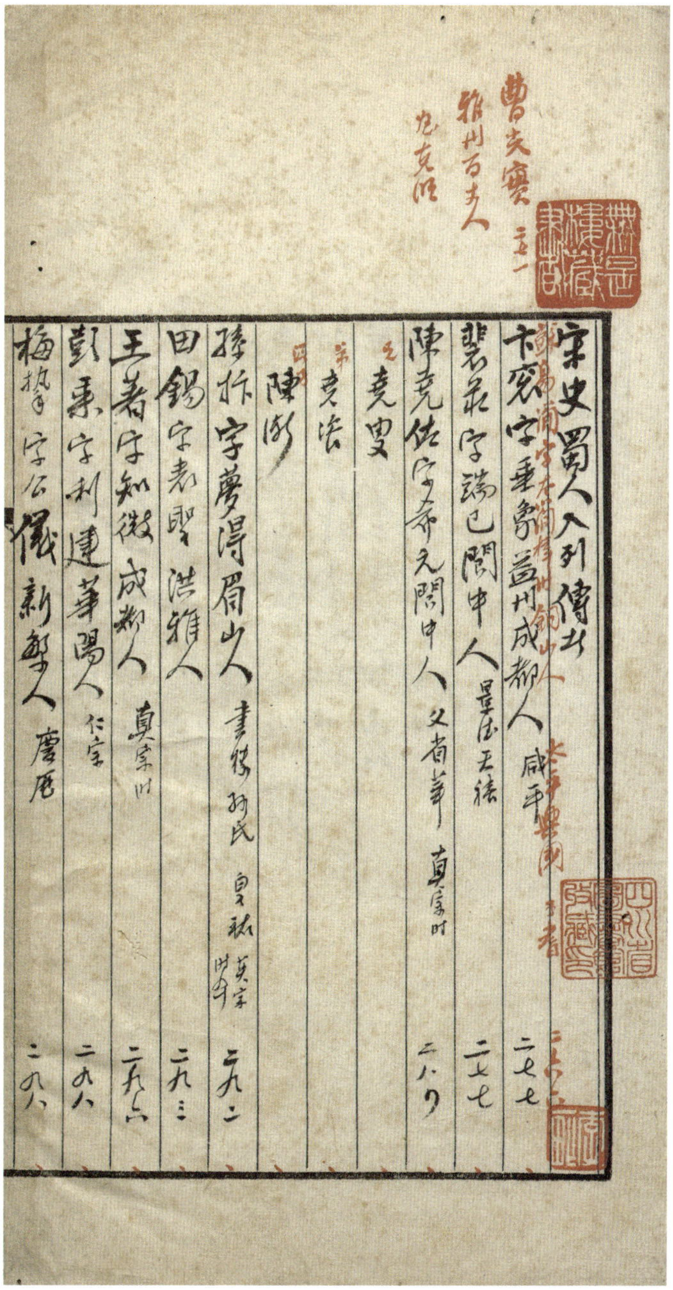

宋史蜀人列传目录一卷四川通志宋代人物题名一卷

傅增湘辑　稿本　李一氓题签

《宋史蜀人列传目录》辑录《宋史》中125位蜀人资料，分别著录姓氏、字号、父兄亲眷、生活年代、所在《宋史》页码等款目。《四川通志宋代人物题名》则分别罗列成都府、重庆府、眉州等19个州府的宋、金、元三朝的590位蜀人姓氏，并附部分字号资料。本书是傅增湘为收集资料和编写小传所辑。

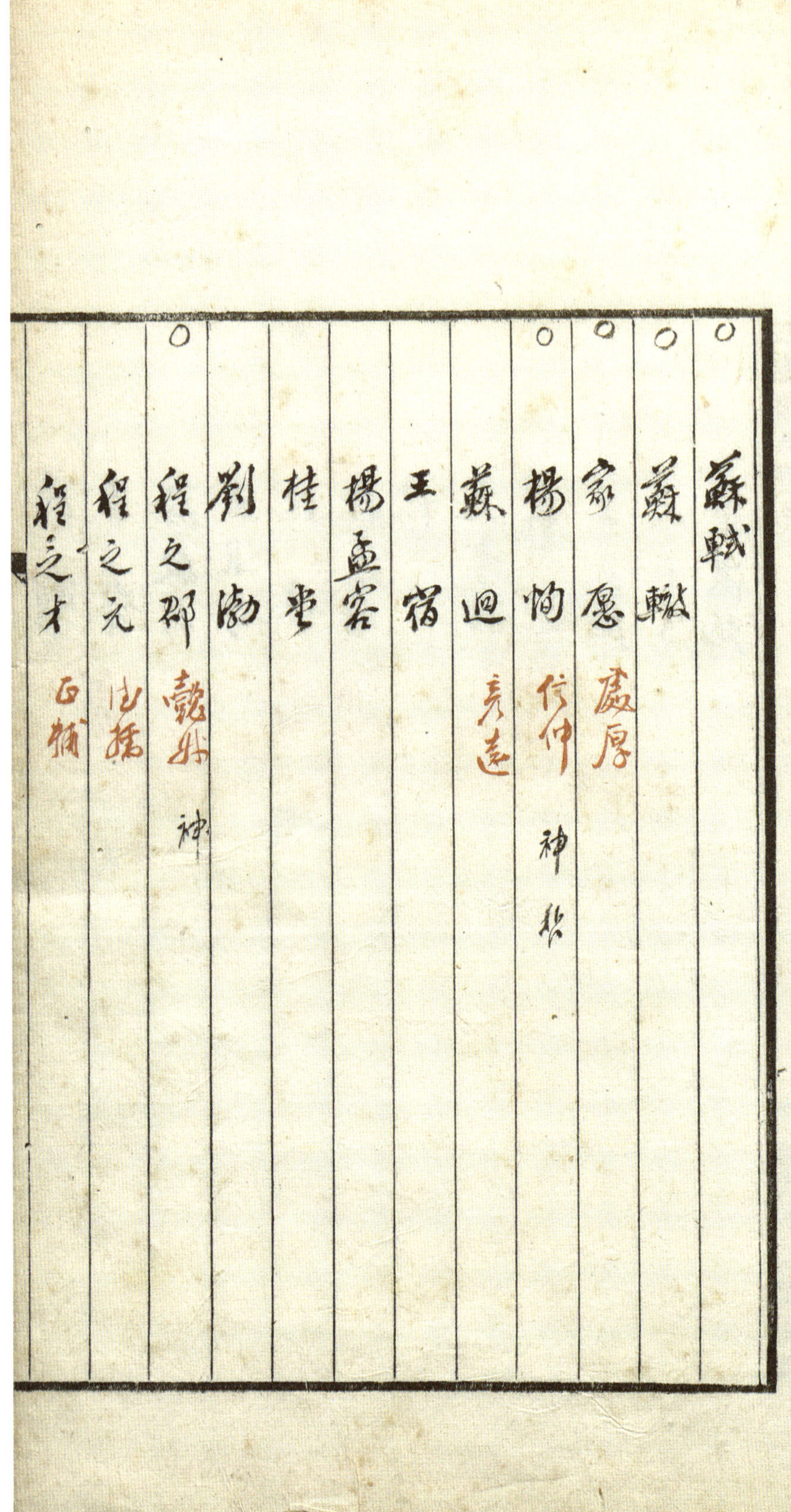
蘇軾
蘇轍
家愿 處厚
楊恂 信仲 神親
蘇迴 彥遠
王宿
楊孟容
桂鬯
劉渤
程之邵 懿叔 神
程之元 德孺
程之才 正輔

楊鈞 文化

陳庸 景回

曹彥通

蘇洵 明允

唐庚 子西

史炤

史經臣 彥輔

任孜

家定國 退翁

家安國

家勤國

蘇子明

江安傅氏鈔本　仿紹興本通鑑行格

《四川通志宋代人物题名》中眉州府人物题名

李一氓藏书

李一氓（1903—1990），四川彭县（今四川彭州市）人。1925年加入中国共产党，亲历了北伐战争、土地革命战争、抗日战争、解放战争的全过程。他是老一辈无产阶级革命家，也是诗人和书法家。

1981年，李一氓出任全国古籍整理出版规划领导小组组长，对古籍收集、整理、出版规划和人才培养倾注了极大心血。他先后发表了《关于古籍整理出版的意见》等重要讲话和文章，他主持制订了1982年至1990年古籍整理出版规划，有计划地安排了3000余项古籍重点项目的整理和出版。在他的积极推动下，全国各地古籍出版社如雨后春笋般诞生，为古籍整理出版事业建立了一支坚实的队伍，古籍整理出版事业进入到一个繁荣发展的新阶段，为我国的古籍整理事业开创了一个新局面。

李一氓在解放战争时期开始收藏字画，后对古籍产生了浓烈兴趣。其所藏侧重明清词集，其中，《花间集》较有特色，共收录26种不同版本，品种较为完善。晚年时，他将珍藏的古籍、字画全部捐献出来，其中大部分捐赠给四川省图书馆。还曾多次向成都杜甫草堂、三苏祠博物馆捐赠古籍、文物，并为它们以及新都杨升庵博物馆收集、购买古籍、文物。

李一氓在书房工作

花间集十卷音释一卷补二卷补音释一卷　明万历八年（1580）归安茅氏凌霞山房刻本

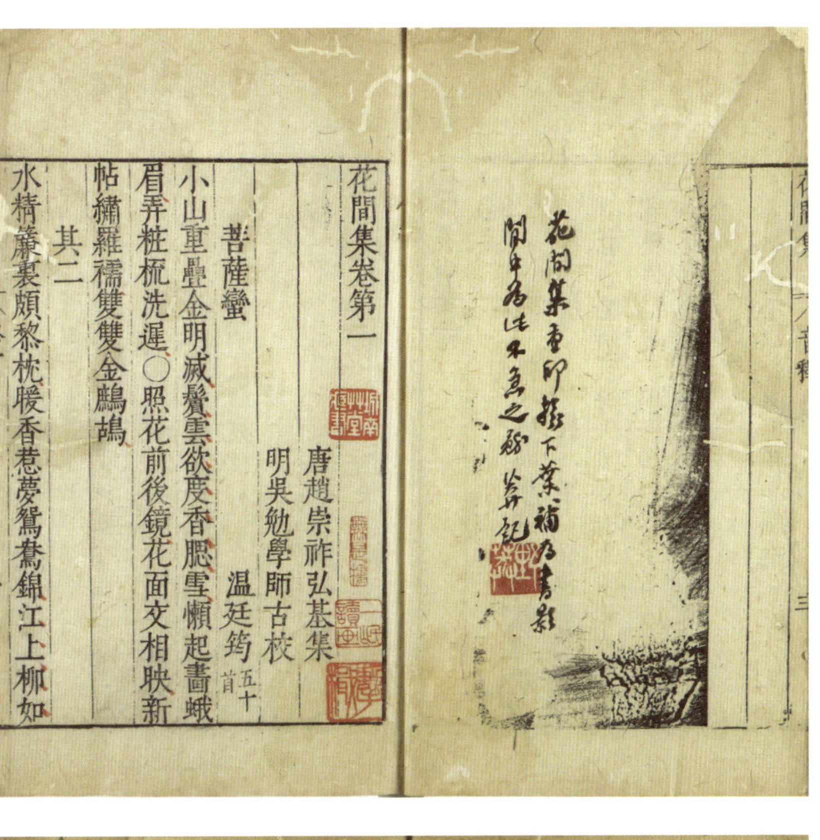
花間集卷第一
唐趙崇祚弘基集
明吳勉學師古校
菩薩蠻　溫庭筠　五十首
小山重疊金明滅鬢雲欲度香腮雪懶起畫蛾
眉弄粧梳洗遲○照花前後鏡花面交相映新
帖繡羅襦雙雙金鷓鴣
其二
水精簾裏頗黎枕暖香惹夢鴛鴦錦江上柳如

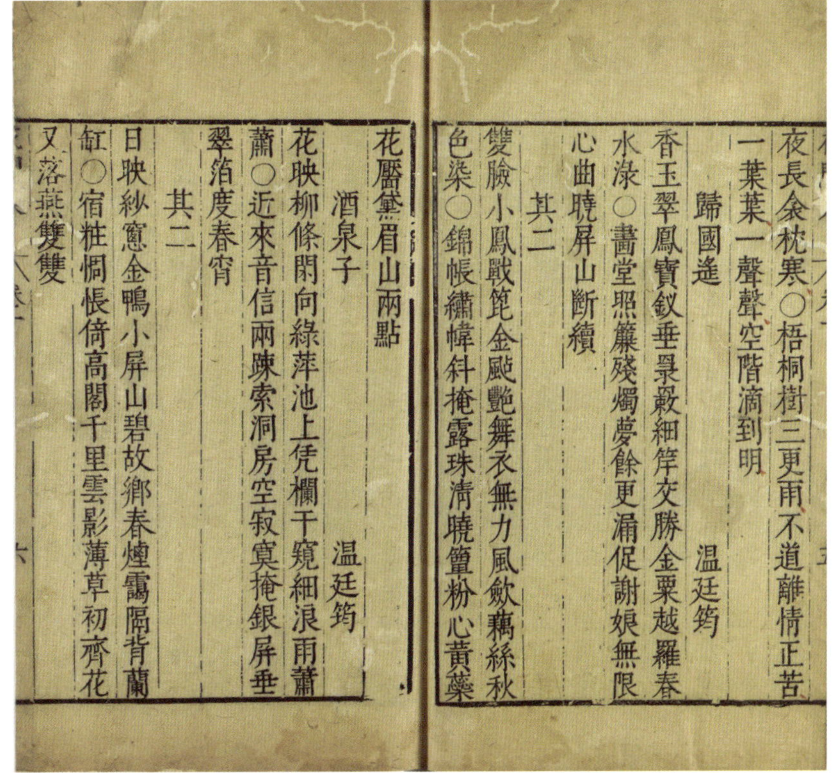
夜長衾枕寒○梧桐樹三更雨不道離情正苦
一葉葉一聲聲空階滴到明
歸國遙　溫庭筠
香玉翠鳳寶釵垂畟㲛細竿交勝金粟越羅春
水淥○畫堂照簾殘燭夢餘更漏促謝娘無限
心曲曉屏山斷續
其二
雙臉小鳳戰篦金颭艷舞衣無力風斂藕絲秋
色染○錦帳繡幃斜掩露珠清曉簟粉心黃蘂
花靨黛眉山兩點
酒泉子　溫庭筠
花映柳條閑向綠萍池上凭欄干窺細浪雨蕭
蕭○近來音信兩疎索洞房空寂寞掩銀屏垂
翠箔度春宵
其二
日映紗窗金鴨小屏山碧故鄉春煙靄隔背蘭
釭○宿粧惆悵倚高閣千里雲影薄草初齊花
又落燕雙雙

花间集十卷音释一卷补二卷补音释一卷　明万历徽州吴勉学师古斋刻本

酒泉子 四首　望遠行 二首　菩薩蠻 三首
西溪子 一首　虞美人 一首　河傳 二首

花間集目錄 終

花間集卷一
溫助教庭筠 五十首
菩薩蠻 十四首　更漏子 六首　歸國遙 二首
酒泉子 四首　定西番 三首　楊柳枝 八首
南歌子 七首　河瀆神 三首　女冠子 二首
玉胡蝶 一首

菩薩蠻　溫庭筠
小山重疊金明滅鬢雲欲度香顋雪懶起畫蛾眉弄粧梳洗遲　照花前後鏡花面交相映新帖綉羅襦

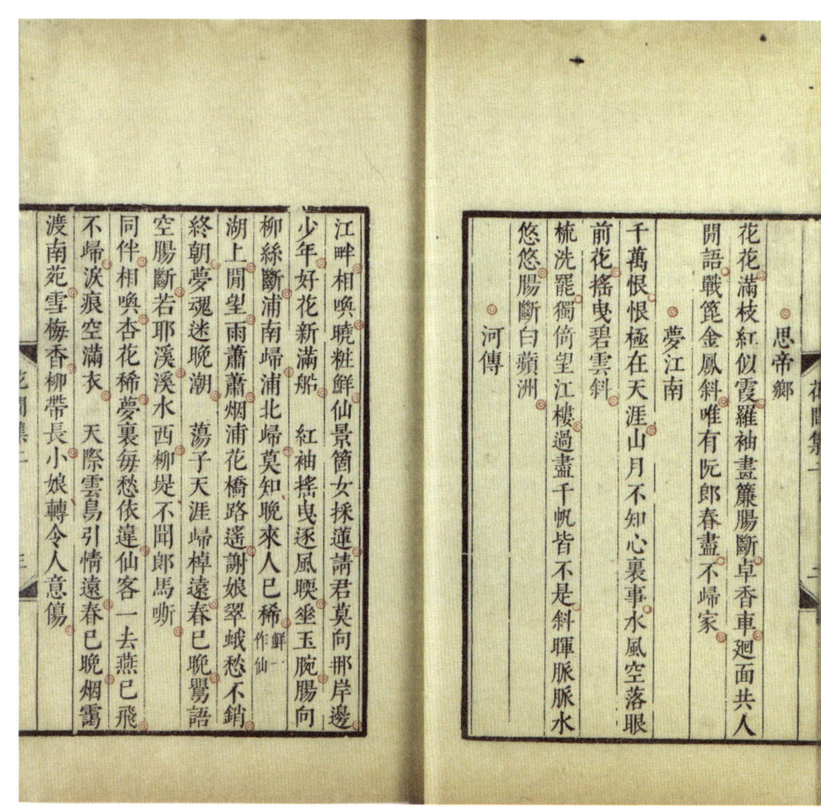

思帝鄉
花花滿枝紅似霞羅袖畫簾腸斷卓香車廻面共人閒語戰篦金鳳斜唯有阮郎春盡不歸家

夢江南
千萬恨恨極在天涯山月不知心裏事水風空落眼前花搖曳碧雲斜
梳洗罷獨倚望江樓過盡千帆皆不是斜暉脈脈水悠悠腸斷白蘋洲

河傳
江畔相喚曉粧鮮仙景箇女採蓮請君莫向那岸邊少年好花新滿船　紅袖搖曳逐風暖垂玉腕腸向柳絲斷浦南歸浦北歸莫知晚來人已稀 鮮一作仙
湖上閒望雨蕭蕭烟浦花橋路遙謝娘翠蛾愁不銷終朝夢魂迷晚潮　蕩子天涯歸棹遠春已晚鶯語空腸斷若耶溪溪水西柳堤不聞郎馬嘶
同伴相喚杏花稀夢裏每愁依違仙客一去燕已飛不歸淚痕空滿衣　天際雲鳥引情遠春已晚烟靄渡南苑雪梅香柳帶長小娘轉令人意傷

花间集十卷　明末毛氏汲古阁刻本

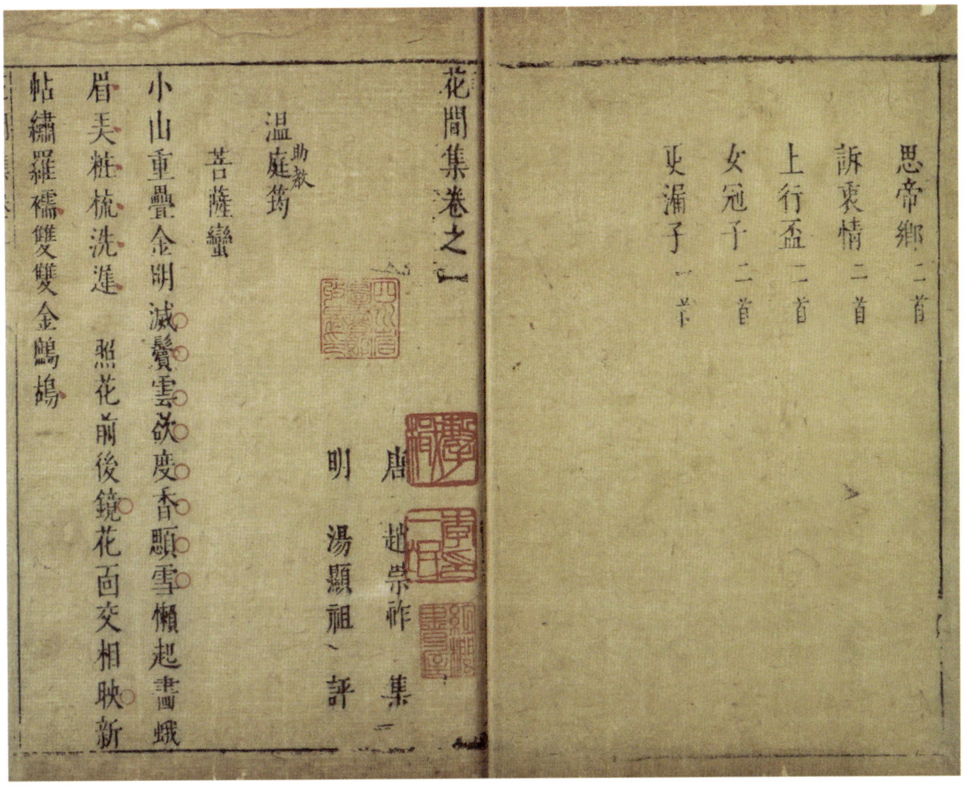

思帝鄉二首
訴衷情二首
上行盃二首
女冠子二首
更漏子一首

花間集卷之一
唐　趙崇祚　集
明　湯顯祖　評
助教温庭筠
菩薩蠻
小山重疊金明滅鬢雲欲度香顋雪懶起畫蛾眉弄粧梳洗遲　照花前後鏡花面交相映新帖繡羅襦雙雙金鷓鴣

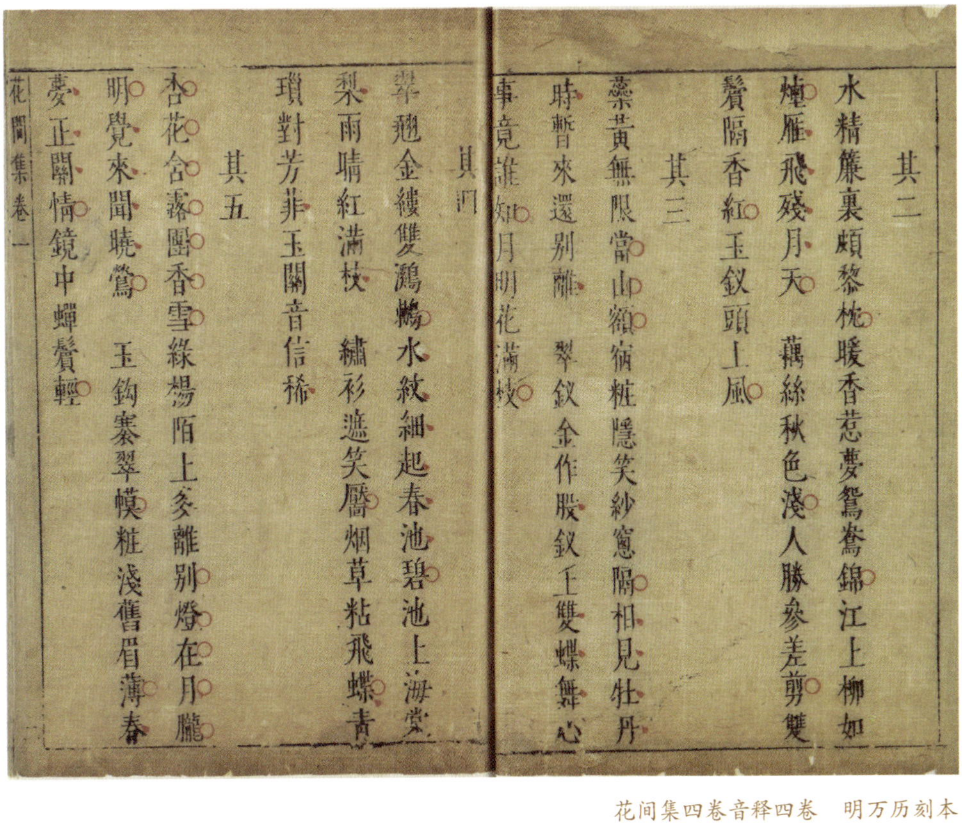

其二
水精簾裏頗黎枕暖香惹夢鴛鴦錦江上柳如煙雁飛殘月天　藕絲秋色淺人勝參差剪雙鬢隔香紅玉釵頭上風
其三
蘂黃無限當山額宿粧隱笑紗窗隔相見牡丹時暫來還別離　翠釵金作股釵上雙蝶舞心事竟誰知月明花滿枝
其四
翠翹金縷雙鸂鶒水紋細起春池碧池上海棠梨雨晴紅滿枝　繡衫遮笑靨烟草粘飛蝶青瑣對芳菲玉關音信稀
其五
杏花含露團香雪綠楊陌上多離別燈在月朧明覺來聞曉鶯　玉鈎褰翠幙粧淺舊眉薄春夢正關情鏡中蟬鬢輕
花間集卷一

花间集四卷音释四卷　明万历刻本

花間集卷之一
新都楊　愼品定
錢塘鍾人傑箋校
牛　嶠
南歌子
手裏金鸚鵡胷前繡鳳皇偷眼暗形相不如從嫁與作鴛鴦
以鸚鵡鳳皇字遂生下作鴛鴦句似隨意爲戲耳佳絶
其二
似帶如絲柳團酥握雪花簾捲玉鈎斜九衢塵欲

遐方怨　温庭筠
憑繡檻解羅幃未得君書斷腸瀟湘春鴈飛不知征馬幾時歸海棠花謝也雨霏霏
海棠謝也雨霏霏朱淑真剿作謝却海棠飛盡絮困人天氣日初長句不如雙美
其二
花半拆雨初晴未捲珠簾夢殘惆悵聞曉鶯宿粧眉淺粉山橫約鬟鸞鏡裏繡羅輕
花半拆雨初晴句長佳然解人正不易
甘州子　顧　敻

花间集二卷　明天启四年（1624）刻花间草堂合集本

英哲用資羽蓋之歡南國嬋娟佳唱
蓮舟之引

唐衛尉少卿趙崇祚選花間集

菩薩蠻

温庭筠

小山重疊金明滅鬢雲欲度香腮雪懶起畫蛾眉
弄粧梳洗遲　照花前後鏡花面交相映新帖繡
羅襦雙雙金鷓鴣

水晶簾影玻瓈枕暖香惹夢鴛鴦錦江上柳如煙
鴈飛殘月天　藕絲秋色淺人勝參差剪雙鬢隔
香紅玉釵頭上風

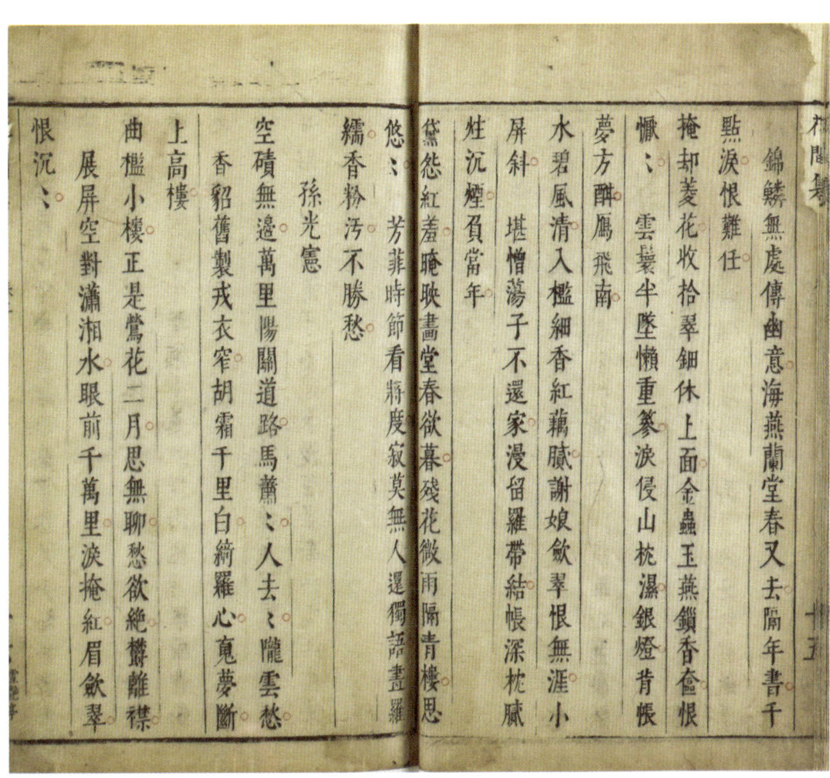

錦鱗無處傳幽意海燕蘭堂春又去隔年書千
點淚恨難任

掩却菱花收拾翠鈿休上面金蟲玉燕鎖香奩恨
懨懨　雲鬟半墜懶重簪淚侵山枕濕銀燈背帳
夢方酣鴈飛南

水碧風清入檻細香紅藕膩謝娘斂翠恨無涯小
屏斜　堪憎蕩子不還家謾留羅帶結帳深枕膩
炷沉煙負當年

黛怨紅羞掩映畫堂春欲暮殘花微雨隔青樓思
悠悠　芳菲時節看將度寂莫無人還獨語畫羅
襦香粉污不勝愁

孫光憲

空磧無邊萬里陽關道路馬蕭蕭人去去隴雲愁
香貂舊製戎衣窄胡霜千里白綺羅心魂夢斷
上高樓

曲檻小樓正是鶯花二月思無聊愁欲絕鬱離襟
展屏空對瀟湘水眼前千萬里淚掩紅眉斂翠
恨沉沉

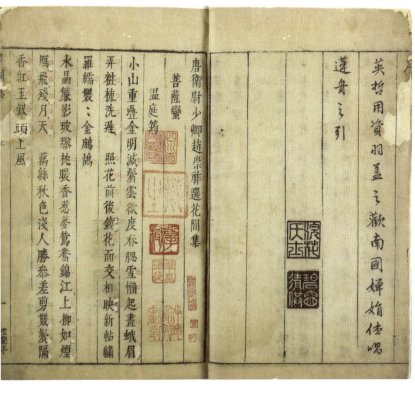

唐卫尉少卿赵崇祚选花间集二卷　明末翁孺安雪艳亭活字印本（李一氓抄补）

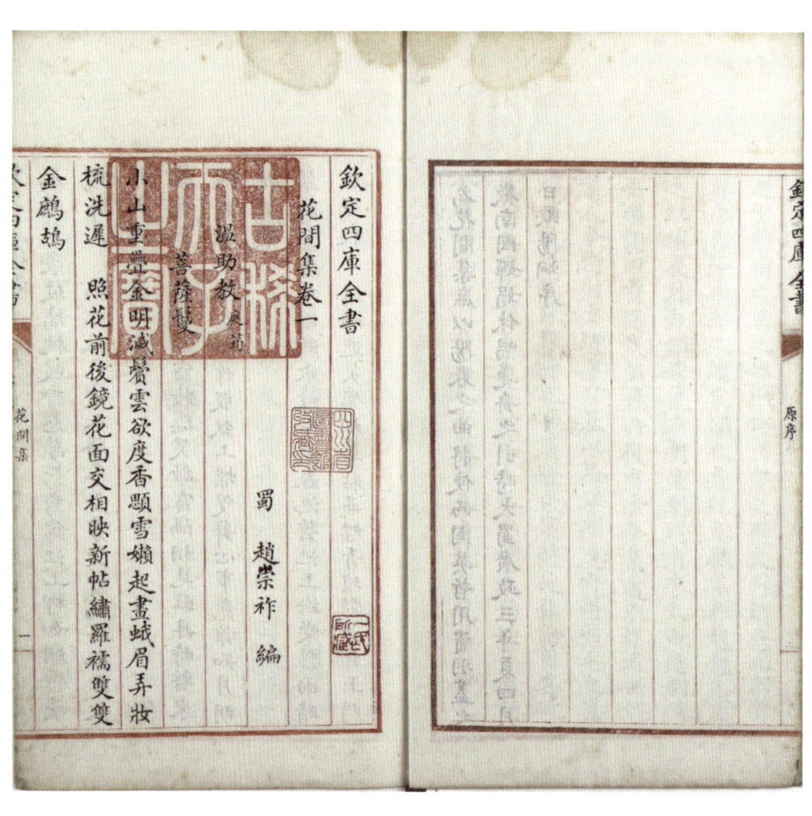
欽定四庫全書
原序

欽定四庫全書
花間集卷一
蜀 趙崇祚 編
溫助教 庭筠
菩薩蠻
小山重疊金明滅鬢雲欲度香顋雪嬾起畫蛾眉弄妝梳洗遲 照花前後鏡花面交相映新帖繡羅襦雙雙金鷓鴣

欽定四庫全書
卷二
是異鄉人相見更無因
清平樂
春愁南陌故國音書隔細雨霏霏梨花白鶯拂畫簾金額盡日相望王孫塵滿衣上淚痕誰向橋邊吹笛駐馬西望銷魂
野花芳草寂寞關山道柳吐金絲鶯語早惆悵香閨暗老羅帶悔結同心獨凭朱闌思深夢覺半牀斜月小窗風觸鳴琴

何處遊女蜀國多雲雨雲解有情花解語窣地繡羅金縷 妝成不整金鈿含羞待月鞦韆住在綠槐陰裏門臨春水橋邊
鶯啼殘月繡閣香燈滅門外馬嘶郎欲別正是落花時節 妝成不畫蛾眉含愁獨倚金扉去路香塵莫掃掃即郎去歸遲
望遠行
欲別無言倚畫屏含恨暗傷情謝家庭樹錦鷄鳴殘月

花间集十卷　清乾隆抄四库全书本

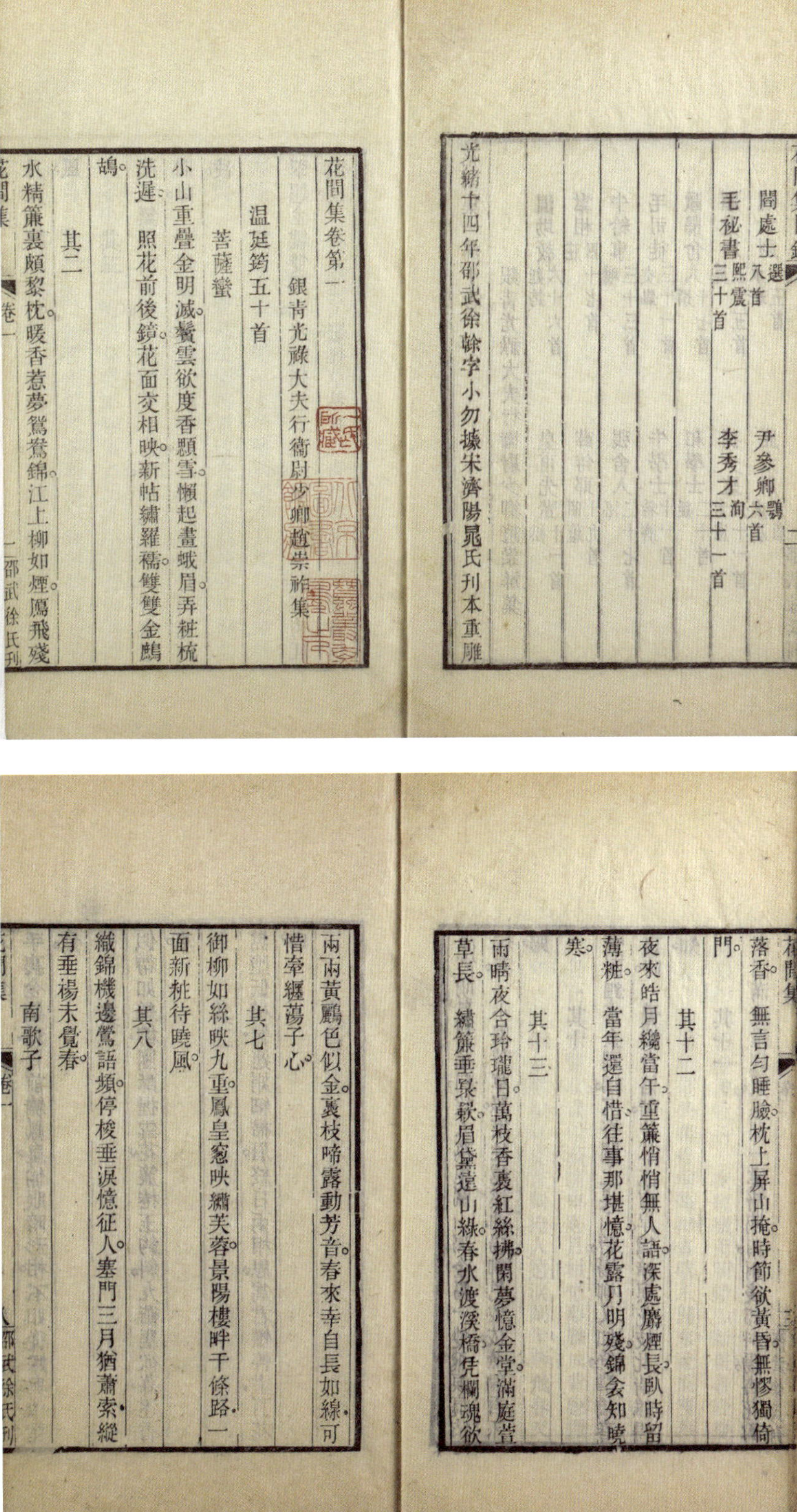

花間集目錄

閻處士選八首　尹參卿鶚六首

毛祕書熙震三十首　李秀才珣三十一首

光緒十四年邵武徐榦字小勿據宋濟陽晁氏刊本重雕

花間集卷第一　銀青光祿大夫行衛尉少卿趙崇祚集

温廷筠五十首

菩薩蠻

小山重疊金明滅。鬢雲欲度香顋雪。懶起畫蛾眉。弄粧梳洗遲。照花前後鏡。花面交相映。新帖繡羅襦。雙雙金鷓鴣。

其二

水精簾裏頗黎枕。暖香惹夢鴛鴦錦。江上柳如煙。鴈飛殘

花間集　卷一　一　邵武徐氏刊

落香。無言勻睡臉。枕上屏山掩。時節欲黃昏。無憀獨倚門。

其十二

夜來皓月纔當午。重簾悄悄無人語。深處麝煙長。臥時留薄粧。當年還自惜。往事那堪憶。花露月明殘。錦衾知曉寒。

其十三

雨晴夜合玲瓏日。萬枝香裊紅絲拂。閑夢憶金堂。滿庭萱草長。繡簾垂籙簌。眉黛遠山綠。春水渡溪橋。凭欄魂欲

兩兩黃鸝色似金。裊枝啼露動芳音。春來幸自長如線。可惜牽纏蕩子心。

其七

御柳如絲映九重。鳳皇窻映繡芙蓉。景陽樓畔千條路。一面新粧待曉風。

其八

織錦機邊鶯語頻。停梭垂淚憶征人。塞門三月猶蕭索。縱有垂楊未覺春。

南歌子

花間集　卷一　邵武徐氏刊

花间集十卷　清光绪十四年（1888）邵武徐氏刻本

魏承班 十三首
鹿虔扆 六首
閻選 八首
尹鶚 六首
毛熙震 十六首
卷十
毛熙震 十三首
李珣 三十七首
花間集目録終

花間集卷一　五十首
溫助教 庭筠 五十首
菩薩蠻 十四首 更漏子 六首 歸國遙 二首
酒泉子 四首 定西番 三首 楊柳枝 八首
南歌子 七首 河瀆神 三首 女冠子 二首
玉胡蝶 一首
菩薩蠻　溫助教 庭筠
小山重疊金明滅鬢雲欲度香顋雪嬾起畫蛾眉弄粧梳洗遲　照花前後鏡花面交相映新帖綉羅襦雙雙金鷓鴣

夢江南
千萬恨恨極在天涯山月不知心裏事水風空落眼前花搖曳碧雲斜
梳洗罷獨倚望江樓過盡千帆皆不是斜暉脈脈水悠悠腸斷白蘋洲
河傳
江畔相喚曉粧鮮仙景箇女採蓮請君莫向那岸邊少年好花新滿船　紅袖搖曳逐風暖垂玉腕腸向柳絲斷浦南歸浦北歸莫知晚來人已稀 鮮一作妍
湖上閒望雨蕭蕭烟浦花橋路遙謝娘翠蛾愁不銷終朝夢魂迷晚潮　蕩子天涯歸棹遠春已晚鶯語空腸斷若耶溪溪水西柳堤不聞郎馬嘶
同伴相喚杏花稀夢裏每愁依違仙客一去燕已飛不歸淚痕空滿衣　天際雲鳥引情遠春已晚烟靄渡南苑雪梅香柳帶長小娘轉令人意傷
蕃女怨
萬枝香雪開已遍細雨雙燕鈿蟬箏金雀扇畫梁相見雁門消息不歸來又飛迴
磧南沙上驚雁起飛雪千里玉連環金鏃箭年年征戰畫樓離恨錦屏空杏花紅

花间集十卷　清刻本

毛秘書 熙震 三十首　李秀才 珣 三十一首

花間集卷第一　銀青光祿大夫行衛尉少卿趙崇祚集
溫廷筠五十首
菩薩蠻
小山重疊金明滅鬢雲欲度香顋雪懶起畫蛾
眉弄妝梳洗遲照花前後鏡花面交相映新
帖繡羅襦雙雙金鷓鴣
其二
水精簾裏頗黎枕暖香惹夢鴛鴦錦江上柳如
煙鴈飛殘月天藕絲秋色淺人勝參差翦雙

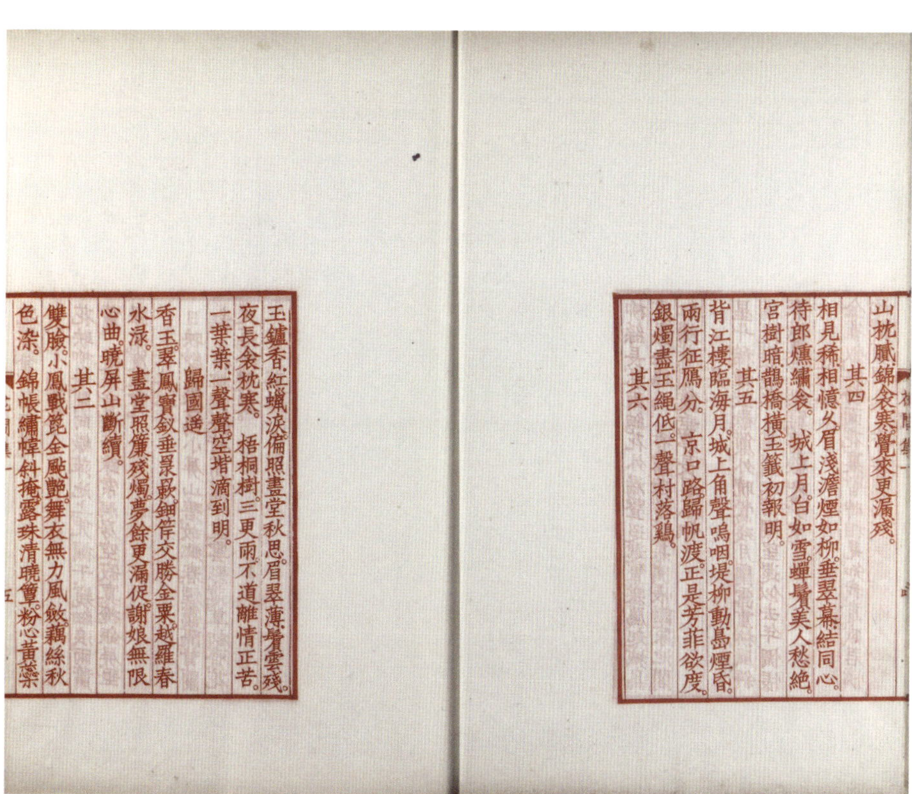
山枕膩錦衾寒覺來更漏殘
其四
相見稀相憶久眉淺澹煙如柳垂翠幕結同心
待郎熏繡衾城上月白如雪蟬鬢美人愁絕
宮樹暗鵲橋橫玉籤初報明
其五
背江樓臨海月城上角聲嗚咽堤柳動島煙昏
兩行征鴈分京口路歸帆渡正是芳菲欲度
銀燭盡玉繩低一聲村落鷄
其六
玉鑪香紅蠟淚偏照畫堂秋思眉翠薄鬢雲殘
夜長衾枕寒梧桐樹三更雨不道離情正苦
一葉葉一聲聲空堦滴到明
歸國遙
香玉翠鳳寶釵垂䍡䍦鈿筐交勝金粟越羅春
水淥畫堂照簾殘燭夢餘更漏促謝娘無限
心曲曉屏山斷續
其二
雙臉小鳳戰篦金颭豔舞衣無力風斂藕絲秋
色染錦帳繡幃斜掩露珠清曉簟粉心黃蕊

花间集十卷　民国三年（1914）吴昌绶影刻明正德十六年（1521）吴郡陆元大仿宋刻本（朱印本）

花間集目錄

李秀才珣 三十七首

浣溪沙 四首 漁歌子 四首

巫山一段雲 二首 臨江仙 二首

南鄉子 十首 女冠子 二首

酒泉子 四首 望遠行 二首

菩薩蠻 三首 西溪子 一首

虞美人 一首 河傳 二首

花間集卷一

溫助教庭筠 五十首

菩薩蠻

小山重疊金明滅鬢雲欲度香顋雪懶起畫蛾眉弄粧梳洗
遲照花前後鏡花面交相映新帖繡羅襦雙雙金鷓鴣
水精簾裏頗黎枕暖香惹夢鴛鴦錦江上柳如煙鴈飛殘月
天藕絲秋色淺人勝參差剪雙鬢隔香紅玉釵頭上風
蘂黃無限當山額宿粧隱笑紗窗隔相見牡丹時暫來還別
離翠釵金作股釵上雙蝶舞心事竟誰知月明花滿枝
翠翹金縷雙鸂鶒水紋細起春池碧池上海棠梨雨晴紅滿
枝繡衫遮笑靨烟草粘飛蝶青瑣對芳菲玉關音信稀
杏花含露團香雪綠楊陌上多離別燈在月朧明覺來聞曉

金縷毿毿碧瓦溝六宮眉黛惹香愁晚來更帶龍池雨半拂
欄干半入樓
館娃宮外鄴城西遠映征帆近拂堤繫得王孫歸意切不同
芳草綠萋萋
兩兩黃鸝色似金裊枝啼露動芳音春來幸自長如線可惜
牽纏蕩子心
御柳如絲映九重鳳凰窗映繡芙蓉景陽樓畔千條路一面
新粧待曉風
織錦機邊鶯語頻停梭垂淚憶征人塞門三月猶蕭索縱有
垂楊未覺春

南歌子

手裏金鸚鵡胸前繡鳳凰偷眼暗形相不如從嫁與作鴛鴦
似帶如絲柳團酥握雪花簾捲玉鈎斜九衢塵欲暮逐香車
鬢墮低梳髻連娟細掃眉終日兩相思為君憔悴盡百花時
臉上金霞細眉間翠鈿深欹枕覆鴛衾隔簾鶯百囀感君心
撲蘂添黃子呵花滿翠鬟鴛枕映屏山月明三五夜對芳顏
轉眄如波眼娉婷似柳腰花裏暗相招憶君腸欲斷恨春宵
懶拂鴛鴦枕休縫翡翠裙羅帳罷鑪熏近來心更切為思君

河瀆神

河上望叢祠廟前春雨來時楚山無限鳥飛遲蘭棹空傷別
離何處杜鵑啼不歇艷紅開盡如血蟬鬢美人愁絕百花
芳草佳節

花間集卷一 五

花间集十卷 民国四年（1915）上海碧梧山房石印本

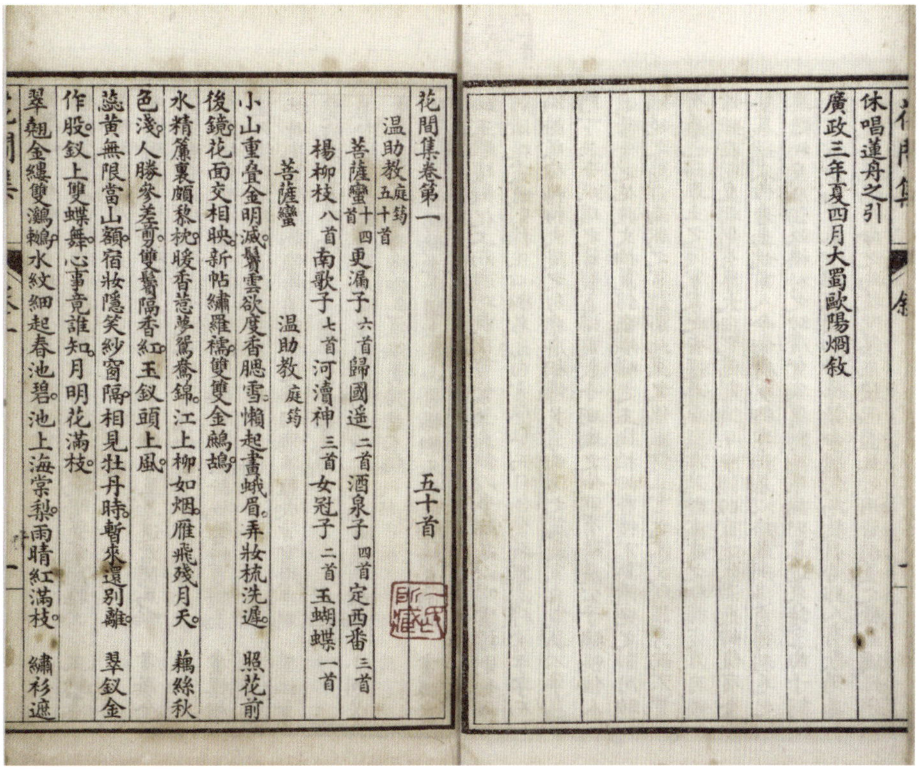

休唱蓮舟之引
廣政三年夏四月大蜀歐陽炯敘

花間集卷第一　五十首
温助教庭筠五十首
菩薩蠻十四首　更漏子六首　歸國遥二首　酒泉子四首　定西番三首
楊柳枝八首　南歌子七首　河瀆神三首　女冠子二首　玉蝴蝶一首

菩薩蠻　温助教庭筠

小山重疊金明滅鬢雲欲度香腮雪懶起畫蛾眉弄妝梳洗遲　照花前
後鏡花面交相映新帖繡羅襦雙雙金鷓鴣
水精簾裏頗黎枕暖香惹夢鴛鴦錦江上柳如烟雁飛殘月天　藕絲秋
色淺人勝參差剪雙鬢隔香紅玉釵頭上風
蕊黃無限當山額宿妝隱笑紗窗隔相見牡丹時暫來還別離　翠釵金
作股釵上雙蝶舞心事竟誰知月明花滿枝
翠翹金縷雙鸂鶒水紋細起春池碧池上海棠梨雨晴紅滿枝　繡衫遮

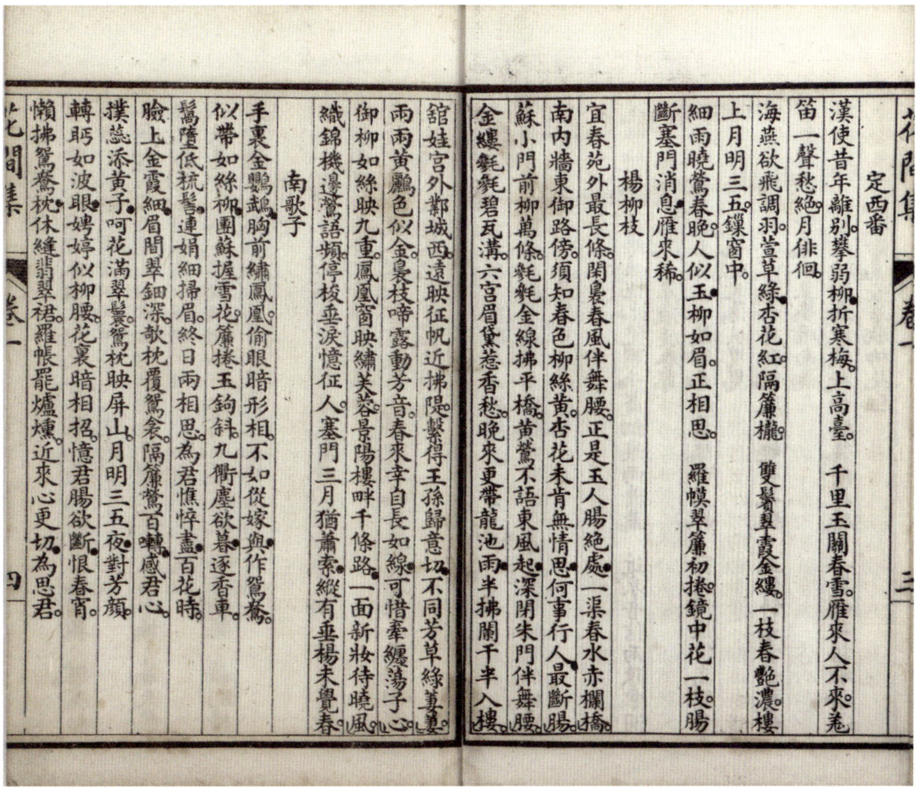

定西番

漢使昔年離別攀弱柳折寒梅上高臺　千里玉關春雪雁來人不來羌
笛一聲愁絶月徘徊
海燕欲飛調羽萱草綠杏花紅隔簾櫳　雙鬢翠霞金縷一枝春艷濃樓
上月明三五鏁窗中
細雨曉鶯春晚人似玉柳如眉正相思　羅幙翠簾初捲鏡中花一枝腸
斷塞門消息雁來稀

楊柳枝

宜春苑外最長條閑裊春風伴舞腰正是玉人腸絶處一渠春水赤闌橋
南内牆東御路傍須知春色柳絲黃杏花未肯無情思何事行人最斷腸
蘇小門前柳萬條毿毿金線拂平橋黃鶯不語東風起深閉朱門伴舞腰
金縷毿毿碧瓦溝六宮眉黛惹香愁晚來更帶龍池雨半拂闌干半入樓
館娃宮外鄴城西遠映征帆近拂隄繫得王孫歸意切不同芳草綠萋萋
兩兩黃鸝色似金裊枝啼露動芳音春來幸自長如線可惜牽纏蕩子心
御柳如絲映九重鳳凰窗映繡芙蓉景陽樓畔千條路一面新妝待曉風
織錦機邊鶯語頻停梭垂淚憶征人塞門三月猶蕭索縱有垂楊未覺春

南歌子

手裏金鸚鵡胸前繡鳳凰偷眼暗形相不如從嫁與作鴛鴦
似帶如絲柳團酥握雪花簾捲玉鉤斜九衢塵欲暮逐香車
鬟墮低梳髻連娟細掃眉終日兩相思為君憔悴盡百花時
臉上金霞細眉間翠鈿深欹枕覆鴛衾隔簾鶯百囀感君心
撲蕊添黃子呵花滿翠鬟鴛枕映屏山月明三五夜對芳顏
轉眄如波眼娉婷似柳腰花裏暗相招憶君腸欲斷恨春宵
懶拂鴛鴦枕休縫翡翠裙羅帳罷爐熏近來心更切為思君

花间集十卷　民国十年（1921）上海扫叶山房石印本

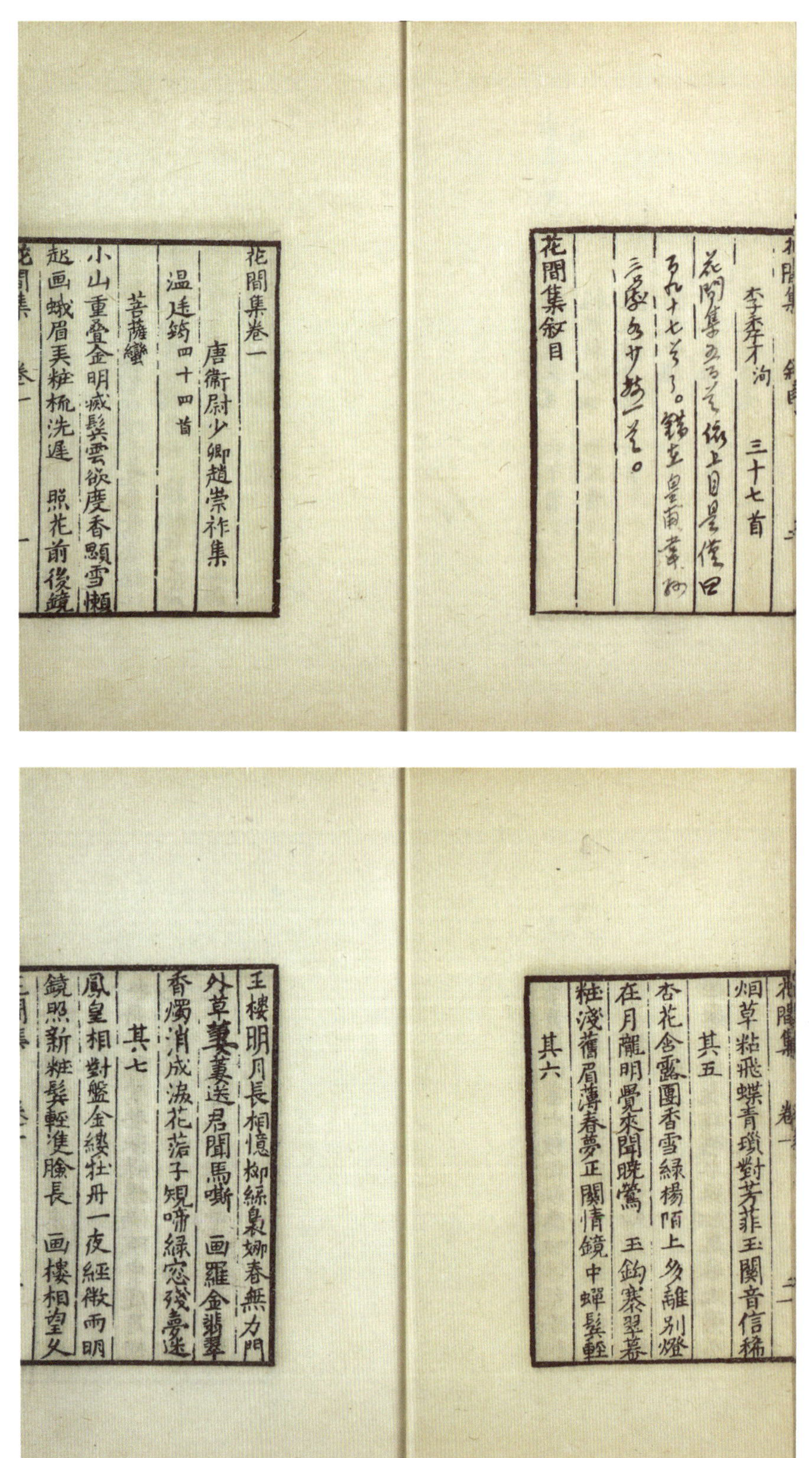

花间集十二卷补二卷　民国上海涵芬楼影印明万历三十年（1602）玄览斋刻本（巾箱本）

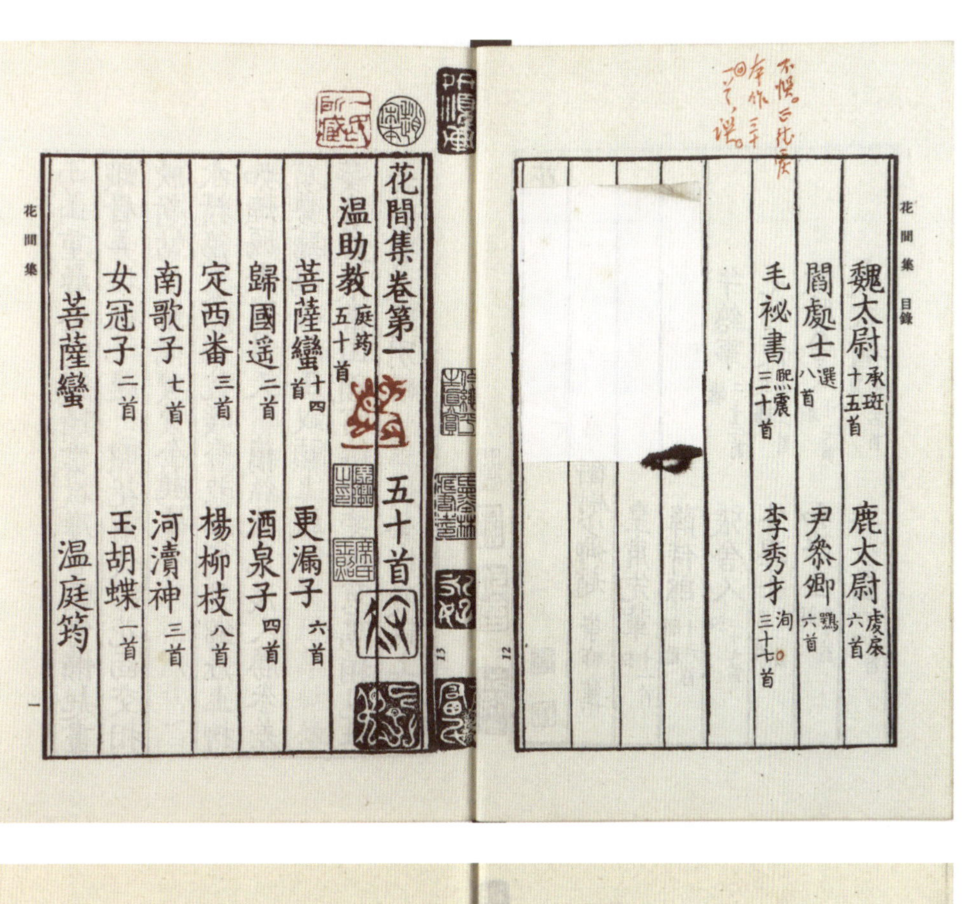

花間集 目錄

魏太尉 承班 十五首　鹿太尉 虔扆 六首

閻處士 選 八首　尹參卿 鶚 六首

毛祕書 熙震 三十首　李秀才 珣 三十七首

花間集卷第一　五十首

溫助教 庭筠 五十首

菩薩蠻 十四首　更漏子 六首

歸國遙 二首　酒泉子 四首

定西番 三首　楊柳枝 八首

南歌子 七首　河瀆神 三首

女冠子 二首　玉胡蝶 一首

菩薩蠻　溫庭筠

花間集 一

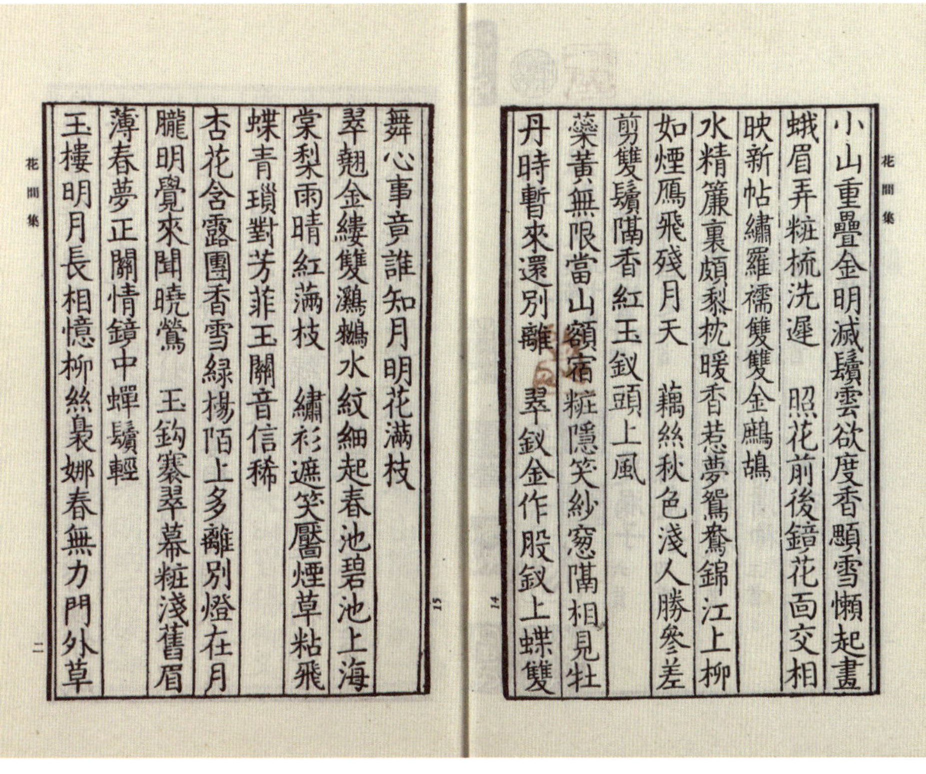

花間集

小山重疊金明滅鬢雲欲度香顋雪懶起畫蛾眉弄粧梳洗遲　照花前後鏡花面交相映新帖繡羅襦雙雙金鷓鴣

水精簾裏頗黎枕暖香惹夢鴛鴦錦江上柳如煙鴈飛殘月天　藕絲秋色淺人勝參差剪雙鬢隔香紅玉釵頭上風

蘂黃無限當山額宿粧隱笑紗窗隔相見牡丹時暫來還別離　翠釵金作股釵上蝶雙舞心事竟誰知月明花滿枝

翠翹金縷雙鸂鶒水紋細起春池碧池上海棠梨雨晴紅滿枝　繡衫遮笑靨煙草粘飛蝶青瑣對芳菲玉關音信稀

杏花含露團香雪綠楊陌上多離別燈在月朧明覺來聞曉鶯　玉鉤褰翠幕粧淺舊眉薄春夢正關情鏡中蟬鬢輕

玉樓明月長相憶柳絲裊娜春無力門外草

花間集 二

花间集十卷　1955 年文学古籍刊行社影印宋绍兴十八年（1148）刻本

毛祕書熙震三十首

李秀才珣三十一首

花間集卷第一　銀青光祿大夫行衛尉少卿趙崇祚集

温庭筠五十首

菩薩蠻

小山重疊金明滅。鬢雲欲度香顋雪。懶起畫蛾眉。弄粧梳洗遲。照花前後鏡。花面交相映。新帖繡羅襦。雙雙金鷓鴣。

其二

水精簾裏頗梨枕。暖香惹夢鴛鴦錦。江上柳如煙。鴈飛殘月天。藕絲秋色淺。人勝參差剪。雙鬢隔香紅。玉釵頭上風。

其三

蘂黃無限當山額。宿粧隱笑紗窻隔。相見牡丹時。暫來還別離。翠釵金作股。釵上蝶雙舞。心事竟誰知。月明花滿枝。

其四

翠翹金縷雙鸂鶒。水紋細起春池碧。池上海棠梨。雨晴紅滿枝。繡衫遮笑靨。煙草粘飛蝶。青瑣對芳菲。玉關音信稀。

其五

杏花含露團香雪。綠楊陌上多離別。燈在月朧明。覺來聞曉鶯。玉鈎褰翠幕。粧淺舊眉薄。春夢正關情。鏡中蟬鬢輕。

其六

玉樓明月長相憶。柳絲裊娜春無力。門外草萋萋。送君聞馬嘶。畫羅金翡翠。香燭銷成淚。花落子規啼。綠窻殘夢迷。

其七

鳳皇相對盤金縷。牡丹一夜經微雨。明鏡照新粧。鬢輕雙臉長。畫樓相望久。欄外垂絲柳。音

花间集十卷　明正德十六年（1521）吴郡陆元大仿宋刻本

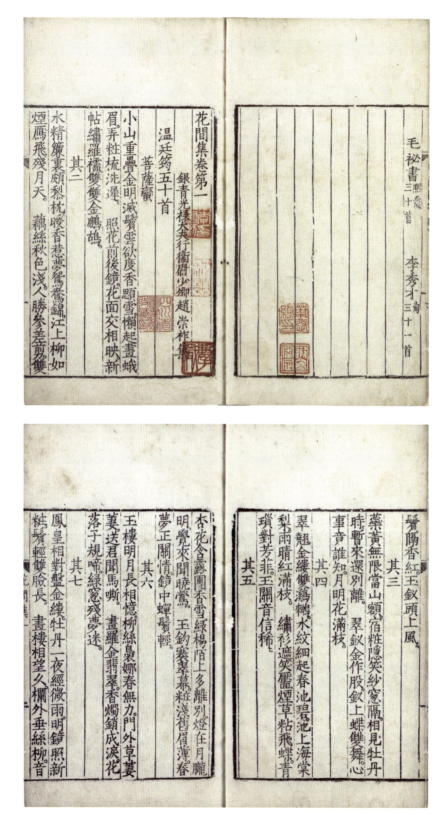

花間集卷第一　五十首

銀青光祿大夫衛尉少卿趙崇祚集

温助教庭筠五十首

後卻斜陽杏花零落香　無言勻睡臉
枕上屏山掩　時節欲黃昏　無憀獨倚門

其十二

夜來皓月纔當午　重簾悄悄無人語　深
處麝烟長　臥時留薄粧　當年還自惜
往事那堪憶　花落月明殘　錦衾知曉寒

其十三

雨晴夜合玲瓏日　萬枝香裊紅絲拂　閑
夢憶金堂　滿庭萱草長　繡簾垂箓簌
眉黛遠山綠　春水渡溪橋　凭欄魂欲銷

花间集校初稿十卷附录一卷　李一氓稿本

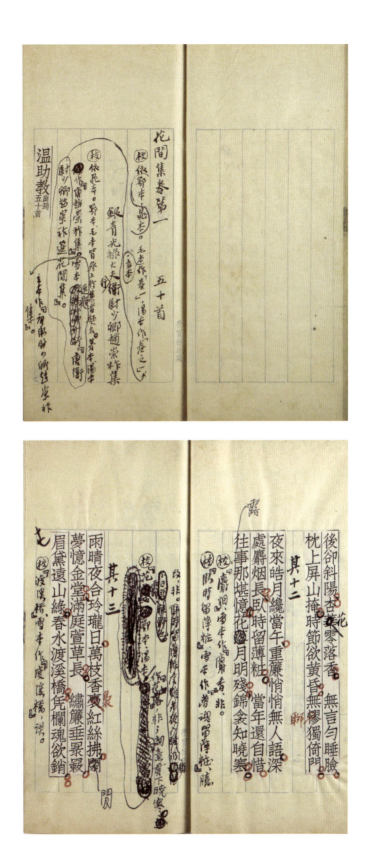

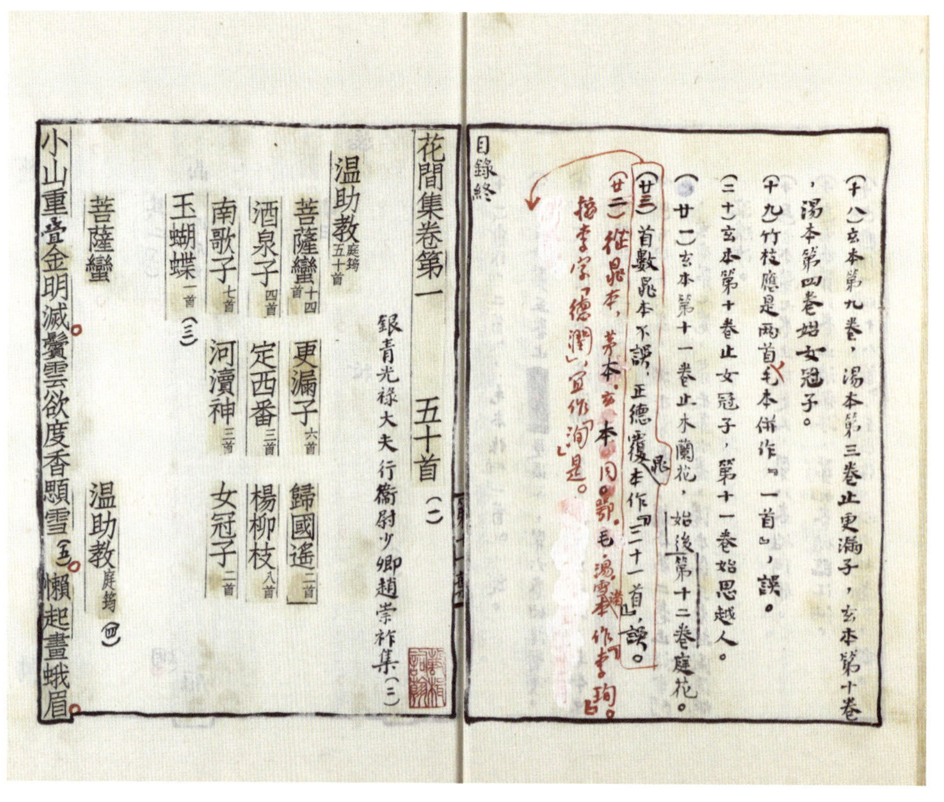

(十八)玄本第九卷，湯本第三卷止更漏子，玄本第十卷，湯本第四卷始女冠子。
(十九)竹枝應是兩首，毛本併作"一首"，誤。
(二十)玄本第十卷止女冠子，第十一卷始思越人。
(廿一)玄本第十一卷止木蘭花，始後第十二卷庭花。
(廿三)首數鼂本不誤，正德覆鼂本作"三十一首"，誤。
(廿二)從鼂本，茅本、玄本同。鄂、毛、湯、雪諸本作"李珣"。按李字"德潤"，宜作"珣"是。
目錄終

花間集卷第一　五十首(一)
銀青光祿大夫行衛尉少卿趙崇祚集(二)
温助教 庭筠 五十首
菩薩蠻 十四首　更漏子 六首　歸國遙 二首
酒泉子 四首　定西番 三首　楊柳枝 八首
南歌子 七首　河瀆神 三首　女冠子 二首
玉蝴蝶 一首(三)
菩薩蠻
温助教 庭筠(四)
小山重疊金明滅鬢雲欲度香顋雪(五)懶起畫蛾眉

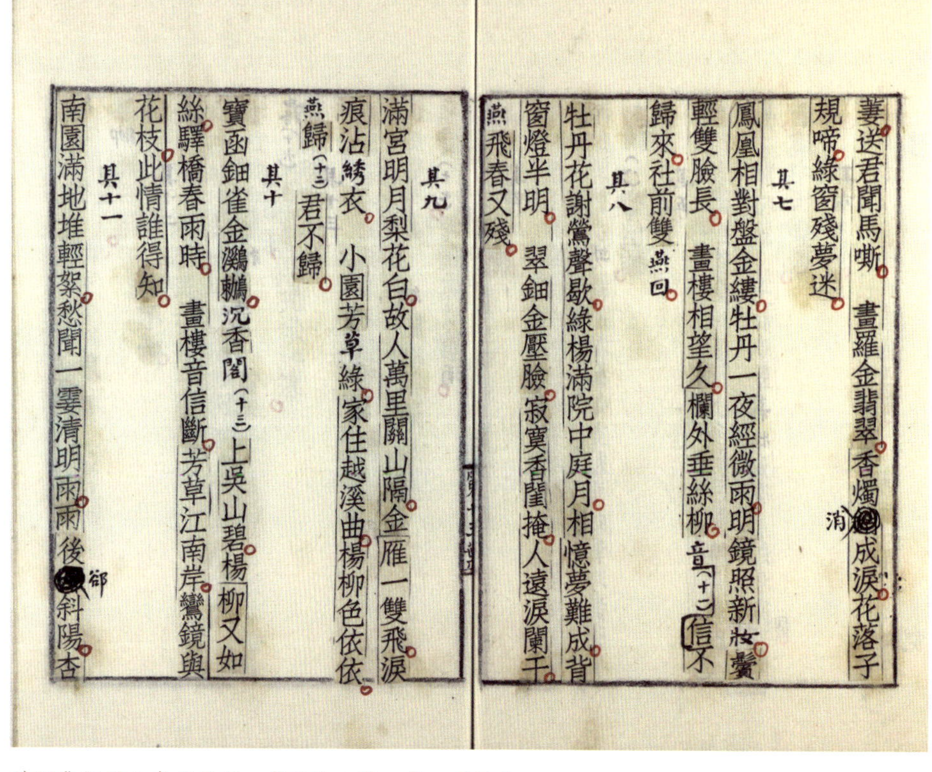

萋送君聞馬嘶　畫羅金翡翠　香燭消成淚　花落子
規啼綠窗殘夢迷
其七
鳳凰相對盤金縷牡丹一夜經微雨明鏡照新妝鬢
輕雙臉長　畫樓相望久欄外垂絲柳音(十二)信不
歸來社前雙燕回
其八
牡丹花謝鶯聲歇綠楊滿院中庭月相憶夢難成背
窗燈半明　翠鈿金壓臉寂寞香閨掩人遠淚闌干
燕飛春又殘
其九
滿宮明月梨花白故人萬里關山隔金雁一雙飛淚
痕沾繡衣　小園芳草綠家住越溪曲楊柳色依依
燕歸(十三)君不歸
其十
寶函鈿雀金鸂鶒沉香閣(十三)上吳山碧楊柳又如
絲驛橋春雨時　畫樓音信斷芳草江南岸鸞鏡與
花枝此情誰得知
其十一
南園滿地堆輕絮愁聞一霎清明雨雨後却斜陽杏

花间集校稿十卷校后记一卷附录二卷　李一氓稿本

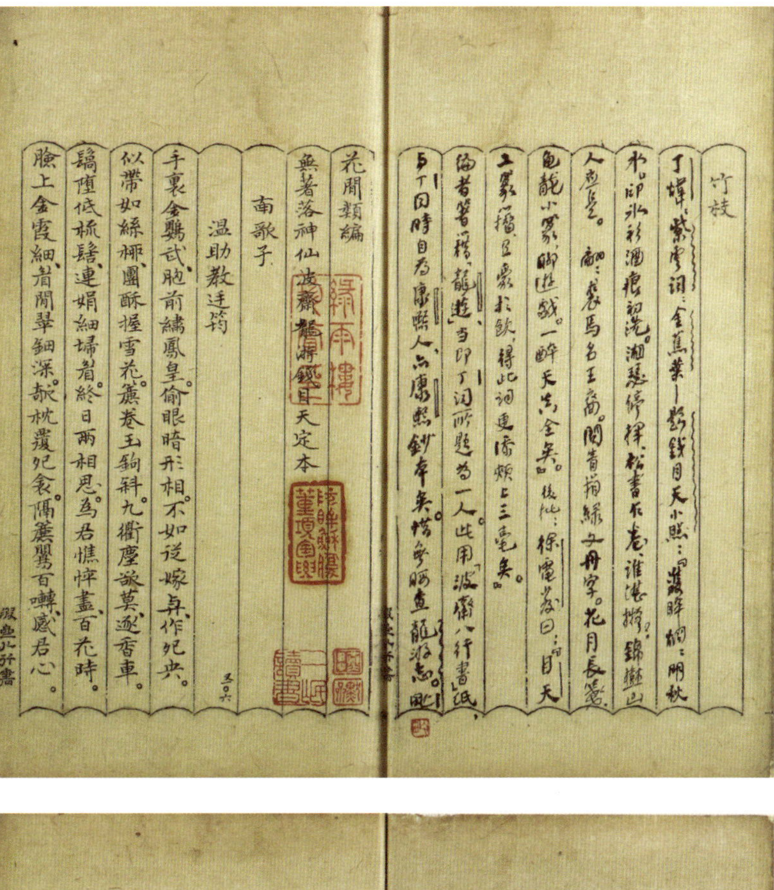

竹枝

丁焯紫霞詞：金蕉葉一斛錢目天小照：蘋眸烱烱明秋水，口印冰彩酒痕初浣。湘裙停揮，松書在卷，誰堪攜錦繡山人畫。兩兩春馬名王畫，閒者指緣子丹字。花月長饕龜龍小篆，卿遊戲。一醉天光全矣。後批：祿霞若曰：目天工篆擅且嗜於飲，得此詞遂擅媲上三毫矣。倫者皆稱龍遊，當即丁詞所題為一人。此用波衛八行書紙，與丁同時，自為康熙人，而康熙鈔本矣。搭魚晦查龍游志。

花間類編

無著落神仙波斯鑒目天定本

南歌子

溫助教廷筠

手裏金鸚鵡，胸前繡鳳凰。偷眼暗形相，不如從嫁與，作鴛鴦。

似帶如絲柳，團酥握雪花。簾卷玉鉤斜，九衢塵欲暮，逐香車。

鬢墮低梳髻，連娟細掃眉。終日兩相思，為君憔悴盡，百花時。

臉上金霞細，眉間翠鈿深。欹枕覆鴛衾，隔簾鶯百囀，感君心。

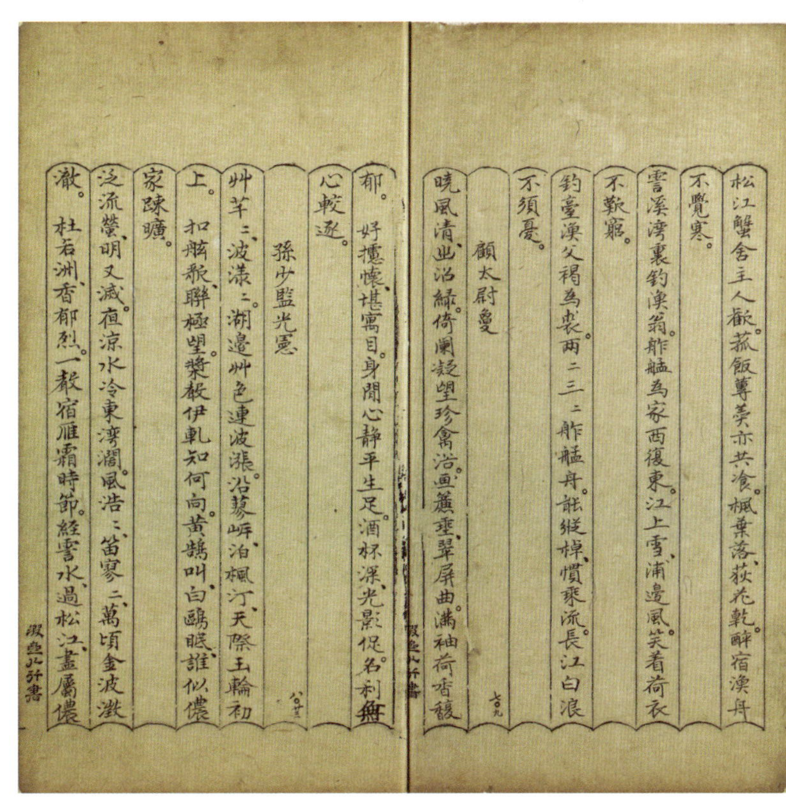

松江蟹舍主人歡，菰飯蓴羹亦共餐。楓葉落，荻花乾，醉宿漁舟不覺寒。

雪溪灣裏釣漁翁，舴艋為家西復東。江上雪，浦邊風，笑着荷衣不歎窮。

釣臺漁父褐為裘，兩兩三三舴艋舟。能縱棹，慣乘流，長江白浪不須憂。

顧太尉敻

曉風清，幽沼綠，倚闌凝望珍禽浴。畫簾垂，翠屏曲，滿袖荷香馥郁。好攄懷，堪寓目，身閒心靜平生足。酒杯深，光影促，名利無心較逐。

孫少監光憲

艸芊芊，波漾漾，湖邊艸色連波漲。沿蓼岸，泊楓汀，天際玉輪初上。扣舷歌，聯極望，槳聲伊軋知何向。黃鵠叫，白鷗眠，誰似儂家疏曠。

泛流螢，明又滅，夜涼水冷東灣闊。風浩浩，笛寥寥，萬頃金波澄澈。杜若洲，香郁烈，一聲宿雁霜時節。經雪水，過松江，盡屬儂

花间类编不分卷　钱觐稿本（李一氓抄补）

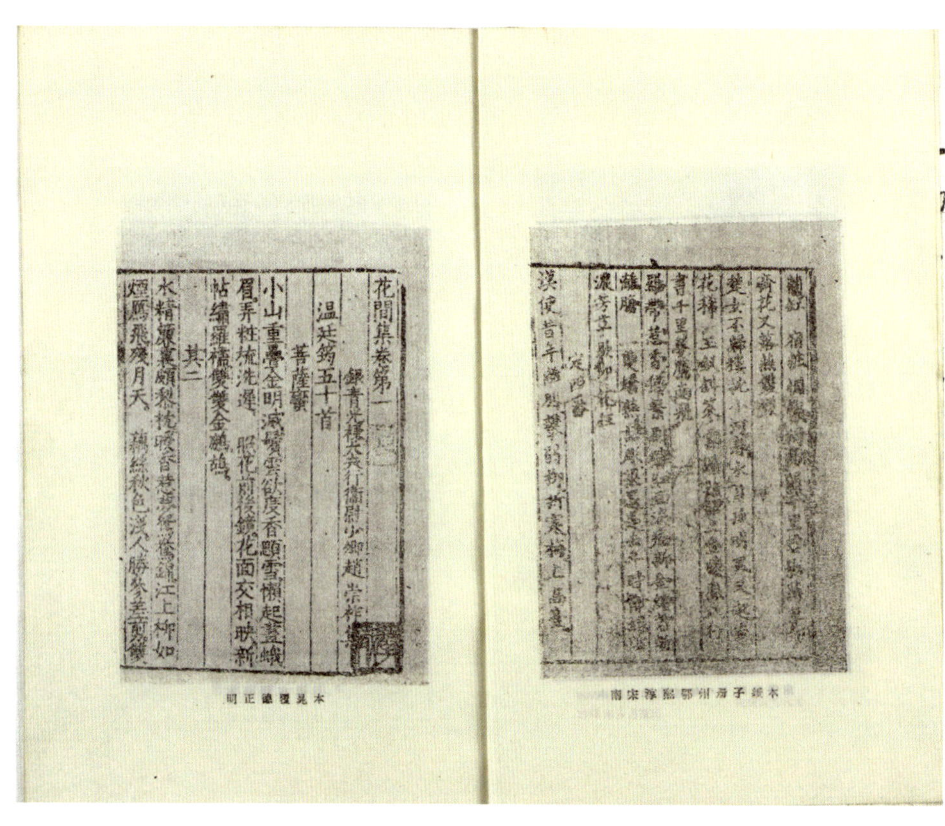

花間集卷第一　銀青光祿大夫行衛尉少卿趙崇祚集

溫庭筠五十首

菩薩蠻

小山重疊金明滅，鬢雲欲度香顋雪。懶起畫蛾眉，弄粧梳洗遲。照花前後鏡，花面交相映。新帖繡羅襦，雙雙金鷓鴣。

其二

水精簾裏頗黎枕，暖香惹夢鴛鴦錦。江上柳如煙，雁飛殘月天。藕絲秋色淺，人勝參差翦……

其二

秋風緊，平磧雁行低。陣雲齊。蕭蕭颯颯，邊聲四起，愁聞戍角與征鼙(十九)。青塚北，黑山西。沙飛聚散無定，往往路人迷。鐵衣冷，戰馬血沾蹄。破番奚(二十)。鳳凰詔下，步步躡丹梯。

紗窗恨

新春燕子還來至，一雙飛。壘巢泥濕時時墜，涴人衣(二十一)。後園裏看百花發，香風拂繡戶金扉。月照紗窗，恨依依。

其二

雙雙蝶翅塗鉛粉，咂花心。綺窗繡戶飛來穩，畫堂陰。二三月愛隨飄絮

(二十二)，伴落花來拂衣襟。更剪輕羅片，傅黃金(二十三)。

柳含煙

隋堤柳，汴河旁(二十四)。夾岸綠陰千里，龍舟鳳舸木蘭香。錦帆張。因夢江南春景好。一路流蘇羽葆，笙歌未盡起橫流。鎖春愁。

其二

河橋柳，占芳春。映水含煙拂路，幾回攀折贈行人。暗傷神。樂府吹爲橫笛曲。能使離腸斷續。不如移植在金門。近天恩。

其三

章臺柳，近垂旒。低拂往來冠蓋，朦朧(二十五)春色滿皇州。瑞煙浮。直與(二十六)

花间集校十卷校后记一卷附录二卷　1973年商务印书馆香港分馆铅印本（重印）

花間集卷第一
銀青光禄大夫行衛尉少卿趙崇祚集
温廷筠五十首
菩薩蠻
小山重疊金明滅。鬢雲欲度香顋雪。懶起畫蛾
眉。弄粧梳洗遲。　照花前後鏡。花面交相映。新
帖繡羅襦。雙雙金鷓鴣。
其二
水精簾裏頗黎枕。暖香惹夢鴛鴦錦。江上柳如
煙。鴈飛殘月天。　藕絲秋色淺。人勝參差剪。雙
鬢隔香紅。玉釵頭上風。
其三
蘂黄無限當山額。宿粧隱笑紗窻隔。相見牡丹
時。暫來還別離。　翠釵金作股。釵上蝶雙舞。心
事竟誰知。月明花滿枝。
其四
翠翹金縷雙鸂鶒。水紋細起春池碧。池上海棠
梨。雨晴紅滿枝。　繡衫遮笑靨。煙草粘飛蝶。青
瑣對芳菲。玉關音信稀。
其五

寶函鈿雀金鸂鶒。沉香閣上吳山碧。楊柳又如
絲。驛橋春雨時。　畫樓音信斷。芳草江南岸。鸞
鏡與花枝。此情誰得知。
其十一
南園滿地堆輕絮。愁聞一霎清明雨。雨後却斜
陽。杏花零落香。　無言勻睡臉。枕上屏山掩。時
節欲黄昏。無憀獨倚門。
其十二
夜來皓月纔當午。重簾悄悄無人語。深處麝煙
長。卧時留薄粧。　當年還自惜。往事那堪憶。花
露月明殘。錦衾知曉寒。
其十三
雨晴夜合玲瓏日。萬枝香裊紅絲拂。閑夢憶金
堂。滿庭萱草長。　繡簾垂箓簌。眉黛遠山綠。春
水渡溪橋。凭欄魂欲銷。
其十四
竹風輕動庭除冷。珠簾月上玲瓏影。山枕隱穠
粧。綠檀金鳳皇。　兩蛾愁黛淺。故國吳宮遠。春
恨正關情。畫樓殘點聲。
更漏子

花间集十卷　民国三年（1914）吴昌绶影刻明正德十六年（1521）吴郡陆元大仿宋刻本（蝴蝶装）

劉向古列女傳卷之一

母儀傳

有虞二妃

有虞二妃者帝堯之二女也長娥皇次女英舜父頑母嚚父號瞽叟弟曰象敖游於嫚舜能諧柔之承事瞽叟以孝母憎舜而愛象舜猶內治靡有姦意四嶽薦之於堯堯乃妻以二女以觀厥內二女承事舜於畎畝之中不以天子之女故而驕盈怠嫚猶謙謙恭儉思盡婦道瞽叟與象謀殺舜使塗廩舜歸告二女曰父母使我塗廩我其往二女曰往哉舜既治廩乃

捐階瞽叟焚廩舜往飛出象復與父母謀使舜浚井舜乃告二女二女曰俞往哉舜往浚井格其出入從掩舜潛出時既不能殺舜瞽叟又速舜飲酒醉將殺之舜告二女二女乃與舜藥浴汪遂往舜終日飲酒不醉舜之女弟繫憐之與二嫂諧父母欲殺舜舜猶不怨怒之不已舜往于田號泣日呼旻天呼父母惟害若茲思慕不已不怨其弟篤厚不怠既納于百揆賓于四門選于林木入于大麓堯試之百方每事常謀于二女舜既嗣位升為天子娥皇為后女英為妃封象于有庳事瞽叟猶若焉天下稱二妃聰明貞仁

刘向古列女传七卷

（汉）刘向撰　**续列女传一卷**　明万历三十四年（1606）刻本　李一氓题记　潘絜兹补图

本书为明代著名的徽派刻工黄氏所刊，刊印甚精，附图精美。书中缺损，为李一氓抄补，并1955年、1977年题记两则。潘絜兹补绘之《周室三母图》，李一氓评其“线条清朗，不输原刻。既足成完璧，又生面别开”。

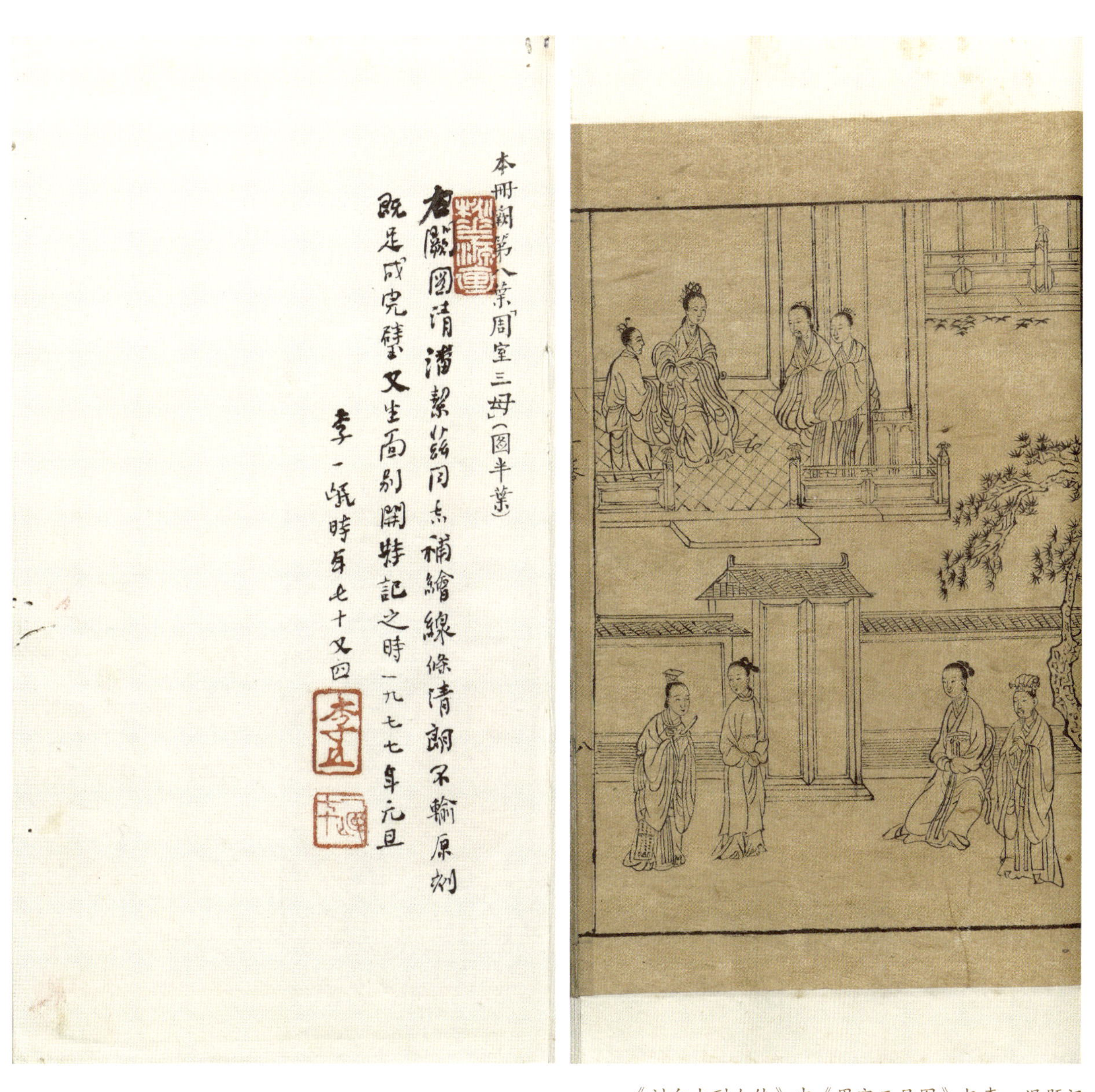

《刘向古列女传》中《周室三母图》与李一氓题记

清咸丰官票宝钞

清咸丰印

中国最早的纸币在北宋时期四川地区产生，名为“交子”。交子的出现使中国成为最早使用纸币的国家，是中国古代货币史上由金属货币向纸币的重要演变。元代及明初亦有发行纸币，清顺治八年（1651）曾试发行纸币，三年即停。太平天国运动时，通货膨胀严重，咸丰三年（1853）户部集议，准制钱钞、银票相辅而行。

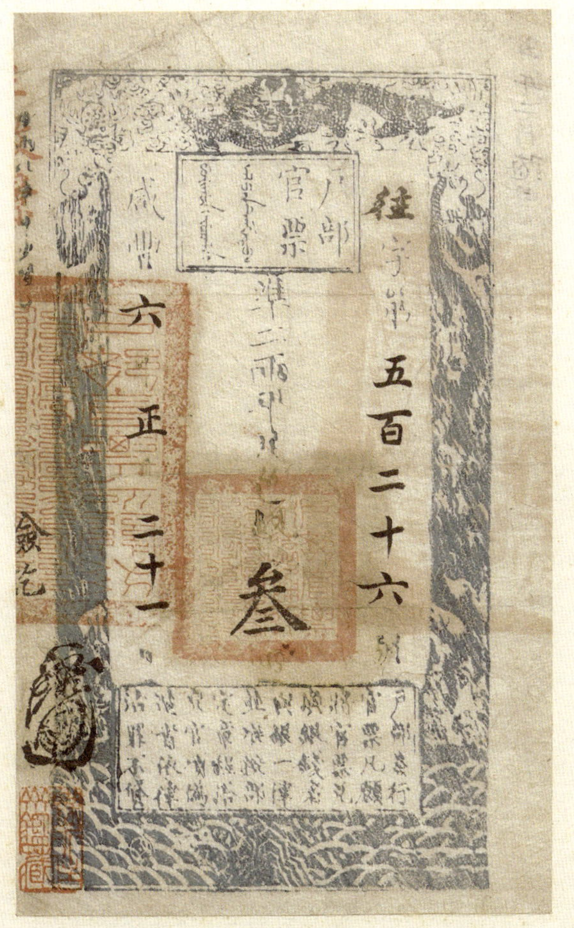

户部官票

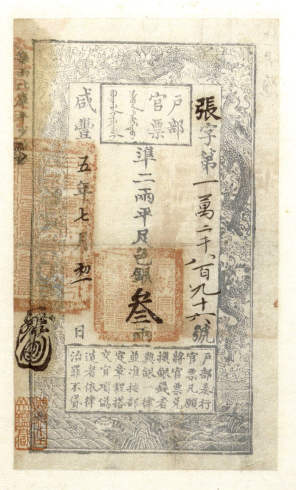

四川，天府之国，物华天宝，人杰地灵。唐五代以来，成都就成为全国著名的雕版印刷中心。1944年在成都市出土的唐代成都府印《陀罗尼经咒》，是目前发现的较早印本。其边题『成都府成都县□龙池坊□□□近卞□□印卖咒本□□□』，反映了雕版印刷在当时成都的流行。其后，蜀刻《开宝藏》『眉山七史』、《太平御览》《册府元龟》、蜀刻唐人文集等，将蜀刻文献装点得熠熠生辉。蜀地不仅刻书业发达，而且自古就有藏书、护书的传统，大量诞生于蜀地的典籍文献与外来书籍在此汇聚，经过一代代的积累沉淀，汇聚册库，插架琅嬛，流传至今。这些书籍具有重要文献、历史、艺术价值，在蜀地散发着盈盈书香。

第四单元

天府芸编细细香

刻本

刻本，雕版印本的简称。指雕刻木板制成阳文反字印版，而后敷墨覆纸刷印而成的书本。中国雕版印刷术发明很早，唐代已有雕版印刷的书籍流行。五代已由政府指令国子监校刻《九经》及《经典释文》。至宋代，雕版印刷的书籍大兴，旁及辽、金、西夏，直至元、明、清，前后盛行1000余年。在发展过程中，由于时代的变迁和刻印技术的发展，历史上形成不同形式的刻本，显示出不同的风格。从时代划分，刻本分为宋、辽、西夏、金、元、明、清刻本；从地域划分，有蜀刻本、浙刻本、闽刻本等；从出资人或主刻人的角度划分，可以分为官刻、私刻、坊刻等；因墨色又分为墨印本、朱印本、蓝印本等等。

宋元刻书

两宋，将刻书推向了高峰。其有官刻、私刻、坊刻三大系统，形成了庞大的刻书网，刻书地区遍及全国，其中浙江、四川、福建、汴梁（今开封）、江西刻书尤为发达。从刻印内容来看，官刻儒家经典、历代史书、佛道经典及《太平御览》《太平广记》《册府元龟》《文苑英华》等大型类书；私家刻书则以流行的经史、文学书籍为多；坊刻为售卖营利，多刻应举读物、经史百家及唐宋名家诗文集等。两宋刻书众多，内容丰富，版印精美，流通广泛，可谓是雕版印刷史上的黄金时代。在继承了宋代刻书的基础上，元代刻书有了一定的发展，并以福建建阳和山西平阳最为繁荣。据清钱大昕《补元史艺文志》统计，元代刻印、流通图书，经部 804 种，史部 477 种，子部 763 种，集部 1098 种，计 3142 种。元代官刻以《金史》、《宋史》、大德间九路本“十史”等为代表，私刻仍重经史、文学，坊刻则正统典籍与通俗读物并重，较为出名的书坊有建安余氏勤有堂、刘氏日新堂、虞氏务本堂等。此外，书院刻书亦是元代刻书的显著特色。

陳書六本紀三十列傳凡三十六篇唐散騎常
侍姚思廉譔始思廉父察梁陳之史官也録二
代之事未就而陳亡隋文帝見察甚重之每就察
訪梁陳故事察因以所論載每一篇成輙奏之
而文帝亦遣虞世基就察求其書又未就而察
死察之將死屬思廉以繼其業唐興武德五年
高祖以自魏以來二百餘世統統數更史事放
逸乃詔譔次而思廉遂受詔爲陳書久之猶不
就貞觀三年遂詔論譔於秘書内省十年正月

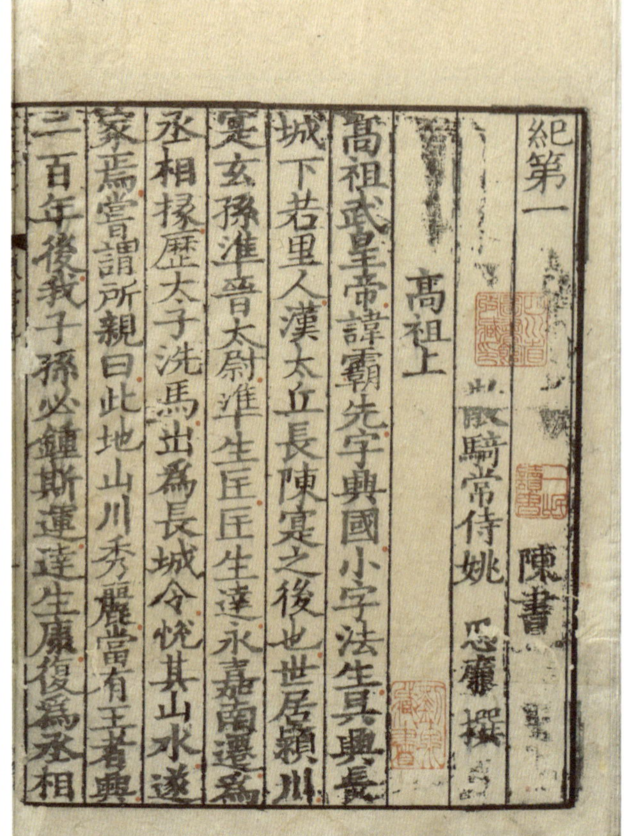
紀第一　陳書
散騎常侍姚　思廉撰
高祖上
高祖武皇帝諱霸先字興國小字法生吳興長
城下若里人漢太丘長陳寔之後也世居潁川
寔玄孫準晉太尉準生匡匡生達永嘉南遷爲
丞相掾歷太子洗馬出爲長城令悅其山水遂
家焉嘗謂所親曰此地山川秀麗當有王者興
二百年後我子孫必鍾斯運達生康復爲丞相

陈书三十六卷

（唐）姚思廉撰　宋刻元修本

《陈书》为纪传体断代史书。所载为南朝陈上自陈武帝永定元年（557），下至陈后主祯明三年（589）三十余年的史事。全书共36卷，分本纪6卷、列传30卷，是二十四史中内容最少的一部。本馆藏本为“眉山七史”本，是现存最早的版本。

在宋代，眉山是雕印古籍的重要地区。眉山刻书兴起于北宋，鼎盛于南宋，前后历经三百余年。“眉山七史”即《宋书》《南齐书》《梁书》《陈书》《魏书》《北齐书》《周书》，是由四川转运使井宪孟在绍兴年间所刻。所据底本为国子监本，开本宏朗，行宽字大，因而被称为蜀刻大字本。元代对书版进行修补，印书称宋刻元修本。明代书版残缺，修补后印书称“三朝本”，即宋刻、元修、明再修本。清嘉庆十一年（1806），版片毁于南京。“眉山七史”雕版历经宋、元、明、清，并多次付梓，保存了数百年，是世界上保存最久的雕版印刷刻版之一。

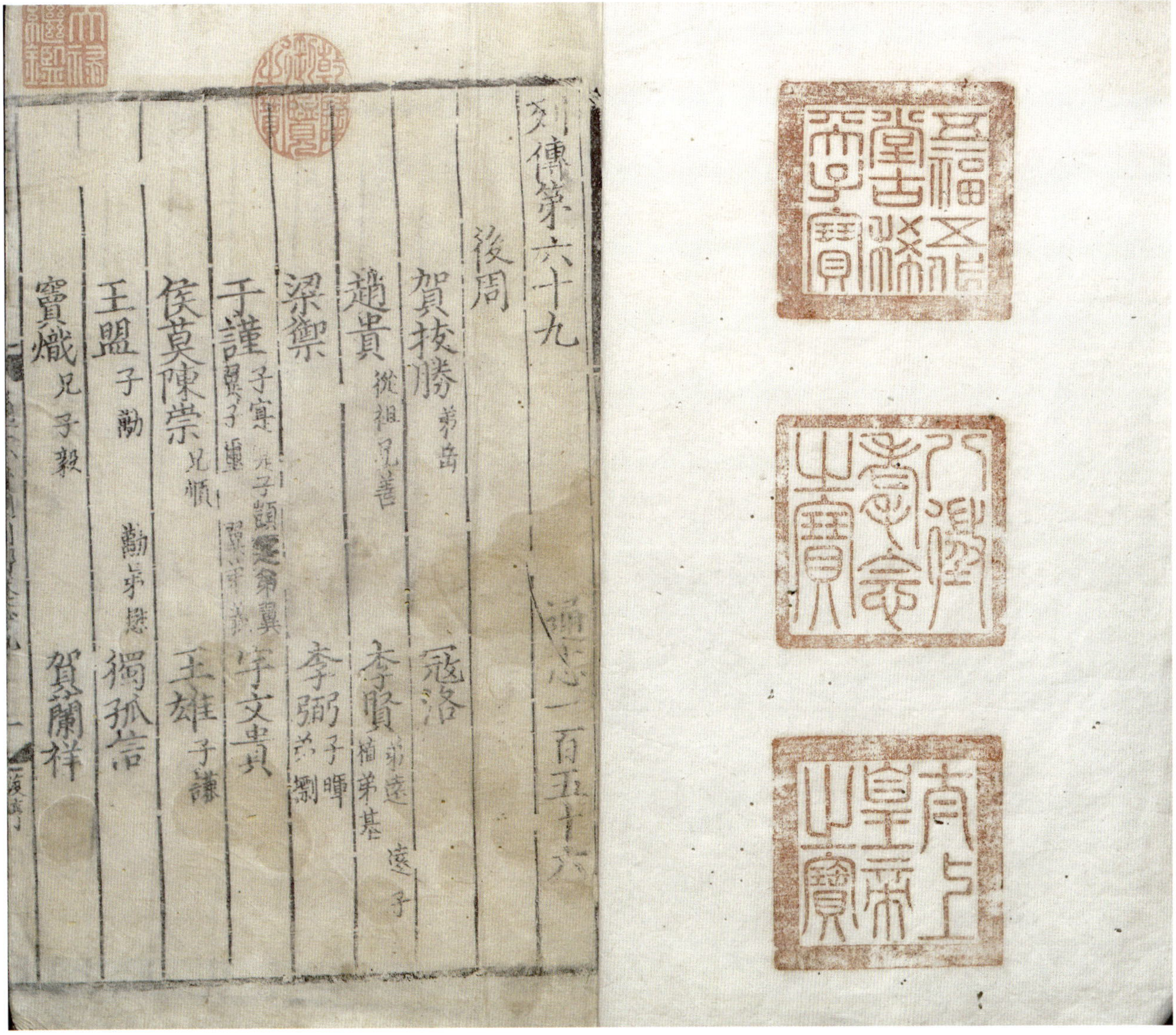

通志二百卷

（宋）郑樵撰　元大德三山郡庠刻本

《通志》是以人物为中心的纪传体通史。撰于宋绍兴二十九年至三十一年（1159—1161），书成后上表奉献朝廷，得授枢密院编修。全书有帝纪18卷、后妃传2卷、年谱4卷、略51卷、列传125卷。因取材广泛，内容丰富，史料价值大而为后世所重。本书是现存《通志》的最早版本。

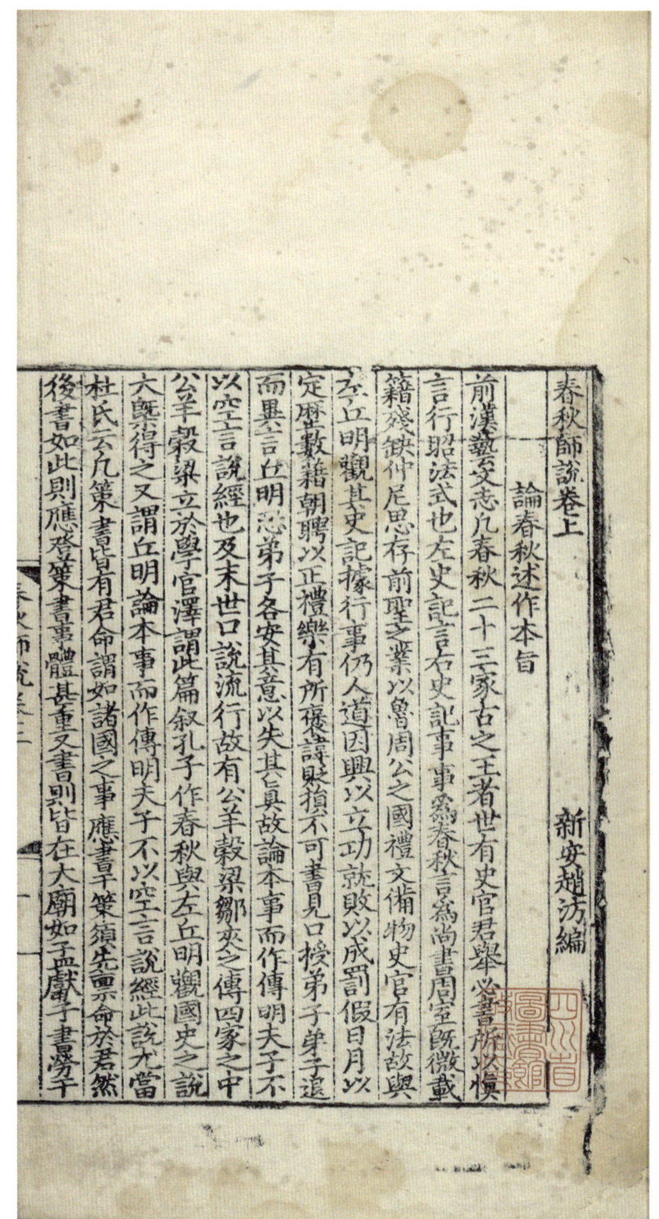
春秋師說卷上

論春秋述作本旨　　新安趙汸編

前漢藝文志凡春秋二十三家古之王者世有史官君舉必書所以慎言行昭法式也左史記言右史記事事爲春秋言爲尚書周室既微載籍殘缺仲尼思存前聖之業以魯周公之國禮文備物史官有法故與左丘明觀其史記據行事仍人道因興以立功就敗以成罰假日月以定歷數藉朝聘以正禮樂有所褒諱貶損不可書見口授弟子弟子退而異言丘明恐弟子各安其意以失其真故論本事而作傳明夫子不以空言說經也及末世口說流行故有公羊穀梁鄒夾之傳四家之中公羊穀梁立於學官澤謂此篇叙孔子作春秋與左丘明觀國史之說大概得之又謂丘明論本事而作傳明夫子不以空言說經此說尤當杜氏云凡策書皆有君命謂如諸國之事應書于策須先禀命於君然後書如此則應登策書事體甚重又書則皆在大廟如孟獻子書勞于

春秋师说三卷附录二卷

（元）赵汸撰　元至正二十四年（1364）休宁商山义塾刻明弘治六年（1493）高忠重修本

本书实应为黄泽及其弟子赵汸二人共同的著作。二人被认为是元代在《春秋》经传方面最有成就的学者。本书推尊《左传》，认为“说《春秋》，当据《左传》事实而兼采《公》《穀》大义，此最为简要”，“别无他巧”。本书是现存《春秋师说》最早版本。

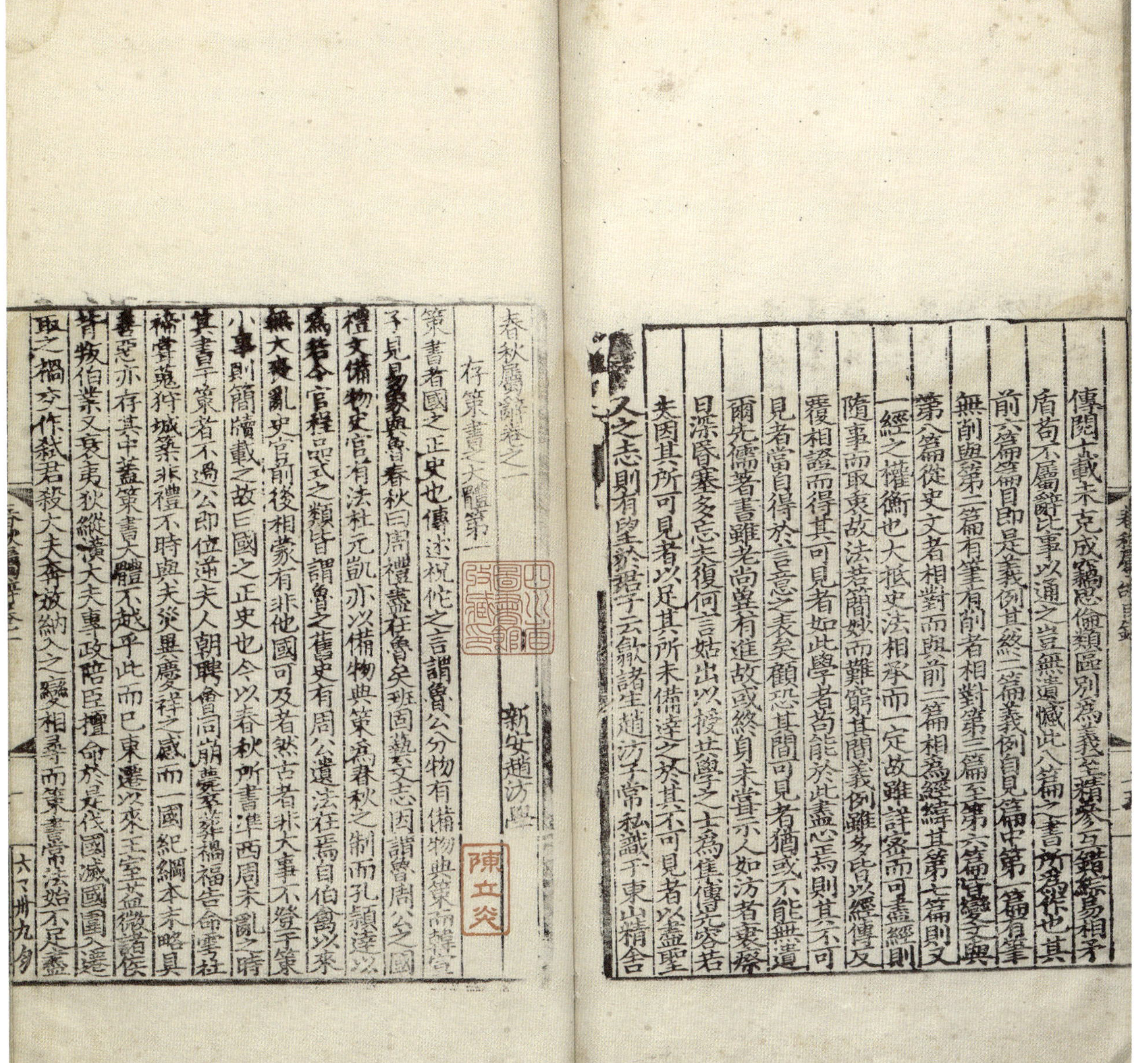
傳閱十載未克成編悉倫類區別為義至精參互錯綜易相矛盾苟不屬辭比事以通之豈無遺憾此八篇之書所為作也其前六篇篇目即是義例其終二篇義例自見篇中第一篇有筆無削與第二篇有筆有削者相對第三篇至第六篇皆變文與第八篇從史文者相對而與前二篇相為經緯其第七篇則又一經之權衡也大抵史法相承而一定故雖詳密而可盡經則隨事而取衷故法若簡約而難窮其間義例雖多皆以經傳反覆相證而得其可見者如此學者苟能於此盡心焉則其不可見者當自得於言意之表矣顧恐其間可見者猶或不能無遺爾先儒著書雖老尚冀有進故或終身未嘗示人如汸者衰孱日深昏塞多忘夫復何言姑出以授其學之士為僅傳之容若夫因其所可見者以足其所未備達之於其不可見者以盡聖人之志則有望於君子云歙諸生趙汸子常私識于東山精舍

春秋屬辭卷之一

存策書之大體第一　新安趙汸學

策書者國之正史也傳述祝佗之言謂魯公分物有備物典策而韓宣子見易象與魯春秋曰周禮盡在魯矣班固藝文志因謂魯周公之國禮文備物史官有法杜元凱亦以備物典策為春秋之制而孔穎達以為若今官程品式之類皆謂魯之舊史有周公遺法在焉自伯禽以來無大變亂史官前後相蒙有非他國可及者然古者非大事不登于策小事則簡牘載之故曰國之正史也今以春秋所書準西周未亂之時其書于策者不過公即位逆夫人朝聘會同崩薨卒葬禍福告命雩社禘嘗蒐狩城築非禮不時與夫災異慶祥之感而一國紀綱本末略具善惡亦存其中蓋策書大體不越乎此而已東遷以來王室益微諸侯背叛伯業又衰夷狄縱横大夫專政陪臣擅命於是伐國滅國圍入遷取之禍交作弑君殺大夫奔放納入之變相尋而策書常法始不足盡

春秋属辞十五卷

（元）赵汸撰　元至正二十四年（1364）休宁商山义塾刻明弘治六年（1493）高忠重修本

《春秋属辞》是一部申发笔削之义的著作，其笔削之义有八条原则，可谓《春秋》治学史上的一家之言，其方法自成体系。

明代藩府刻书

明太祖朱元璋为巩固政权，分封诸子于全国各地，此后诸帝多循此例。藩王待遇优厚，资财丰裕，多有刻书之好。秦藩、晋藩、周藩、楚藩、蜀藩、徽藩等最为著名，或翻刻宋元旧版古籍，或辑刻艺术、科技书籍，且多不计成本，校勘刻印精良，是明代官刻本中的佳品，历来受到版本学家珍视。

《四书集注·论语·为政》:“为政以德,譬如北辰,居其所而众星共之。”

四书集注三十卷

(宋)朱熹撰　明成化十六年(1480)吉府刻本

“四书”因统治者推崇,在中国古代政治、经济、文化众多方面产生极大影响,是研究中国古代思想史,特别是儒家思想的重要资料。本书为明代藩王刻书,具有开本阔大、纸墨俱佳的特点。

稿抄本

稿本是诸本之祖，出于著者之手，无传抄、翻刻之误，最为可信。稿中勾划增删之处可见著者著述、治学的历程，反映著者的学术思想，弥足珍贵。有的著者在书稿刻印之后，对原稿又陆续有修改增补，则可补通行本之不足。

抄本是稿本或印本的传抄本。雕版印刷流行之后，抄本与刻本并行不废。有些卷帙宏大、不便刻印的图书，只能抄写流传；已有刻本的图书，因无法得到印本，爱好者往往抄写录副；另有赏鉴家、藏书家为保存珍稀旧本而精心缮写的精抄本。若刻本亡佚，则赖抄本保存原书内容，若抄本出于不同版本系统，则有重要的校勘价值。抄本传世数量较刊本为少，出于名家抄写、校订的精抄本则更是珍贵文物。

藏书家遇到珍贵古籍，令抄手依照底本的点画、行款，一笔不苟地原样抄写，力求与原书不差丝毫，这样抄写出来的书籍，称影抄本。

西洋雜志卷第一　　遵義黎庶昌蒓齋輯録

英國呈遞國書情形

郭侍郎日記光緒二年十二月二十五日兩點一刻偕劉副使及繙譯官德明馬格里乘車至柏金哈恩巴雷司巴雷司者譯言宮殿也外設鐵柵門門以外觀者如堵牆無敢入者由鐵柵門入外大門院落宏敞四面皆樓房轉入二重門下車兵官數人旁侍一人前引徑上又稍折上樓三重至一長廳極雄麗其勞爾德禪伯爾勒恩二人曰開爾倫司曰宣摩爾及外部丞相德爾比及威妥瑪繙譯杉勒爾禱在明威在勞爾德禪伯爾勒恩者譯言御前大臣也相與小坐候之至三刻一人啓門入為傳宣者德爾比前導嵩燾與劉副使隨之以行下樓右轉至一小室君主當門立其公主曰被阿得利司旁侍入門鞠躬其君主亦鞠躬近前宣誦國書馬格里相繼宣誦英文畢因將國書捧授君主君主以手承之授德爾比置

西洋杂志八卷

（清）黎庶昌撰　稿本

黎庶昌是近代中国著名外交家和学者，“曾门四弟子”之一。黎庶昌驻欧五年间考察欧洲诸国，将经历和见闻编纂为《西洋杂志》。光绪年间又出使日本，在杨守敬的协助下访求辑录国内失传而复见于日本的珍贵古籍，将其影印成书，受到海内外士林的广泛赞誉。本书为黎氏手稿，用黑格稿纸，间有无格白纸书写，文中有修改、增补之处。毛装。

烟台會同　貴國欽差大臣威妥瑪將前案籌辦完結經李鴻章覆奏　貴國欽差大臣威妥瑪以為懲其既往不若保其將來朕特降旨著照所請將李珍國等應得罪名加恩寬免仍諭令各直省督撫懍遵上年諭旨照約保護並著總理各國事務衙門擬定告示咨行各省遵辦以期中外相安惟馬嘉理持照入滇邊境慘遭被害不但有關生命並致有傷和好朕深為惋惜茲特簡　欽差大臣署禮部左侍郎總理各國事務大臣郭嵩燾前赴　貴國代達衷曲以為真心和好之據朕知郭嵩燾幹練忠誠和平通達辦理中外事務甚為熟悉務望推誠相信得以永臻友睦共享昇平諒必深為歡悅也　大清光緒二年九月十七日

郭少宗伯侍郎誦詞

大清國　欽差大臣郭嵩燾副使劉錫鴻謹奉　國書呈遞　大英國　大君主五印度　大后帝上年雲南邊界蠻允地方有戕斃翻譯官馬嘉理一案當飭雲

之近窗小棠端君主因言此次遠来為通兩國之誼庶期永保和好勤尔用漢文宣述
嵩壽答曰足又問中國　大皇帝安好答曰　大皇帝安又言既收受　大皇
帝　國書亦當有書回致　大皇帝答曰是仍鞠躬而退其禮甚簡而相與
問勞致殷勤則便殿私見之儀也

惋惜滇案國書

大清國　大皇帝問　大英國　大君主五印度　大后帝好朕誕膺
天命寅紹丕基眷念友邦永敦和好光緒元年正月間　貴國繙譯官馬嘉理
持有護照由緬甸至滇省邊境被戕並將同行副將柏樂文殺擊阻朕特派湖廣總督
李瀚章前赴滇省秉公　查辦並降旨令各直省督撫通飭所屬地方官遇有執持護
照之人入境照約妥為辦理經李瀚章查明奏請將都司李珍國等分別治罪二年六月
朕又特派文華殿大學士直隸總督一等肅毅伯李鴻章為便宜行事大臣前赴山東

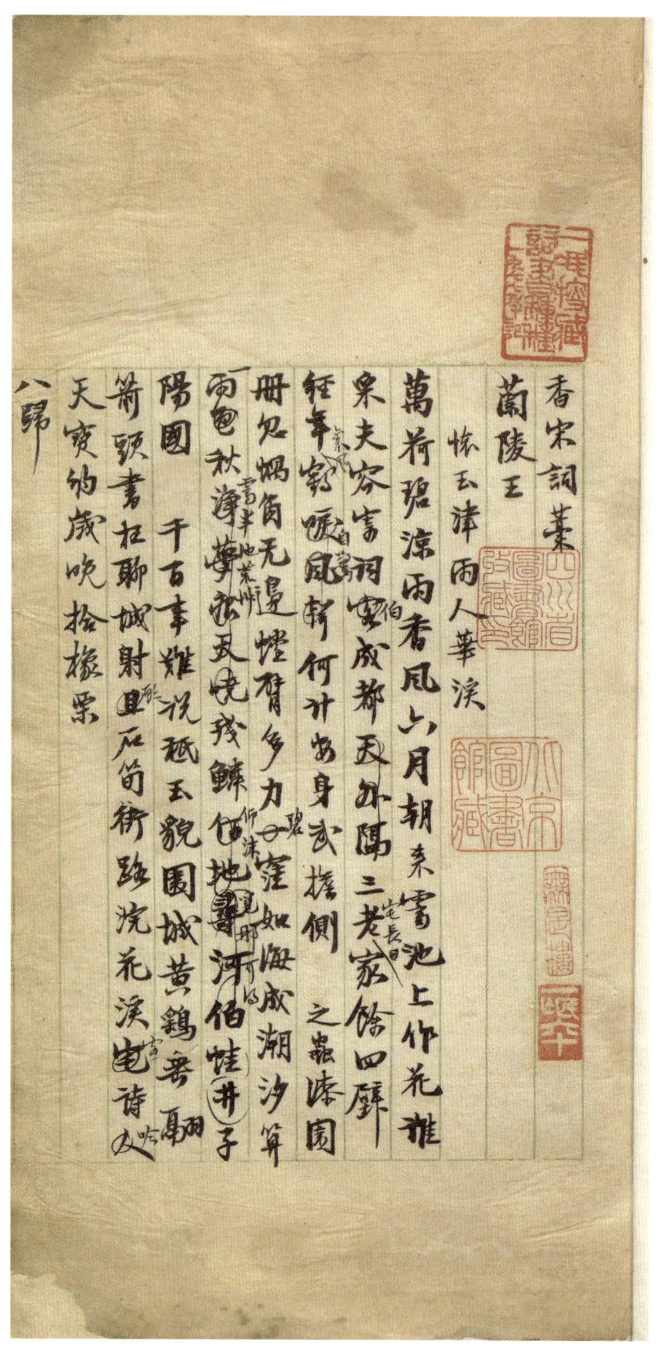
香宋詞藁

蘭陵王

香宋词稿一卷

赵熙撰　稿本

赵熙（1867—1948），字尧生，四川荣县人。清光绪十六年（1890）进士，授翰林院编修，官监察御史。赵诗宗宋，词仿南宋，字学苏体，故其又号香宋。此稿存词260首，亦有古风、七绝、七律等诗40余首。

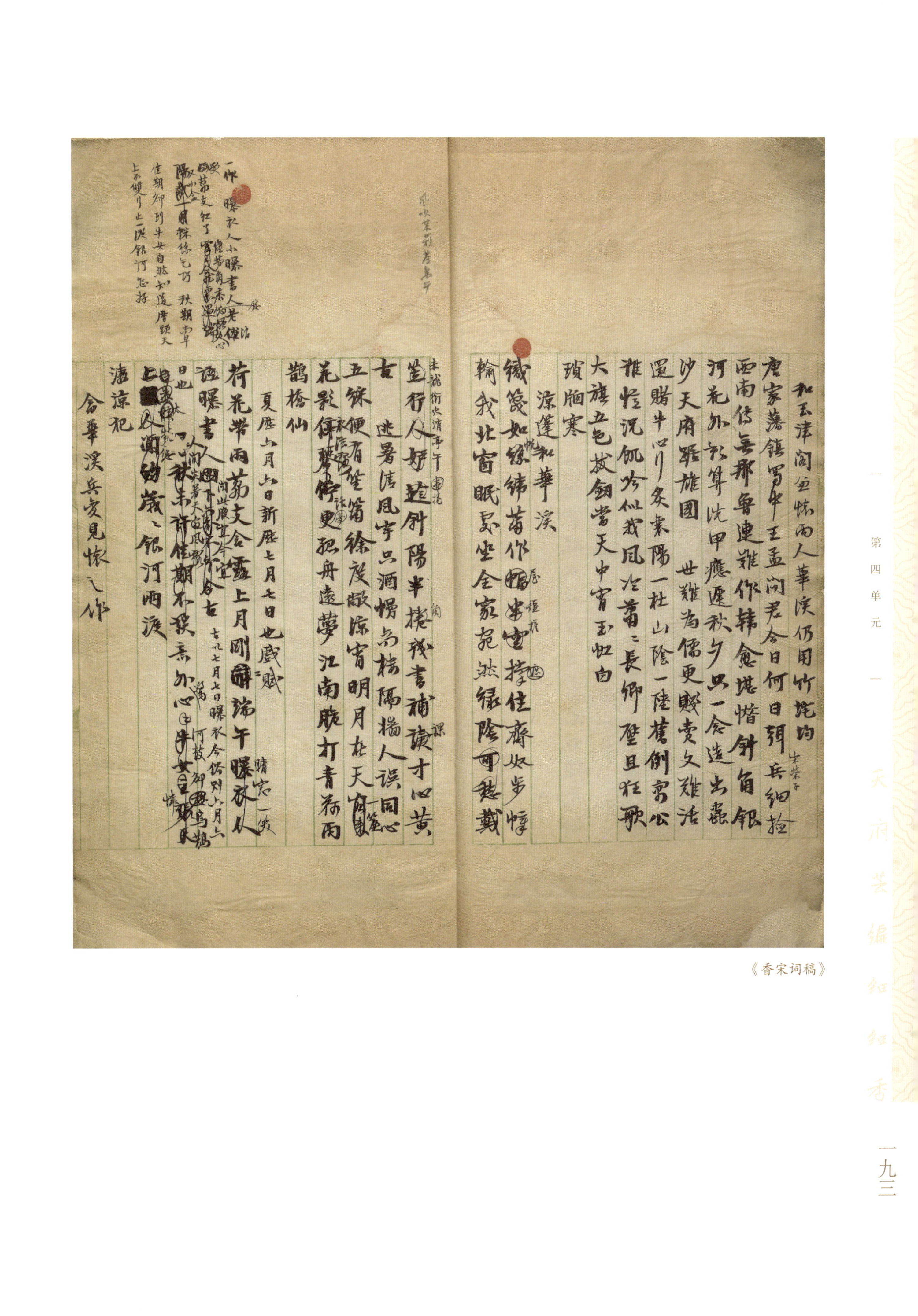

《香宋词稿》

于湖居士文集卷第三十一

樂府

六州歌頭

長淮望斷關塞莽然平征塵暗霜風勁悄邊聲黯銷凝追想當年事殆天數非人力洙泗上絃歌地亦羶腥隔水氊鄉落日牛羊下區脫縱横看名王宵獵騎火一川明笳鼓悲鳴遣人驚 念腰間箭匣中劒空埃蠧竟何成時易失心徒壯歲將零渺神京干羽方懷遠靜烽燧且休兵冠蓋使紛馳鶩若爲情聞道中原遺老常南望翠葆霓旌使行人到此忠憤氣塡膺有淚如傾

水調歌頭 爲揔得居士壽

隆中三顧客圯上一編書英雄當日感會餘事了寰區千載神交二子一笑眇然兹世卻願駕柴車長憶淮南岸耕釣混樵漁忽扁舟凌駭浪到三吴綸巾羽扇容與爭看列仙儒不爲蓴鱸笠澤便掛衣冠神武此興渺江湖舉酒對明月高曳九霞裾

又 凱歌上劉恭父

于湖乐府四卷

（宋）张孝祥撰　刘娉影抄本　袁克文　周叔弢　张允亮　张伯驹跋

张孝祥(1132—1170)，字安国，别号于湖居士，历阳乌江(今安徽和县)人。善诗文，尤工词。他的诗豪迈奔放，极力表达上下同心、一致对敌的救国主张，也极力抒发他的爱国热情。刘娉(1896—？)，字梅真，安徽贵池人。袁克文夫人。此本系影写宋嘉泰刻《于湖居士文集》之词集部分(卷三十一至三十四)，收词182首。其字体力摹原刻，使笔颇有风致，且纸墨精良，可媲美古本，以此得窥宋本面目及刘梅真书法才华。卷末袁克文、周叔弢、张允亮、张伯驹四位藏书、版本学大家的题跋，为此影写本赋予更高的文化与艺术价值。

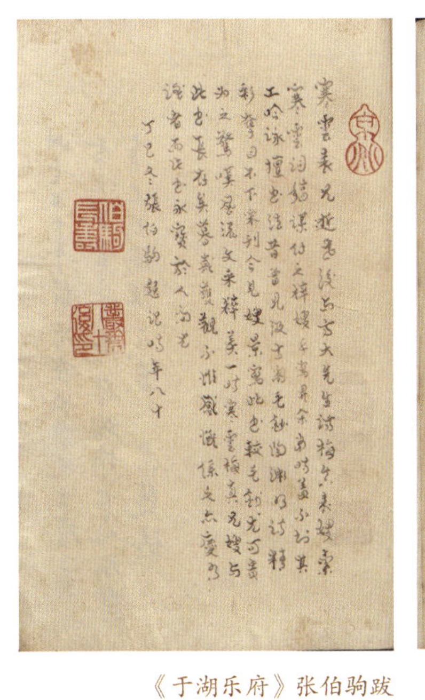

《于湖乐府》张伯驹跋

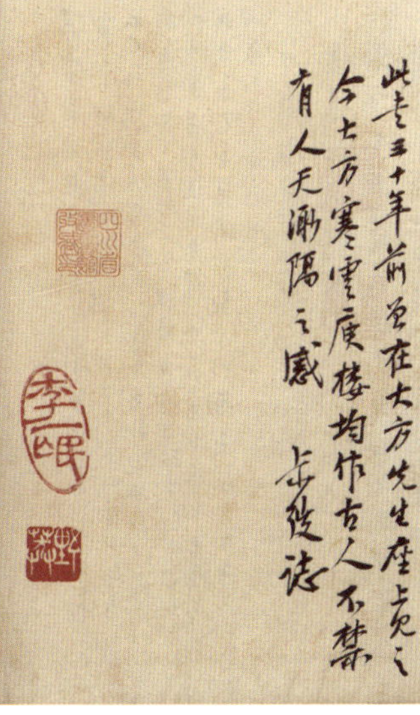

此書五十年前曾在大方先生座上見之
今大方寒雲庚樓均作古人不禁
有人天渺隔之感　弢翁誌

《于湖乐府》周叔弢跋

吳子伯宛搜集宋元人長短句
影寫重雕所梓已十餘家皆
宋元明三朝精槧祕閣余獲
宋刊于湖全集張紀余得之壽梓
遂屬内子梅真據以樂府影
寫授之俾南渡大家之一丙辰
中秋後三日補記於黃海舟中

《于湖乐府》袁克文跋

宋槧于湖居士集明文淵閣藏書人
間孤本也由宋寶意園入完顏氏小如
庵甲寅歲暮余為作緣歸袁寒雲
插架於時仁和吳氏雙照樓有彙刻
宋元名家詞之作寒雲乃屬梅真夫
人景寫集中長短句四卷授之俾鋟諸
梓夫人工吟詠擅書法以簪花能事摹
天水名刊維妙維肖不爽毫髮汲古
精鈔莫能過也寒雲盛年不祿墓已
宿草琅函秘笈散若雲烟此冊為
潞玉堂主人所得出以見示緬懷往事
永念平生蓋不勝華屋山丘之感矣
爰為跋尾歸之
庚辰春分後一日燈下　庚樓

《于湖乐府》张允亮跋

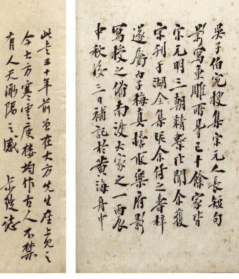

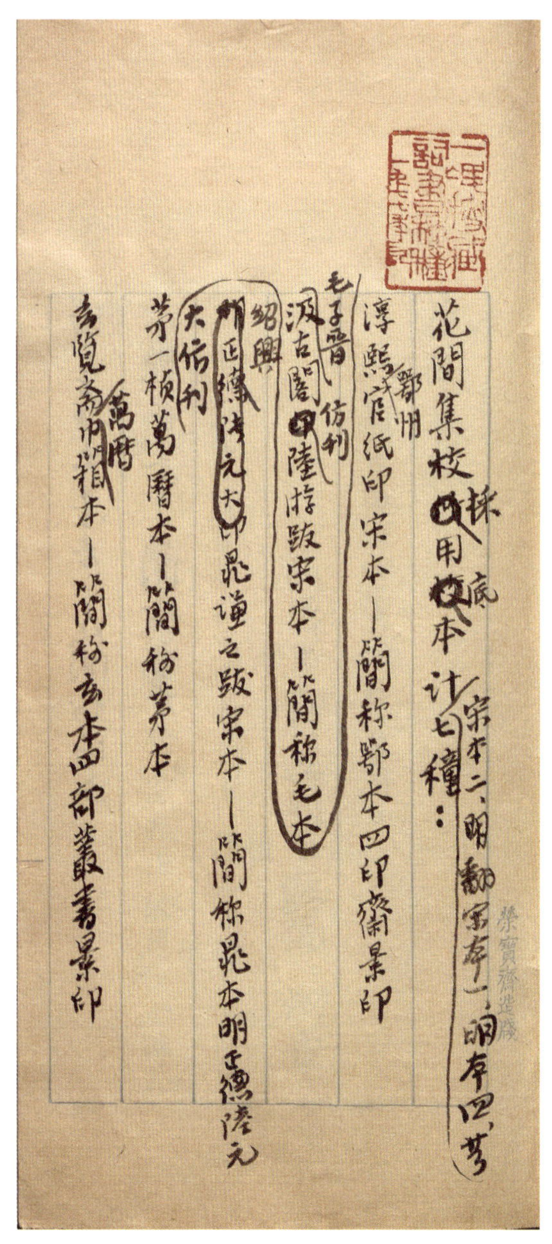
花閒集校採用底本計七種：宋本二、明翻宋本一、明本四，其
淳熙鄂州官紙印宋本—簡称鄂本 四印齋景印
毛子晉汲古閣仿刊陸游跋宋本—簡称毛本
紹興 明正德陸元大仿刊 晁謙之跋宋本—簡称晁本 明正德陸元
茅一楨萬曆本—簡称茅本
玄覽齋萬曆巾箱本—簡称玄本 四部叢書景印

花间集校初稿十卷附录一卷

（五代）赵崇祚辑　李一氓校　李一氓稿本

《花间集》编纂于五代十国时期，是我国文学史上的第一部词总集。收录了温庭筠、韦庄等18位花间词派人物的经典作品，集中而典型地反映了早期词史上文人词创作的主体取向、审美情趣、体貌风格和艺术成就。此本为李一氓校《花间集》之初稿本，书中将南宋晁谦本、南宋鄂州册子本、明清诸佳本详参互校，不泥古，不矜秘，并在校后记中阐述版本源流、诸刻得失，对研究《花间集》原文有很大的参考价值。

花間集校採用底本計七種：宋本二、明翻宋存

淳熙鄂州官紙印宋本——簡稱鄂本 四印齋景

毛子晉汲古閣仿刊陸游跋宋本——簡稱毛本

紹興 大佑刊 明正德陸元大印晁謙之跋宋本——簡稱晁

茅一楨萬曆本——簡稱茅本

萬曆玄覽齋巾箱本——簡稱玄本 四部叢刊書景

活字本

活字本是活字印本的简称。选用单体活字，按照书的内容，摆成印版，敷墨覆纸印成的书本。按照活字制作材料的不同，分为泥、木、铜、锡、铅活字等。活字印刷的发明是印刷史上一次伟大的技术革命。宋元时即有泥、木活字印刷的文献记载，现有西夏时期活字本实物存世。明代活字印刷术进一步发展，除木活字外，还有金属活字。清代活字印刷有了更大的发展，活字材质更为多样，铜、泥、锡、铅等并用。

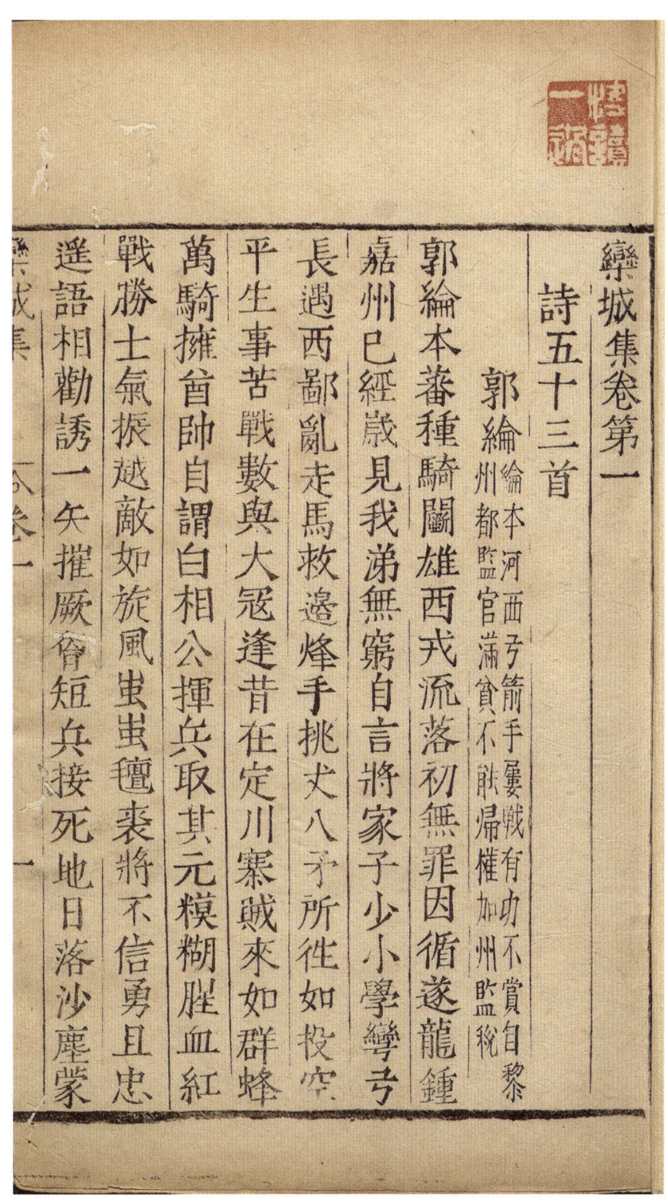

欒城集卷第一

詩五十三首

郭綸 綸本河西弓箭手屢戰有功不賞自黎州都監官滿貧不能歸權加州監稅

郭綸本蕃種騎鬬雄西戎流落初無罪因循遂龍鍾嘉州已經歲見我涕無窮自言將家子少小學彎弓長遇西鄙亂走馬救邊烽手挑丈八矛所往如投空平生事苦戰數與大冦逢昔在定川寨賊來如群蜂萬騎擁酋帥自謂白相公揮兵取其元模糊腥血紅戰勝士氣振越敵如旋風蚩蚩黿裘將不信勇且忠遜語相勸誘一矢擢厥脅短兵接死地日落沙塵蒙

欒城集　卷一　一

栾城集五十卷目录二卷后集二十四卷三集十卷

（宋）苏辙撰　明活字印本

苏辙（1039—1112），字子由，一字同叔，晚号颍滨遗老，眉州眉山（今四川眉山）人。北宋文学家、诗人，“唐宋八大家”之一，与父苏洵、兄苏轼号称“三苏”。《栾城》三集均是苏辙手自编定。《郡斋读书志》《直斋书录解题》均著录《苏子由栾城前集》五十卷、《后集》二十四卷、《第三集》十卷、《应诏集》十二卷。此本存《栾城集》五十卷、《后集》二十四卷、《三集》十卷。本书为活字摆印，较为精审，所据底本应为嘉靖间的蜀藩刻本。现存古籍中明代的活字印本传世不多，因而本书具有重要的版本价值。

钤印本

印即图章、印信，是玺、印、章、记的统称。将一人或多人所刻、所用、所藏的各种印章钤印汇集成册，称为钤印本印谱。现存最早的钤印本印谱当推明隆庆年间顾从德所辑《集古印谱》六卷，它为后来印谱的编制体例、用笺规格、释文考证诸方面奠定了基础。钤印本印谱不但具有较高的艺术价值，还具有重要的学术价值，它为历史地理、职官制度、古文字及艺术史研究提供了宝贵资料。从中我们不仅可以看到千姿百态的篆书书法艺术和众多的名人边款题跋，而且还能领略到巧夺天工的镌刻技艺。

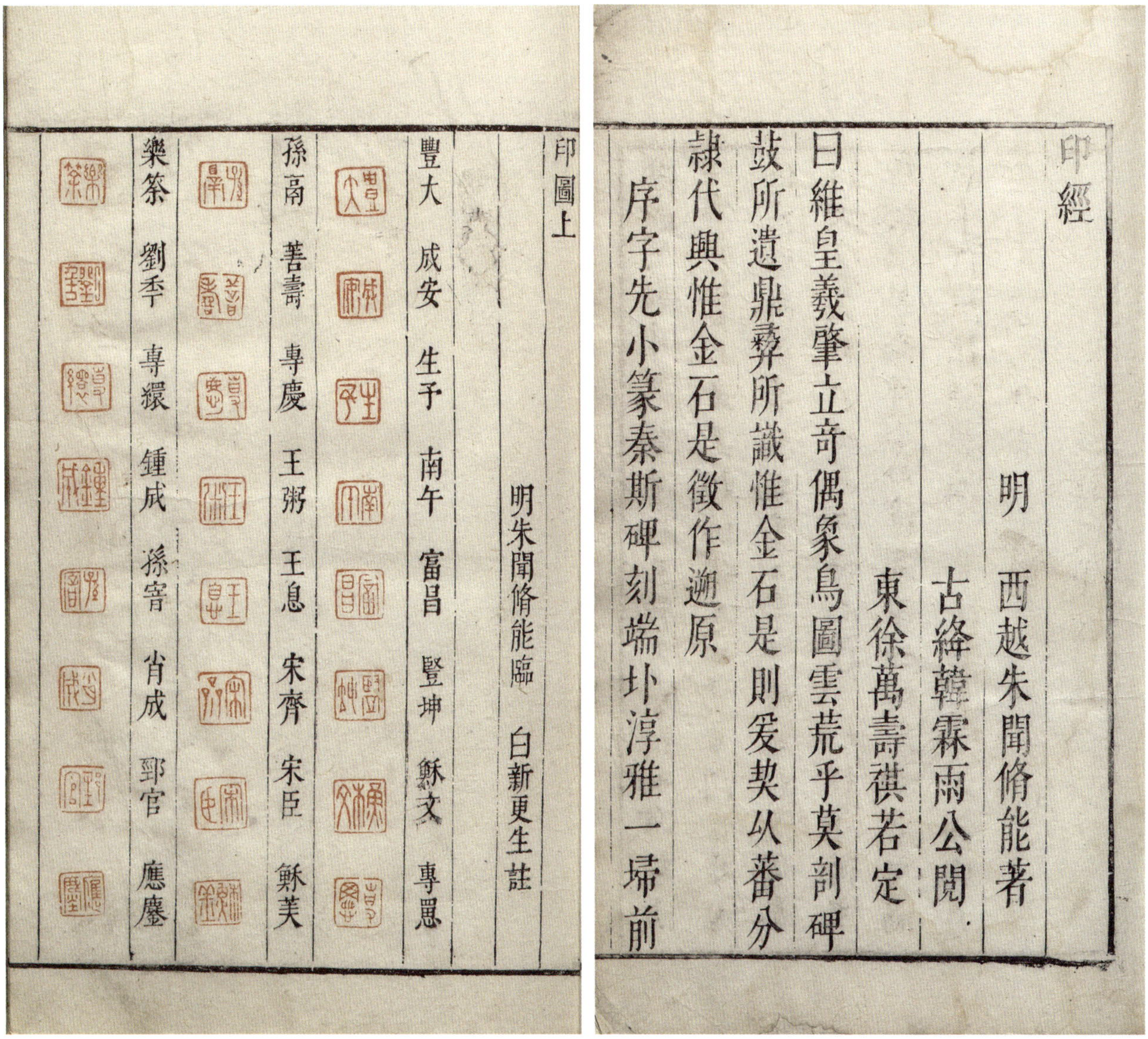

印圖上

明朱聞脩能臨　白新更生註

豐大　成安　生予　南午　富昌　豎坤　緐文　専恩

孫髙　善壽　専慶　王㢸　王息　宋齊　宋臣　緐美

樂荼　劉季　専䙰　鍾戚　孫寍　肖成　郢官　應鏖

印經

明　西越朱聞脩能著

古絳韓霖雨公閱

東徐萬壽祺若定

曰維皇羲肇立奇偶象鳥圖雲荒乎莫剖碑鼓所遺鼎彝所識惟金石是則爰契从蕃分隸代興惟金石是徵作遡原

序字先小篆秦斯碑刻端圤淳雅一埽前

印经一卷印图二卷

（明）朱闻辑　（明）白新注　明崇祯二年（1629）刻钤印本

《印经》，印章美学著作，是明代对印章艺术本质特征研究的最重要的论著。《印图》，印谱著作，乃朱闻于万历三十六年（1608）至天启五年（1625）的篆刻作品自编集。是书于中国篆刻艺术史之研究、明代篆刻艺术家朱闻之研究乃至篆刻技艺的学习都极具参考价值。

先秦以上款識之文圖勁古雅于印亦然而寥寥數章如晨星在天或識或不識一點畫都非斯相後人所能當與商彝周鼓並懸天地之間寔爲印家先軌

李應 高登 馮推 嚴弘 蔿勝 張淮 薛穆 樂演

劉容 張光 阮常 陳意 史銀 儀昱 杜丈 戎張之

臣則 呂梗 芋勝 蔡中 孟奉 翏赦 馮中 呂洛巴

江文 王必 多澤 趙上 田順 解中 毛綬 趙從之

趙欬 繆盎 趙留 歐可 趙齊 龐悍 楊援 張不問

專從 李弗 趙矛 專應 鄒乙 郭悍 淺皋 殷譙

郅襲 張檠 徐亮 申蒼 羆軍 □瘛 王孫導 司馬豎

《印图》

套印本

套版印刷术由单色雕版印刷术发展而来，是世界印刷史上重大的技术进步。元代出现朱墨套印的书籍。明正德以后，朱墨套印得以推广。湖州闵、凌二氏将套印技术发扬光大，由二色到三色、四色，甚至五色，两家套印书总计140余种，世称“闵刻”“凌刻”。清康乾之时，内府套印蔚为大观，以三、四色及五色套印《御选唐宋诗醇》《钦定古文渊鉴》等书。图刻的彩色套印，最初是在一块版上涂数种颜色，然后覆纸刷印，如万历间滋兰堂刻印《程氏墨苑》中的《天姥对廷图》《巨川舟楫图》及万历刻本《花史》等。稍后发展为多种颜色分版套印，明代末期进一步发展为饾版印刷方法。

前世未聞後人莫繼亘古奇作也劉勰曰不有屈原豈見離騷信哉自古文章家不掩其情者屈子一人

楚辭上

○離騷

帝高陽之苗裔兮朕皇考曰伯庸攝提貞于孟陬兮惟庚寅吾以降皇覽揆余于初度兮肇錫余以嘉名名余曰正則兮字余曰靈均紛吾既有此內美兮又重之以脩能扈江離與辟芷兮紉秋蘭以爲佩汨余若將弗及兮恐年歲之不吾與朝搴阰之木蘭兮夕攬中洲之宿莽日月忽其不淹兮春與秋其代序惟草木之零落兮恐美人之遲暮不

楚辞二卷

（战国楚）屈原 （战国楚）宋玉 （汉）贾谊等撰 明万历四十八年（1620）闵齐伋刻三色套印本

“楚辞”最早渊源于祭祀时的巫歌，其特征是用楚国地方特色的乐调、语言、名物进行创作，后经屈原发扬光大，形成一种句式结构多变、词语铺陈繁复、具有形式美的新文体，直接影响了汉赋的形成，故屈原作品又称“屈赋”。西汉末年，刘向将屈原、宋玉等人之作编成《楚辞》一书。此为明代著名的套印本，具有重要的文献和版本价值。

保世

悵志

極醇極正却不近腐謂是宋人一派未然

澤怡面血氣盛只永宜厥身保壽命只室家盈庭
爵祿盛只魂乎歸徠居室定只接徑千里出若雲
只三圭重侯聽類神只察篤夭隱孤寡存只魂兮
歸徠正始昆只田邑千畛人阜昌只美冒衆流德
澤章只先威後文善美明只芒魂乎歸徠一作徠歸賞罰當只平
名聲若日照四海只德譽配天萬民理只北至幽
陵南交阯只西薄羊腸東窮海只魂乎歸徠尚賢一作進
士只發政獻行禁苛暴只舉傑壓陛誅譏罷只平直
贏在位近禹麾只豪傑執政流澤施只魂乎徠歸

施只小腰秀頸若鮮卑只魂乎歸徠思怨移只易
中利心以動作只粉白黛黑施芳澤只長袂拂面
善留客只魂乎歸徠以娛昔只青色直眉美目媔
只靨輔奇牙宜笑嫣只豐肉微骨體便娟只魂乎
歸徠恣所便只夏屋廣大沙堂秀只南房小壇觀
絕霤只曲屋步壛宜擾畜只騰駕步遊獵春囿只
瓊轂錯衡英華假只茝蘭桂樹鬱彌路只魂乎歸
徠恣志慮只孔雀盈園畜鸞皇只鵾鴻羣晨雜鶖
鶬只鴻鵠代遊曼鷫鷞只魂乎歸徠鳳皇翔只曼

《楚辞》

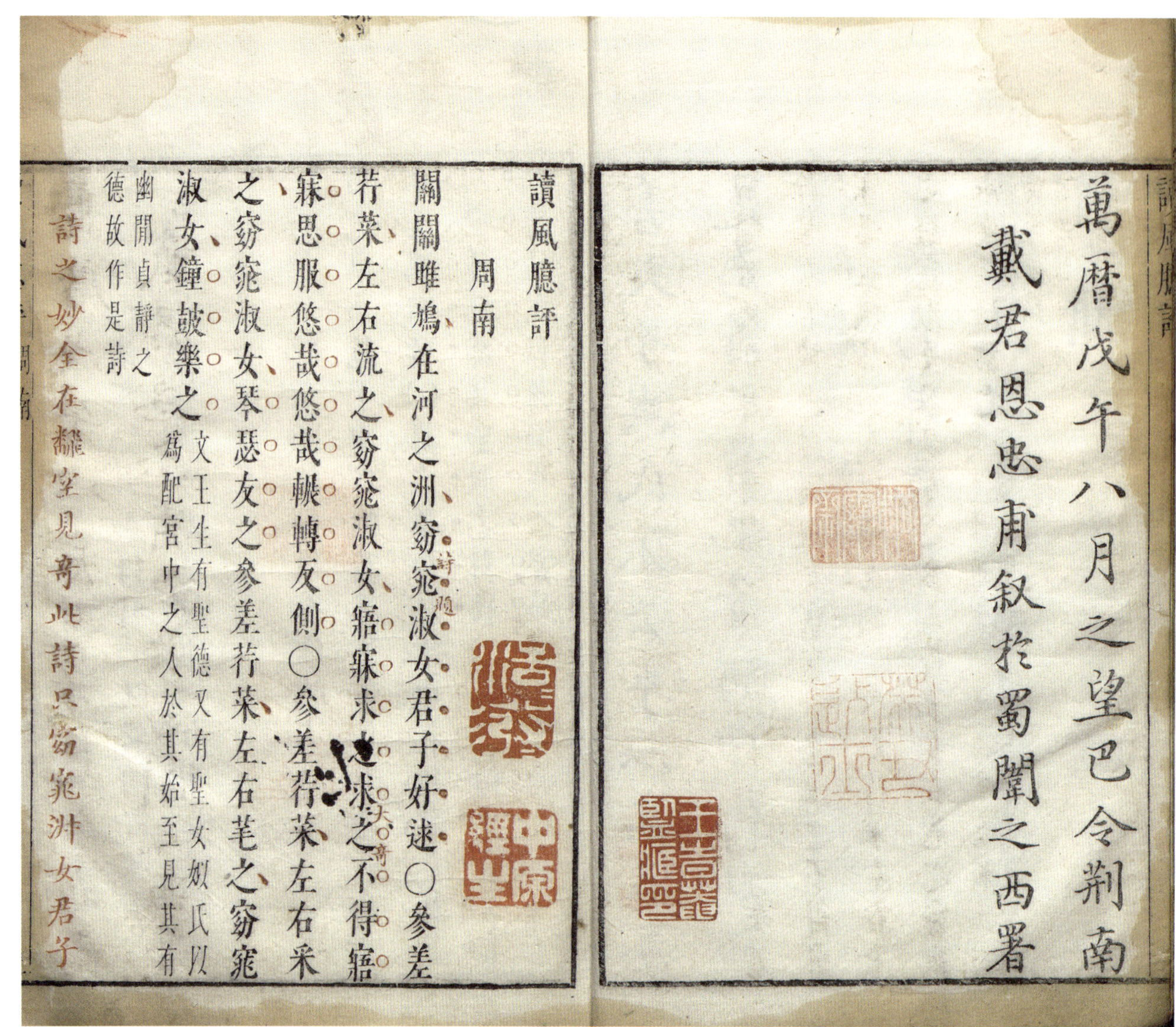

读风臆评一卷

（明）戴君恩撰　明万历四十八年（1620）闵齐伋刻朱墨套印本

《读风臆评》所取，为《诗》之“风”。戴君恩在《国风》各篇附评语逐一点评，言简意赅，并在各篇之末节录朱熹《诗集传》。现存最早的套印本是元至正时湖北江陵无闻和尚印的《金刚经》，经文用朱色，小注用墨色。明万历、天启时期出现了在书上大量套印评语圈点的做法，其中湖州的闵、凌两家专门刻印这类本子，少数还用四色甚至五色套印。此为明闵齐伋所刊套印本，印制、纸墨俱佳，较为珍贵。

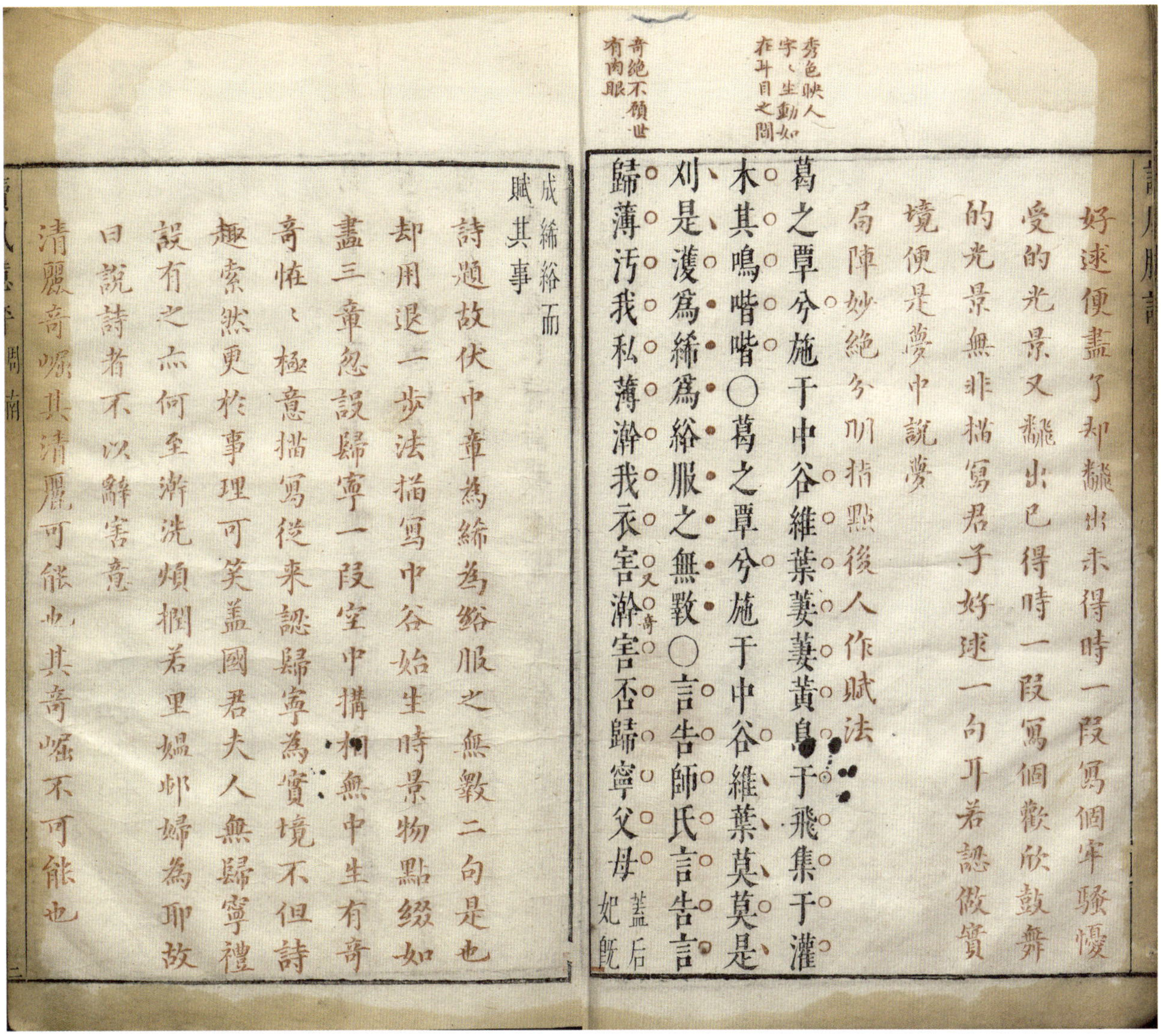

讀風臆評

秀色映人字字生動如在耳目之間

奇絶不顧世有肉眼

好逑便盡了却翻出未得時一段寫個牢騷懮受的光景又翻出已得時一段寫個歡欣鼓舞的光景無非描寫君子好逑一句耳若認做實境便是夢中說夢

局陣妙絶分明指點後人作賦法

葛之覃兮施于中谷維葉萋萋黃鳥于飛集于灌木其鳴喈喈○葛之覃兮施于中谷維葉莫莫是刈是濩爲絺爲綌服之無斁○言告師氏言告言歸薄污我私薄澣我衣害澣害否（又奇）歸寧父母

蓋后妃既成絺綌而賦其事

詩題故伏中章爲絺爲綌服之無斁二句是也却用退一步法描寫中谷始生時景物點綴如畫三章忽設歸寧一段空中構捏無中生有奇奇怪怪極意描寫從來認歸寧爲實境不但詩趣索然更於事理可笑蓋國君夫人無歸寧禮設有之亦何至澣洗煩擱若里媼邨婦爲耶故曰說詩者不以辭害意

清麗奇崛其清麗可能也其奇崛不可能也

《读风臆评》

版画

中国版画产生很早，明万历至清初，始进入黄金时代。明清戏曲小说，往往配有版画插图，构图精美，悦人眼目。以玩虎轩《琵琶记》、容与堂《红拂记》、浣月轩《蓝桥玉杵记》等为翘楚。天启六年（1626），吴发祥以“饾版”和“拱花”技术所编印的《萝轩变古笺谱》，在中国版刻史上具有里程碑意义。万历间程氏滋兰堂雕印《程氏墨苑》是徽州版画代表作，而代表人物胡正言于天启、崇祯间印成的《十竹斋书画谱》《十竹斋笺谱》，反映明代印刷技术的最高水平，亦是中国古代印刷技术的代表作。

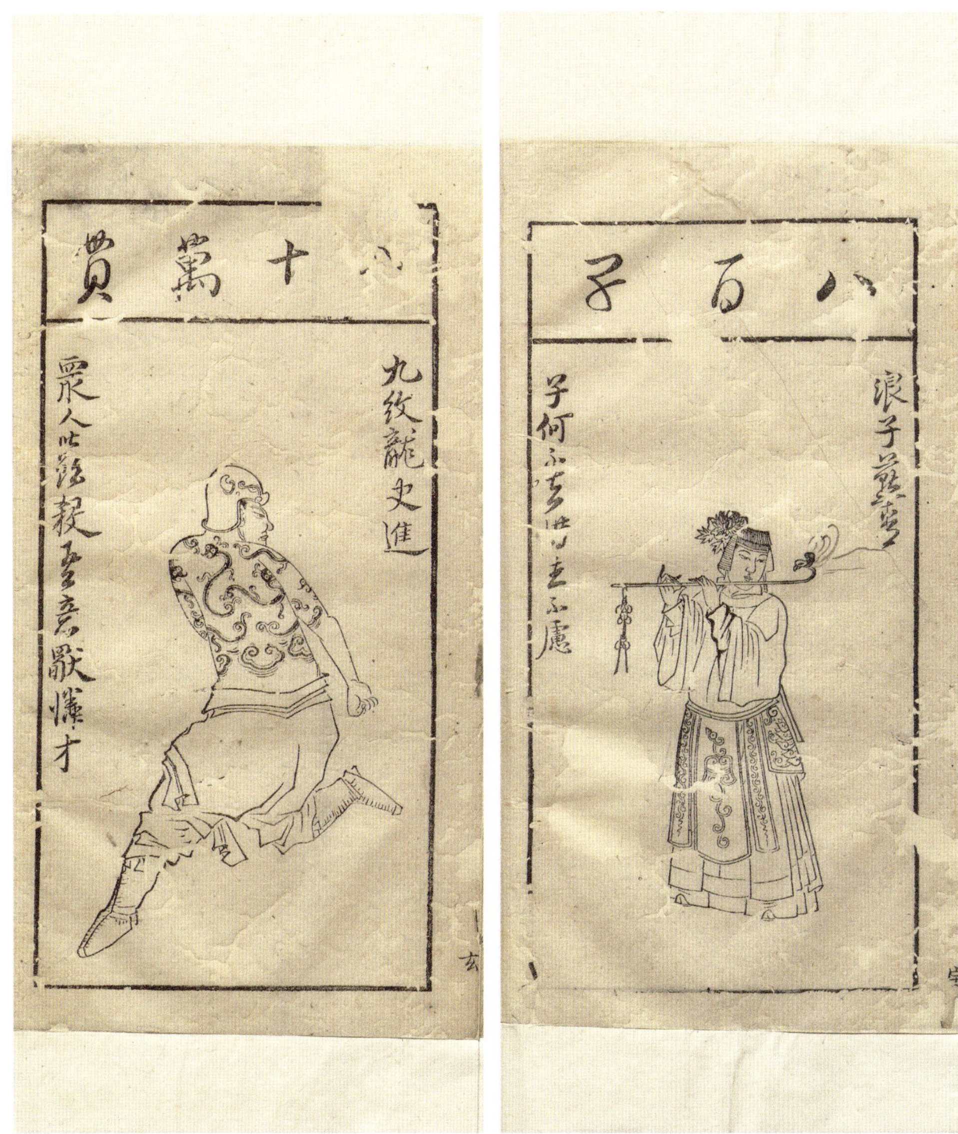

陈章侯画水浒叶子不分卷

（明）陈洪绶绘　清初刻本　卢子枢　赖少其　王贵忱跋

陈洪绶（1598—1652），字章侯，号老莲，浙江诸暨（今浙江绍兴）人。明代最杰出的木刻版画家之一。黄一彬（1586—　？），字君倩，安徽歙县（今安徽黄山）人。明代徽州版画刻工名手。《水浒叶子》是陈洪绶从水浒故事的108将中选取最有特点的宋江、吴用、林冲、武松等40位人物进行版画创作，并由黄一彬进行雕刻的酒令牌子。在饮酒行令时，以“水浒叶子”为牌签，每张牌签上规定了饮酒人。如李逵叶子上就规定“性柔者饮”，呼延灼叶子上规定“饮左右席”。《陈章侯画水浒叶子》在中国版画艺术史上占有重要地位。清代许多《水浒》刻本，都辗转传摹陈洪绶的《水浒叶子》。此本为《水浒叶子》初刻本，极为珍贵。

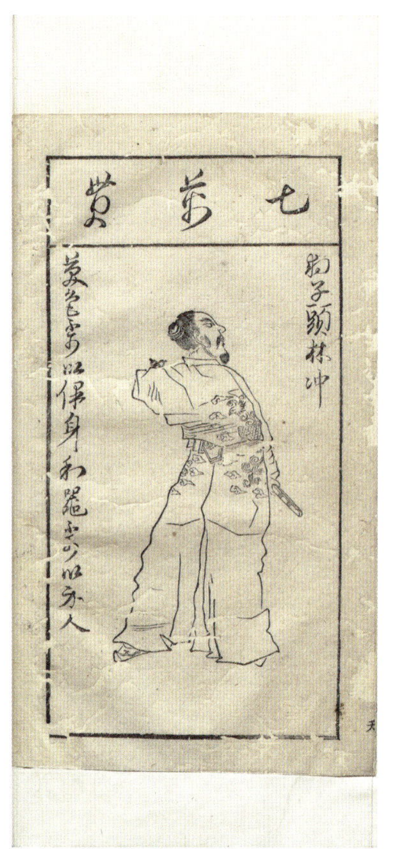

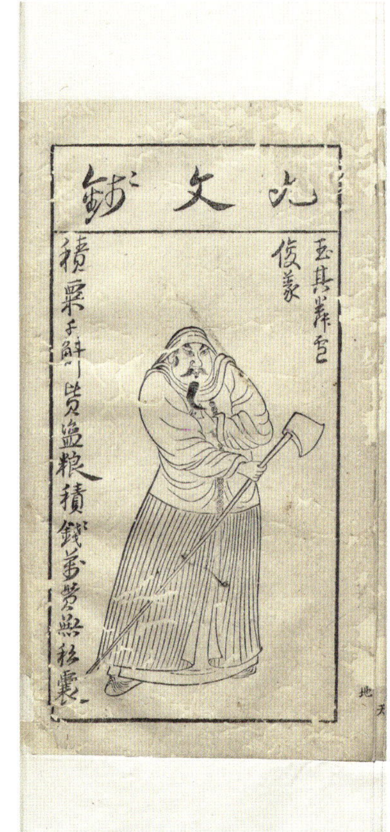

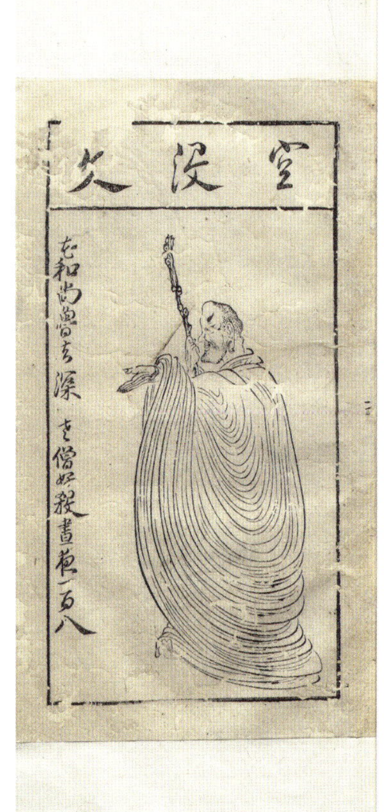

《水浒叶子》

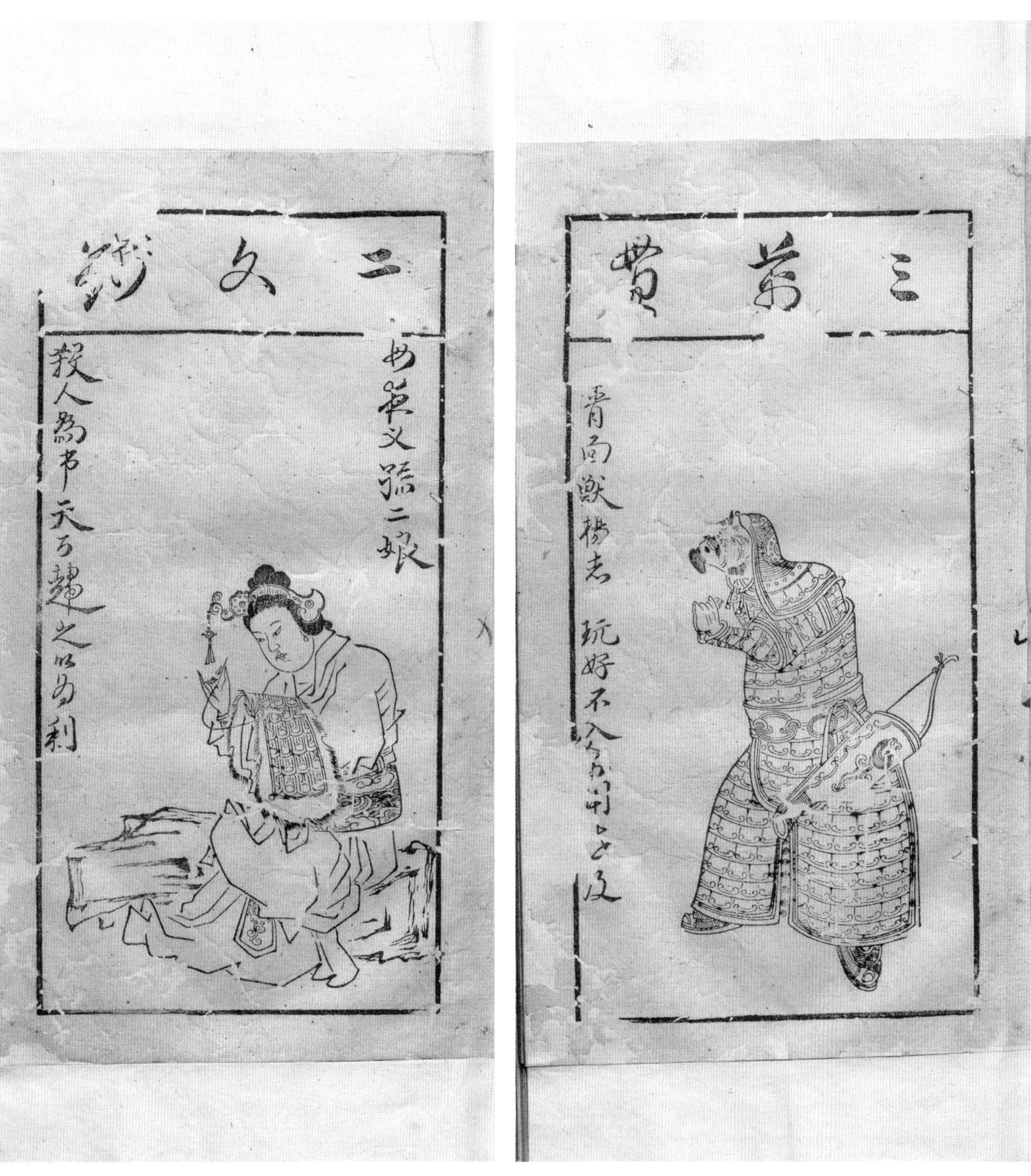

《水浒叶子》

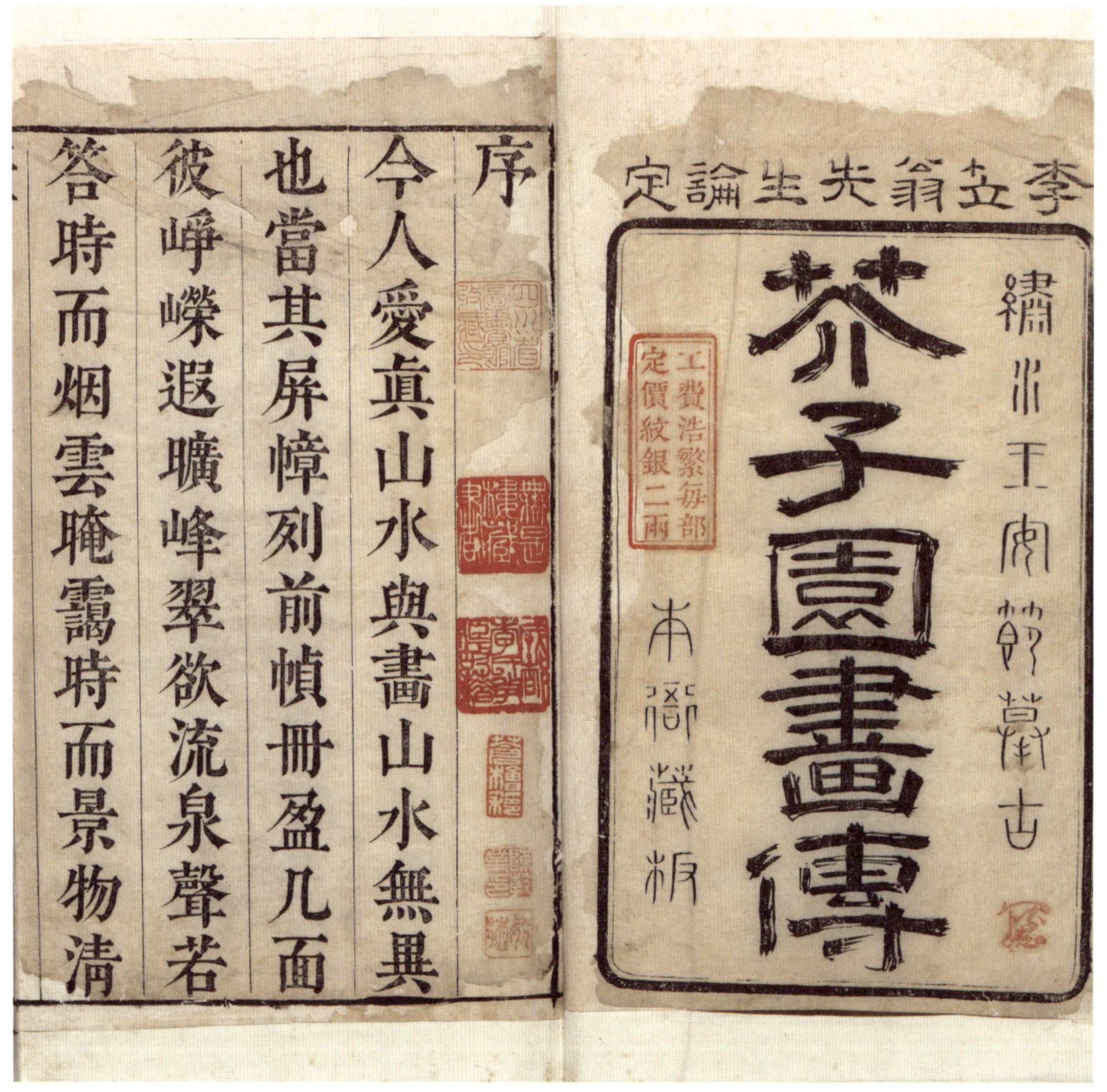

芥子园画传五卷

（清）王槩辑　清康熙十八年（1679）芥子园甥馆刻彩色套印本　**二集八卷**（清）王槩（清）王蓍（清）王臬辑　清康熙四十年（1701）芥子园甥馆刻彩色套印本

《芥子园画传》最早刊行于清康熙年间，作为课徒画稿，它是中国传统绘画发展到高度成熟阶段的通俗表达，因其图文并茂、分类明确等特点，一经付梓便广为流传，成为无可替代的绘画入门实用手册。本书为《芥子园画传》现存最早版本，极为珍贵。

《芥子园画传》

臣也相與小坐候之至三刻一人啓門入為傳宣者讀
高壽與劉副使隨之以行下樓右轉至一小室君主當
王曰彼阿得利司旁侍入門鞠躬其君主亦鞠躬近前
書馬格里相繼宣誦英文畢因將 國書捧授君主共
之授德爾比置之近窗小案端君主因言此次遠來前
庶期永保和好朽勒爾用漢文宣述高壽答曰是又問
大皇帝安好答曰● 大皇帝安又言既收受
帝國書亦當有書回致● 大皇帝答曰是仍鞠躬
甚簡而相與問勞致殷勤則便殿私見之儀也

结语

习近平总书记指出："一个国家、一个民族的强盛，总是以文化兴盛为支撑的。"

中华文明沿自开放包容、交流互鉴的文化传承；中国精神承自自强不息、厚德载物的华夏风骨；中国模式来自立足本土、多元一体的曲折探索；中国道路源自以史为鉴、古为今用的扎实步伐。从历史文化中汲取力量，在优秀典籍中寻找智慧，牢记我们共有的民族记忆，共筑我们永恒的精神家园，这便是我们在今天的一份道路自信、理论自信、制度自信，更是我们在走向中华民族伟大复兴过程中的文化自信。

党的十九大报告指出：中国共产党从成立之日起，既是中国先进文化的积极引领者和践行者，又是中华优秀传统文化的忠实传承者和弘扬者。当代中国共产党人和中国人民应该而且一定能够担负起新的文化使命，在实践创造中进行文化创造，在历史进步中实现文化进步！

附录

四川省入选《国家珍贵古籍名录》的古籍（一至五批）

四川省图书馆112种

01296 周易说略八卷 （清）张尔岐撰 清康熙五十八年（1719）刻泰山徐志定真合斋磁版印本

01438 大明弘治甲子重刊改并五音集韵十五卷 （金）韩道昭撰 明弘治十七年至十八年（1504—1505）刻本

01463 史记一百三十卷 （汉）司马迁撰 （南朝宋）裴骃集解 （唐）司马贞索隐 （唐）张守节正义 明嘉靖四年至六年（1525—1527）王延喆刻本

01526 华阳国志十二卷 （晋）常璩撰 明嘉靖四十三年（1564）杨经刻本

01624 马政志四卷 （明）陈讲撰 明嘉靖刻本 存二卷（一、四）

01684 蜀典八卷附张介侯先生诗抄一卷 （清）张澍撰 稿本

01686 西湖游览志二十四卷志余二十六卷 （明）田汝成撰 明嘉靖二十六年（1547）严宽刻本（有补版、抄配）

01812 诸症辨疑四卷 （明）吴球撰 明抄本

01953 洪武南藏 明洪武年间南京刻本 存六千六十五卷

02063 重刊嘉祐集十五卷 （宋）苏洵撰 明弘治刻本（卷十三、十五有补配）

02102 东冈文集十二卷 （明）柯暹撰 明嘉靖刻本

02593 春秋左氏传补注十卷 （元）赵汸撰 元至正二十四年（1364）休宁商山义塾刻明弘治六年（1493）高忠重修本

02602 春秋胡氏传三十卷 （宋）胡安国撰 （宋）林尧叟音注 春秋名号归一图一卷 （三国蜀）冯继先撰 诸国兴废说一卷春秋二十国年表一卷 元刻本

02608 春秋师说三卷附录二卷 （元）赵汸撰 元至正二十四年（1364）休宁商山义塾刻明弘治六年（1493）高忠重修本

02611 春秋属辞十五卷 （元）赵汸撰 元至正二十四年（1364）休宁商山义塾刻明弘治六年（1493）高忠重修本

02787 资治通鉴二百九十四卷 （宋）司马光撰 （元）胡三省音注 通鉴释文辩误十二卷 （元）胡三省撰 元刻明弘治正德嘉靖递修本

03044 注华严法界观门一卷 （唐）释宗密注 宋刻本

03212 易传八卷 （宋）苏轼撰 王辅嗣论易一卷 （三国魏）王弼撰 明闵齐伋刻朱墨套印本

03226 周易辑闻六卷易雅一卷筮宗一卷 （宋）赵汝楳撰 明朱睦㮮聚乐堂刻本

03229 周易传义大全二十四卷纲领一卷朱子图说一卷易五赞一卷筮仪一卷 （明）胡广等辑 明弘治九年（1496）余氏双桂书堂刻本

03264 诗经四卷 （明）钟惺评点 明凌杜若刻朱墨套印本

03318 大戴礼记十三卷 （汉）戴德撰 （北周）卢辩注 明嘉靖十二年（1533）袁氏嘉趣堂刻本

03383 四书集注三十卷 （宋）朱熹撰 明成化十六年（1480）吉府刻本

03746 历代通鉴纂要九十二卷 （明）李东阳 刘机等撰 明正德十四年（1519）慎独斋刻隆庆元年（1567）崇正书院重修本

03782 蜀鉴十卷 （宋）郭允蹈撰 明嘉靖三十四年（1555）刻本

03813 鲍氏国策十卷 （宋）鲍彪校注 明嘉靖七年（1528）龚雷影宋刻本

03837 贞观政要十卷 （唐）吴兢撰 （元）戈直集论 明成化元年（1465）内府刻本

03858 当阳避难记不分卷 （清）彭延庆撰 稿本 彭蕙芰批 刘鏊 彭述跋

03935 伊洛渊源录十四卷 （宋）朱熹撰 续录六卷 （明）谢铎撰 明嘉靖八年（1529）高贲亨刻本

04056 史记纂二十四卷 （明）凌稚隆辑 明万历凌稚隆刻朱墨套印本

04166 [隆庆]华州志二十四卷 （明）李可久 张光孝纂修 明隆庆刻万历增修本 存二十卷（一至二十）

04202 水经注四十卷 （北魏）郦道元撰 明嘉靖十三年（1534）黄省曾刻本

04225 西洋杂志八卷 （清）黎庶昌撰 稿本

04397 六子书六十卷 （明）顾春编 明嘉靖十二年（1533）顾春世德堂刻本

04521 汪石山医书七种二十六卷 （明）汪机撰 明嘉靖刻本

04542 重广补注黄帝内经素问二十四卷 （唐）王冰注 （宋）林亿等校正 （宋）孙兆改误 明嘉靖二十九年（1550）顾从德影宋刻本 唐济楙跋

04558 重修政和经史证类备用本草三十卷 （宋）唐慎微撰 （宋）寇宗奭衍义 明嘉靖三十一年（1552）周珫、李迁刻本

04586 丹溪心法附余二十四卷首一卷 （明）方广辑 明嘉靖刻本

04590 魁本袖珍方大全四卷 （明）李恒撰 明正德二年（1507）杨氏清江书堂刻本

04599 心印绀珠经二卷 （明）李汤卿撰 明嘉靖二十六年（1547）赵瀛刻本

04612 明医指掌图前集五卷后集五卷 （明）皇甫中撰 明嘉靖三十五年（1556）自刻本

04614 古今医统大全一百卷 （明）徐春甫辑 明陈长卿刻本

04642 太玄经十卷 （汉）扬雄撰 （晋）范望解赞 说玄一卷 （唐）王涯撰 释文一卷 明嘉靖孙沐万玉堂刻本

04697 印经一卷印图二卷 （明）朱闻辑 （明）白新注 明崇祯二年（1629）刻钤印本

04722 吕氏春秋二十六卷 （汉）高诱注 明嘉靖七年（1528）许宗鲁刻本

04729 淮南子二十八卷 （汉）刘安撰 明嘉靖九年（1530）王蓥刻本

04741 藏一话腴甲集二卷乙集二卷 （宋）陈郁撰 明抄本 王振声校并跋

04779 世说新语三卷 （南朝宋）刘义庆撰 （梁）刘孝标注 明嘉靖十四年（1535）袁褧嘉趣堂刻本

04815 悦容编评林一卷 题长水天放生辑 （明）屠隆评 明刻套印本

04881 新刊监本册府元龟一千卷目录十卷 （宋）王钦若等辑 明南岑书舍抄本

04900 锦绣万花谷前集四十卷后集四十卷续集四十卷 明嘉靖十五年（1536）秦汴绣石书堂刻本

04927 联新事备诗学大成三十卷 （元）林桢辑 明内府刻本

05035 楚辞二卷 （战国楚）屈原 （战国楚）宋玉 （汉）贾谊等撰 明万历四十八年（1620）闵齐伋刻三色套印本

05056 楚辞十七卷 （宋）洪兴祖 （明）刘凤等注 （明）陈深批点 附录一卷 明万历二十八年（1600）凌毓枏刻朱墨套印本

05097 陶靖节集十卷 （晋）陶潜撰 （宋）汤汉等笺注 总论一卷年谱一卷 （宋）吴仁杰撰 明嘉靖二十五年（1546）蒋孝刻本

05139 陈伯玉文集十卷 （唐）陈子昂撰 附录一卷 明隆庆五年（1571）邵廉刻万历二年（1574）杨沂补刻本 李一氓跋

05157 刘随州文集十一卷外集一卷 （唐）刘长卿撰 明弘治十一年（1498）韩明、李纪刻本

05196 分类补注李太白诗二十五卷 （唐）李白撰 （宋）杨齐贤集注 （元）萧士赟补注 分类编次李太白文五卷 （唐）李白撰 明嘉靖二十二年（1543）郭云鹏宝善堂刻本

05239 集千家注杜工部诗集二十卷文集二卷 （唐）杜甫撰 （宋）黄鹤补注 附录一卷 明嘉靖十五年（1536）玉几山人刻本

05242 集千家注杜工部诗集二十卷文集二卷 （唐）杜甫撰 （宋）黄鹤补注 附录一卷 明嘉靖十五年（1536）玉几山人刻明阳山人印本

05399 增广注释音辩唐柳先生集四十三卷别集二卷外集二卷 （唐）柳宗元撰 （宋）童宗说注释 （宋）张敦颐音辩 （宋）潘纬音义 年谱一卷附录一卷 明刻本 存三十三卷（一至十九、二十三至二十八、三十六至四十三）

05462 安阳集五十卷 （宋）韩琦撰 别录三卷 （宋）王岩叟撰 遗事一卷 （宋）强至撰 忠献韩魏王家传十卷 明正德九年（1514）张士隆刻本

05473 司马文正公集略三十一卷诗集七卷 （宋）司马光撰 明嘉靖四年（1525）吕柟刻本

05478 赵清献公文集十卷 （宋）赵抃撰 附录一卷 明嘉靖四十一年（1562）汪旦刻本

05499 伊川击壤集二十卷集外诗一卷 （宋）邵雍撰 明成化毕亨刻十六年（1480）刘尚文重修本

05532 欧阳文忠公文抄十卷 （宋）欧阳修撰 （明）茅坤评 明刻朱墨套印本

05566 王状元集注东坡诗二卷 （宋）苏轼撰 题（宋）王十朋纂集 明弘治十六年（1503）赵克用刻本

05569 苏长公表启五卷 （宋）苏轼撰 （明）李贽等评 （明）钱椟辑 明凌濛初刻朱墨套印本

05582 苏长公合作八卷补二卷 （宋）苏轼撰 （明）郑圭辑 附录一卷 明万历四十八年（1620）凌启康

刻三色套印本

05596 苏文六卷 （宋）苏轼撰 （明）茅坤等评 明闵尔容刻三色套印本

05622 苏长公密语十六卷 （宋）苏轼撰 （明）李一公辑 首一卷 明天启元年（1621）刻朱墨套印本

05646 龟山先生集三十五卷 （宋）杨时撰 年谱一卷 （宋）黄去疾撰 附录一卷 明正德十二年（1517）沈晖刻本

05722 沧浪先生吟卷二卷 （宋）严羽撰 明正德十五年（1520）尹嗣忠刻本

05799 新刊宋学士全集三十三卷 （明）宋濂撰 明嘉靖三十年（1551）韩叔阳刻本

05802 潜溪集八卷 （明）宋濂撰 附录一卷 明嘉靖十五年（1536）徐嵩、温秀刻本

05803 潜溪先生集十八卷 （明）宋濂撰 （明）黄溥辑 附录一卷 明天顺元年（1457）黄溥、严埙刻本 徐汤殷跋

05851 逊志斋集二十四卷 （明）方孝孺撰 附录一卷 明嘉靖四十年（1561）王可大刻本

05905 枫山章先生文集九卷 （明）章懋撰 明嘉靖九年（1530）张大纶刻本

05907 定山先生集十卷 （明）庄昶撰 明嘉靖十四年（1535）刘缙刻萧惟馨等增修本

05936 翰林罗圭峰先生文集十八卷续集十五卷 （明）罗玘撰 明嘉靖五年（1526）陈洪谟、余载仕刻本

06019 张文定公觐光楼集十卷纡玉楼集十卷靡悔轩集十二卷环碧堂集十八卷养心亭集八卷四友亭集二十卷 （明）张邦奇撰 明刻本

06061 芝园定集五十一卷别集十卷外集二十四卷 （明）张时彻撰 明嘉靖刻本

06071 遵岩先生文集四十一卷 （明）王慎中撰 明隆庆五年（1571）邵廉刻本

06136 牧羊山人诗集四卷 （明）程顼撰 明程远抄本

06166 张船山诗稿一卷 （清）张问陶撰 稿本

06190 李杜诗选十一卷 （明）张含编 （明）杨慎等评 明刻朱墨套印本

06199 韩柳文一百卷 （明）游居敬编 明嘉靖三十五年（1556）莫如士刻本

06258 选诗七卷 （南朝梁）萧统辑 （明）郭正域评点 （明）凌濛初辑评 诗人世次爵里一卷 明凌濛初刻朱墨套印本

06289 文选后集五卷 （南朝梁）萧统辑 （明）郭正域评 明闵于忱刻朱墨套印本

06369 真文忠公续文章正宗二十卷 （宋）真德秀辑 明嘉靖二十一年（1542）晋藩刻本

06482 池阳遗爱集五卷何公去思奏议一卷 （明）李呈祥 （明）施宗道辑 明嘉靖元年（1522）刻递修本

06496 大宋眉山苏氏家传心学文集大全七十卷 （宋）苏洵 （宋）苏轼 （宋）苏辙撰 明正德十二年（1517）刘弘毅慎独斋刻本（序抄配）

06499 文心雕龙十卷 （南朝梁）刘勰撰 明嘉靖十九年（1540）汪一元刻本

07024 南史八十卷 （唐）李延寿撰 元大德十年（1306）刻本 冯舒批

07273 定斋易笺八卷首一卷 （清）陈法撰 清乾隆三十年（1765）敬和堂刻本 莫友芝跋

08083 西洋杂志八卷 （清）黎庶昌撰 手稿本 存四卷（一至四）

08119 皇明泳化类编一百三十六卷续编十七卷 （明）邓球撰 明隆庆刻本

08460 水浒叶子不分卷 （明）陈洪绶绘 清初刻本 卢子枢 赖少其 王贵忱跋

08633 抱朴子内篇二十卷外篇五十卷 （晋）葛洪撰 明抄本 陆僎跋

08652 楚辞章句十七卷 （汉）王逸撰　明正德十三年（1518）黄省曾、高第刻本

08693 类笺唐王右丞诗集十卷 （唐）王维撰 （明）顾起经注　文集四卷集外编一卷 （唐）王维撰 （明）顾起经辑　年谱一卷 （明）顾起经撰　唐诸家同咏集一卷赠题集一卷历朝诸家评王右丞诗画钞一卷 （明）顾起经辑　明嘉靖三十五年（1556）顾氏奇字斋刻本

08890 淮海集四十卷后集六卷长短句三卷 （宋）秦观撰　明嘉靖二十四年（1545）胡民表刻本　李一氓校并跋

08942 放翁律诗钞四卷 （宋）陆游撰 （明）朱承爵辑　明正德十五年（1520）集瑞斋刻本　李一氓跋

08991 渊颖吴先生集十二卷 （元）吴莱撰　附录一卷　明嘉靖元年（1522）祝銮刻本

09240 溪山堂草四卷 （明）沈思孝撰　明万历刻本

09953 东莱先生校正隋书详节二十卷 （宋）吕祖谦辑　元刻十七史详节本

10106 春秋私考三十六卷首一卷 （明）季本撰　明嘉靖刻本

10319 古今游名山记十七卷总录三卷 （明）何镗辑　明嘉靖四十四年（1565）自刻本

10429 太平圣惠方一百卷 （宋）王怀隐等撰　清抄本　杨守敬跋

10792 遵岩王先生文粹十六卷 （明）王慎中撰 （明）施观民辑　明隆庆六年（1572）施观民刻本

10938 明音类选十二卷 （明）黄佐　黎民表辑　明嘉靖三十七年（1558）潘光统刻本

11453 茶经三卷 （唐）陆羽撰　宋刻百川学海本

四川师范大学图书馆 51 种

00311 春秋属辞十五卷 （元）赵汸撰　元至正二十年至二十四年（1360—1364）休宁商山义塾刻明弘治六年（1493）高忠重修本

00373 广韵五卷 （宋）陈彭年等撰　元刻本

00827 新增说文韵府群玉二十卷 （元）阴时夫辑 （元）阴中夫注　元至正十六年（1356）刘氏日新堂刻本　存十一卷（一至二、五至十、十七至十九）

01613 明伦大典二十四卷 （明）杨一清　熊浃等纂修　明嘉靖七年（1528）内府刻本

02643 通志二百卷 （宋）郑樵撰　元大德三山郡庠刻元明递修本

02824 通鉴纪事本末四十二卷 （宋）袁枢撰　宋宝祐五年（1257）赵与筹刻元明递修本

02875 新编方舆胜览七十卷 （宋）祝穆辑　元刻本　存十二卷（序目及卷四至八、十三至十五、三十四至三十六抄配）

03140 晦庵先生文集一百卷 （宋）朱熹撰　宋刻元修本　存三十六卷（六十二至八十一、八十五至一百）

03142 晦庵先生朱文公文集一百卷目录二卷 （宋）朱熹撰　宋咸淳元年（1265）建安书院刻宋元明递修本　存四十六卷（一、四至十、十三至十四、十六至十八、二十至二十二、二十四至二十五、二十八至二十九、三十一至三十四、三十六至四十、四十二至四十四、四十七至四十九、五十一至五十四、五十七至六十一、八十二、八十四）

03740 历代通鉴纂要九十二卷 （明）李东阳　刘机等撰　明正德二年（1507）内府刻本　存十卷（卷二至四、九至十、十九至二十、五十二、八十至八十一抄配）

04232 大唐六典三十卷 （唐）玄宗李隆基撰 （唐）李林甫等注　明正德十年（1515）席书、李承勋刻本

04452 性理大全书七十卷 （明）胡广等撰 明永乐十三年（1415）内府刻本

04832 艺文类聚一百卷 （唐）欧阳询辑 明嘉靖六年至七年（1527—1528）胡缵宗、陆采刻本

05247 集千家注杜工部诗集二十卷文集二卷 （唐）杜甫撰 （宋）黄鹤补注 明嘉靖十五年（1536）玉几山人刻明阳山人印本

05325 朱文公校昌黎先生文集四十卷外集十卷遗文一卷 （唐）韩愈撰 （宋）朱熹考异 （宋）王伯大音释 传一卷 明刻本

05564 苏文忠公全集一百十一卷 （宋）苏轼撰 年谱一卷 （宋）王宗稷撰 明嘉靖十三年（1534）江西布政司刻本

06252 选诗补注八卷 （元）刘履撰 补遗二卷续编四卷 （元）刘履辑 明嘉靖三十一年（1552）顾存仁养吾堂刻本

06407 赤牍清裁二十八卷 （明）杨慎辑 （明）王世贞增辑 明嘉靖三十七年（1558）刻本

06586 太和正音谱三卷 （明）朱权撰 明抄本 存一卷半（部分卷中及卷下）

06999 监本附音春秋公羊注疏二十八卷 （汉）何休注 （唐）徐彦疏 （唐）陆德明音义 元刻明修本

07115 文献通考三百四十八卷 （元）马端临撰 元泰定元年（1324）西湖书院刻元明递修本（卷一至二、十一至十二配抄本） 存三百四十四卷（一至十二、十七至三百四十八）

07145 吕氏春秋二十六卷 （汉）高诱注 元至正嘉兴路儒学刻明修本

07153 韵府群玉二十卷 （元）阴时夫辑 （元）阴中夫注 元刻本 存八卷（三至四、十至十五）

07328 礼记集说十六卷 （元）陈澔撰 明正统十二年（1447）司礼监刻本

07428 释名八卷 （汉）刘熙撰 明刻本 王韬跋

08100 新刊增入诸儒议论杜氏通典详节四十二卷图谱一卷 明刻本 存三十四卷（一至三十四）

08240 纂图互注扬子法言十卷 （汉）扬雄撰 （晋）李轨 （唐）柳宗元 （宋）宋咸 （宋）吴秘 （宋）司马光注 明刻本

08524 丹铅余录十七卷 （明）杨慎撰 明刻本

09377 古文苑二十一卷 （宋）章樵注 明刻本

09574 中原音韵二卷 （元）周德清撰 明钱谷抄本 存中原音韵正语作词起例前部分

10065 韩诗外传十卷 （汉）韩婴撰 明嘉靖十八年（1539）薛来芙蓉泉书屋刻本

10525 唐宋白孔六帖一百卷目录二卷 （唐）白居易撰 （宋）孔传辑 明刻本

11441 隋书八十五卷 （唐）魏征等撰 元刻明递修本

11557 古史六十卷 （宋）苏辙撰 清乾隆内府写南三阁四库全书本 存一卷（十七）

11558 通志二百卷 （宋）郑樵撰 清乾隆内府写南三阁四库全书本 存一卷（八十七）

11560 旧五代史一百五十卷目录二卷 （宋）薛居正等撰 （清）邵晋涵等辑 清乾隆内府写南三阁四库全书本 存十卷（二十四至二十六、一百二十六至一百三十二）

11561 五代史七十四卷 （宋）欧阳修撰 （宋）徐无党注 清乾隆内府写南三阁四库全书本 存四卷（二十一至二十四）

11565 东观汉记二十四卷 清乾隆内府写南三阁四库全书本 存六卷（六至十一）

11567 后汉书九十卷 （南朝宋）范晔撰 （唐）李贤注 志三十卷 （晋）司马彪撰 （南朝梁）刘昭

注　清乾隆内府写南三阁四库全书本　存三卷（六十八至七十）

11568 隋书八十五卷　（唐）魏征等撰　清乾隆内府写南三阁四库全书本　存二卷（二十一至二十二）

11570 旧唐书二百卷　（后晋）刘昫等撰　清乾隆内府写南三阁四库全书本　存二卷（九十一至九十二）

11571 唐书二百二十五卷　（宋）欧阳修　（宋）宋祁等撰　清乾隆内府写南三阁四库全书本　存三卷（一百五十至一百五十二）

11585 御批历代通鉴辑览一百二十卷　（清）傅恒等撰　清乾隆内府写南三阁四库全书本　存一卷（七十一）

11587 西汉年纪三十卷　（宋）王益之撰　清乾隆内府写南三阁四库全书本　存二卷（二十四至二十五）

11589 续资治通鉴长编五百二十卷目录二卷　（宋）李焘撰　清乾隆内府写南三阁四库全书本　存十五卷（三百四十六至三百五十六、三百五十九至三百六十、三百七十三至三百七十四）

11590 建炎以来系年要录二百卷　（宋）李心传撰　清乾隆内府写南三阁四库全书本　存二卷（一百七十五至一百七十六）

11605 绎史一百六十卷　（清）马骕撰　清乾隆内府写南三阁四库全书本　存二卷（八十六之四、一百四十七下）

11606 平定准噶尔方略正编八十五卷　（清）傅恒　福德等撰　清乾隆内府写南三阁四库全书本　存四卷（三十五至三十八）

11607 钦定平定两金川方略一百五十二卷　（清）阿桂等撰　清乾隆内府写南三阁四库全书本　存六卷（四十至四十二、一百十九至一百二十一）

11627 历代名臣奏议三百五十卷　（明）黄淮　（明）杨士奇等辑　清乾隆内府写南三阁四库全书本　存一卷（二百一）

11657 江南通志二百卷首四卷　（清）尹继善等纂修　清乾隆内府写南三阁四库全书本　存一卷（一百九十七）

四川大学图书馆 48 种

00417 南齐书五十九卷　（南朝梁）萧子显撰　宋刻元明递修本

00426 北齐书五十卷　（唐）李百药撰　宋刻宋元明递修本

01026 分类补注李太白诗二十五卷　（唐）李白撰　（宋）杨齐贤集注　（元）萧士赟补注　元建安余氏勤有堂刻本

01650 大明一统志九十卷　（明）李贤　（明）万安等纂修　明天顺五年（1461）内府刻本

02404 大般若波罗蜜多经卷第二十二　（唐）释玄奘译　唐写本

02642 通志二百卷　（宋）郑樵撰　元大德三山郡庠刻元明递修本

03525 前汉书一百卷　（汉）班固撰　明德藩最乐轩刻本

03613 少微通鉴节要五十卷外纪四卷　（宋）江贽撰　资治通鉴节要续编三十卷　（明）张光启撰　明正德九年（1514）司礼监刻本

03727 宋元通鉴一百五十七卷　（明）薛应旂撰　明嘉靖四十五年（1566）自刻本

03822 越绝书十五卷　（汉）袁康撰　明嘉靖三十三年（1554）张佳胤双柏堂刻本

03841 贞观政要十卷　（唐）吴兢撰　（元）戈直集论　明成化十二年（1476）崇府刻本

03877 秦汉书疏十八卷　明嘉靖三十七年（1558）吴国伦刻本　存十五卷（西汉书疏全、东汉书疏全）

04036 历代史纂左编一百四十二卷　（明）唐顺之辑　明嘉靖四十年（1561）胡宗宪刻本　存一百二十五卷（三至八十七、一百三至一百四十二）

04099 太平寰宇记二百卷目录二卷　（宋）乐史撰　清乾隆三十二年（1767）乐氏活字印本　存一百九十一卷（一至三、五至一百十二、一百二十至一百九十七，目录全）

04100 太平寰宇记二百卷目录二卷　（宋）乐史撰　清乾隆三十二年（1767）乐氏活字印本　存一百八十四卷（一至三、五至一百十、一百十二、一百二十至一百四十一、一百四十八至一百九十八，目录一）

04131 四川全图一百五十幅　（清）董邦达等绘　清乾隆彩绘本

04270 文献通考三百四十八卷　（元）马端临撰　明嘉靖三年（1524）司礼监刻本

04364 考古正文印薮五卷　（明）张学礼等辑　明万历刻钤印本

04390 太史史例一百卷　（明）张之象辑　明嘉靖四十四年（1565）长水书院刻本

04756 蓬窗日录八卷　（明）陈全之撰　明嘉靖四十四年（1565）刻本

04775 古今原始十四卷　（明）赵钱撰　明嘉靖四十一年（1562）自刻本

04780 世说新语三卷　（南朝宋）刘义庆撰　（南朝梁）刘孝标注　明嘉靖十四年（1535）袁褧嘉趣堂刻本

04854 初学记三十卷　（唐）徐坚等辑　明嘉靖十年（1531）锡山安国桂坡馆刻本

05201 分类补注李太白诗二十五卷　（唐）李白撰　（宋）杨齐贤集注　（元）萧士赟补注　分类编次李太白文五卷　（唐）李白撰　明嘉靖二十二年（1543）郭云鹏宝善堂刻本

05236 集千家注杜工部诗集二十卷文集二卷　（唐）杜甫撰　（宋）黄鹤补注　附录一卷　明嘉靖十五年（1536）玉几山人刻本

05262 杜律单注十卷　（明）单复撰　（明）陈明辑　明嘉靖景姚堂刻本

05874 商文毅公集十一卷　（明）商辂撰　明隆庆六年（1572）郑应龄刻本

06086 念庵罗先生集十三卷　（明）罗洪先撰　明嘉靖四十三年（1564）甄津刻本

06106 方山薛先生全集六十八卷　（明）薛应旂撰　明嘉靖刻本

06109 丘隅集十九卷　（明）乔世宁撰　明嘉靖刻本

06114 无闻堂稿十七卷　（明）赵钱撰　附录一卷　明隆庆四年（1570）赵鸿赐玄对楼刻本

06132 蛣蜣集八卷　（明）郑若庸撰　明隆庆四年（1570）胡迪刻本

06254 选诗三卷　（明）许宗鲁辑　明嘉靖六年（1527）刘士元、王蓥刻本

06322 古乐府三卷　（明）何景明辑　明崦西精舍刻本

06361 西山先生真文忠公文章正宗二十四卷　（宋）真德秀辑　明嘉靖四十三年（1564）李豸、李磐刻本

07456 小学答问一卷　章炳麟撰　稿本

07490 史记一百三十卷　（汉）司马迁撰　（南朝宋）裴骃集解　（唐）司马贞索隐　（唐）张守节正义　明嘉靖十三年（1534）秦藩朱惟焯刻二十九年（1550）重修本

08245 中说十卷　题（隋）王通撰　（宋）阮逸注　明初刻本

09400 佩文斋咏物诗选四百八十六卷　（清）张玉书　（清）汪霦等辑　清康熙四十六年（1707）内府刻本

09469 万首唐人绝句一百一卷　（宋）洪迈辑　明嘉靖十九年（1540）陈敬学德星堂刻本

09473 唐诗品汇九十卷拾遗十卷诗人爵里详节一卷　（明）高棅辑　明嘉靖十六年（1537）姚芹泉刻本

09479 唐诗选七卷 （明）李攀龙辑 （明）王穉登评 明闵氏刻朱墨套印本

09486 御选唐诗三十二卷目录三卷 （清）圣祖玄烨辑 （清）陈廷敬等注 清康熙五十二年（1713）内府刻朱墨套印本

10150 佩觿三卷 （宋）郭忠恕撰 清康熙四十九年（1710）张士俊刻泽存堂五种本 钱泰吉录 吴骞 翁方纲 桂馥 罗有高 丁杰批校题跋

10370 通鉴櫜钥十卷 明嘉靖刻本 存八卷（一至五、八至十）

10424 重修政和经史证类备用本草三十卷 （宋）唐慎微撰 （宋）寇宗奭衍义 明嘉靖十六年（1537）楚府崇本书院刻本

10619 赵清献公文集十卷 （宋）赵抃撰 附录一卷 明成化七年（1471）阎铎刻本 存五卷（一至五）

10763 河东重刻阳明先生文录五卷外集九卷别录十卷 （明）王守仁撰 明嘉靖三十二年（1553）宋仪望刻本

成都杜甫草堂博物馆 11 种

03094 草堂先生杜工部诗集二十卷 （唐）杜甫撰 宋刻本 存六卷（十四、十六至二十）

03097 杜工部草堂诗笺五十卷 （唐）杜甫撰 （宋）蔡梦弼笺注 宋刻本（卷十四至二十二配另一宋刻本） 李一氓跋 存二十二卷（一至二十二）

03098 杜工部草堂诗笺五十卷外集二卷 （唐）杜甫撰 （宋）蔡梦弼笺注 宋刻本 存二十六卷（诗笺二十六至五十、外集一）

03101 集千家注分类杜工部诗二十五卷 （唐）杜甫撰 （宋）徐居仁编次 （宋）黄鹤补注 年谱一卷 （宋）黄鹤撰 元皇庆元年（1312）余志安勤有堂刻本

03102 集千家注分类杜工部诗二十五卷文集二卷 （唐）杜甫撰 （宋）徐居仁编次 （宋）黄鹤补注 年谱一卷 （宋）黄鹤撰 元广勤书堂刻本

05237 集千家注杜工部诗集二十卷文集二卷 （唐）杜甫撰 （宋）黄鹤补注 附录一卷 明嘉靖十五年（1536）玉几山人刻本

07206 集千家注分类杜工部诗二十五卷 （唐）杜甫撰 （宋）徐居仁编次 （宋）黄鹤补注 元皇庆元年（1312）余志安勤有堂刻本（有抄配）

08722 集千家注杜工部诗集二十卷文集二卷 （唐）杜甫撰 （宋）黄鹤补注 附录一卷 明嘉靖十五年（1536）玉几山人刻明阳山人印本

08728 集千家注批点补遗杜工部诗集二十卷 （唐）杜甫撰 （宋）黄鹤补注 （宋）刘辰翁批点 附录一卷 明嘉靖九年（1530）王九之刻本 李一氓题跋

08729 集千家注批点补遗杜工部诗集二十卷 （唐）杜甫撰 （宋）黄鹤补注 （宋）刘辰翁批点 年谱一卷 附录一卷 明刻本

08734 杜少陵集十卷 （唐）杜甫撰 明正德刻本

西南民族大学民族文献研究中心 4 种

11277 劝善经 明刻本

11310 动植物谱　清道光抄本

11321 毕摩仪式经　清光绪二十八年（1902）抄本

11322 梅查书　清光绪抄本

眉山市三苏祠博物馆 3 种

09986 王状元集百家注分类东坡先生诗二十五卷　（宋）苏轼撰　题（宋）王十朋纂集　刘辰翁批点　元刻本　存十九卷（七至二十五）

09987 王状元集诸家注分类东坡先生诗二十五卷　（宋）苏轼撰　题（宋）王十朋纂集　刘辰翁批点 元刻本　存十五卷（四、六至十九）

10633 重刊嘉祐集十五卷　（宋）苏洵撰　明刻本

泸州市图书馆 2 种

02129 南沙先生文集八卷　（明）熊过撰　明泰昌元年（1620）熊胤衡刻本

04963 妙法莲华经七卷　（后秦）释鸠摩罗什译　明万历陈文华泥金写本　（明）仇英绘图　（明）董其昌跋　存五卷（一至三、五至六）

成都中医药大学图书馆 2 种

08364 东垣十书十三卷　明隆庆二年（1568）曹灼刻本　存十一种十二卷

08370 补注释文黄帝内经素问十二卷　（唐）王冰注　（宋）林亿等校正　（宋）孙兆改误　遗篇一卷　黄帝素问灵枢经十二卷　（宋）史崧音释　明赵府居敬堂刻本

四川省富顺县图书馆 1 种

04855 初学记三十卷　（唐）徐坚等辑　明嘉靖十年（1531）锡山安国桂坡馆刻本

四川新都宝光寺 1 种

07172 大方广佛华严经八十卷　（唐）释实叉难陀译　元至元二十八年（1291）金银写本　存五卷（二十一至二十五）

四川省新都杨升庵博物馆 1 种

08680 梁昭明太子文集五卷　（南朝梁）萧统撰　明辽国宝训堂刻本

四川省博物院 1 种

12114 曶鼎铭文　西周曶作器　清拓原器未剔本　张廷济跋

“册府千华”珍贵古籍系列展览名单

序号	省份 / 单位	时间	展览名称
1	湖北	2014	册府千华——湖北省藏国家珍贵古籍特展
2	山东	2014	册府千华——山东省藏国家珍贵古籍特展
3	江苏	2014	册府千华——江苏省藏国家珍贵古籍特展
4	湖南	2015	册府千华——湖南省藏国家珍贵古籍特展
5	国家图书馆	2015	册府千华——珍贵古籍雕版特展
6	国家图书馆	2015	册府千华——民间珍贵典籍收藏展
7	浙江	2016	册府千华——浙江省藏国家珍贵古籍特展
8	广东	2016	册府千华——广东省珍贵古籍特展
9	贵州	2017	册府千华——贵州省藏国家珍贵古籍特展
10	内蒙古	2017	册府千华——内蒙古自治区藏国家珍贵古籍特展
11	四川	2017	册府千华——四川省图书馆藏国家珍贵古籍 暨四川省古籍保护十周年成果展
12	河南	2017	册府千华——河南省藏国家珍贵古籍特展
13	云南	2017	册府千华——云南省藏国家珍贵古籍特展
14	青海	2017	册府千华——青海省藏国家珍贵古籍特展
15	江苏	2018	册府千华——2018 江苏省藏国家珍贵古籍特展
16	广西壮族自治区	2018	册府千华——广西壮族自治区藏国家珍贵古籍特展
17	吉林	2018	册府千华——吉林省珍贵古籍特展
18	云南迪庆	2018	册府千华——纳格拉洞藏经修复成果展
19	山西	2018	册府千华　妙手匠心——山西省古籍保护成果展
20	浙江绍兴	2018	册府千华——绍兴市古籍保护成果展
21	山东	2018	册府千华　守望文明：泰山・黄河・孔子——山东珍贵古籍展
22	宁夏回族自治区	2018	册府千华——宁夏回族自治区珍贵古籍特展
23	黑龙江	2019	册府千华——黑龙江省藏国家珍贵古籍特展
24	辽宁大连	2019	册府千华——大连地区藏国家珍贵古籍特展暨古籍保护成果展
25	重庆	2020	册府千华——重庆市藏国家珍贵古籍特展
26	江西	2020	册府千华——江西省藏国家珍贵古籍特展
27	江苏苏州	2021	册府千华——苏州市藏国家珍贵古籍特展
28	浙江大学	2021	册府千华：中国与亚洲——浙江大学藏中外善本珍本图书
29	南京大学	2021	册府千华・南雍撷珍——南京大学古籍菁华展 暨中国古代套色版画特展